Investment Project Management

投资项目管理

祝 波 编著

复旦大学 出版社

序　言

卓越的企业管理者是知识、经验和能力的集结，投资项目管理可以为现在或未来的企业管理者增加知识存量，为企业投资决策者提供方法指导和理论依据。企业管理者经常面对投资建厂和兼并收购的重大项目管理问题，如何进行科学决策？如何进行项目管理？本书给出了很好的回答，分别深入阐述了投资决策与项目管理的架构、流程和方法，给企业管理者建立一个完整的投资项目管理框架。最有价值的是作者提出了管理者应形成项目管理工作方式的创新观点。

本书集结了经济学、管理学、投资学、工程学方面的知识，具有一定的学术性，同时紧密结合实务，又具备一定的实用性。简明、扼要、实用是本书的特点。研读本书达到的预期目标：建立投资项目管理的基本框架，了解需要做哪些事情；熟悉投资项目管理的基本流程，即做这些事的先后顺序；掌握投资项目管理的基本方法，即如何来做这些事情。

《投资项目管理》是祝波博士多年理论研究与积极实践的成果，希望本书能给更多现在的或未来的企业经理人带来工作方法的变革和管理思想的提升。

金润圭
2009 年 1 月

目　　录

第一章　导论 ... 1
第一节　概念界定 ... 1
第二节　投资项目管理的基本框架 ... 5

第二章　投资决策：谋事在人 ... 23
第一节　投资决策者假设 ... 23
第二节　投资决策者的特性 ... 25
第三节　投资决策的平台 ... 30
第四节　投资决策者的约束条件 ... 31

第三章　投资决策：战略定位 ... 34
第一节　战略性投资决策 ... 34
第二节　如何进行战略定位 ... 38
第三节　期权与投资决策 ... 47
第四节　集群与投资决策 ... 56
第五节　汇率与投资决策 ... 61

第四章　投资决策：经济评价 ... 64
第一节　投资估算和资金筹措 ... 65
第二节　财务分析的可行性 ... 79
第三节　经济分析的可行性 ... 92

第四节　不确定性分析和风险分析 ················· 96

第五章　投资决策：行政许可 ······················· 109
　　第一节　审批制、核准制和备案制 ················· 109
　　第二节　可行性研究报告与项目申请报告 ············· 114
　　第三节　环保、节能与资源利用 ··················· 121
　　第四节　社会评价的可行性 ······················· 123

第六章　投资项目的组织与计划 ····················· 125
　　第一节　组织结构 ······························· 125
　　第二节　工作分解结构 ··························· 131
　　第三节　责任分配矩阵 ··························· 133
　　第四节　资源计划 ······························· 136
　　第五节　进度安排 ······························· 138
　　第六节　成本预算 ······························· 145
　　第七节　质量计划 ······························· 151

第七章　投资项目的实施与控制 ····················· 155
　　第一节　采购招标管理 ··························· 155
　　第二节　项目投资、进度、质量控制 ··············· 159
　　第三节　合同与信息管理 ························· 172

第八章　投资建设项目管理 ························· 176
　　第一节　投资建设项目可行性研究报告的审查 ······· 176
　　第二节　投资建设项目管理基本框架：一个案例 ····· 180
　　第三节　投资建设项目的流程管理 ················· 211
　　第四节　投资建设项目的界面管理 ················· 232

第九章　并购项目管理 239
　　第一节　并购的基本知识 239
　　第二节　并购项目管理的基本框架：一个案例 269
　　第三节　并购整合管理 280
　　第四节　并购项目管理的基本流程 293

参考文献 301

后　记 304

第一章 导 论

本章要点

1. 明确本书投资与投资项目管理的概念界定：绿地投资和兼并收购，以及对投资建设项目和兼并收购项目的管理。
2. 投资项目管理的内涵：在TQC的约束条件下完成一件事情。
3. 项目管理的框架和内容：计划、组织、实施、控制。
4. 项目管理流程与界面：按流程办事，关注界面，关注接口。
5. 如何建立项目管理的思想：让项目管理成为一种生活方式。

第一节 概念界定

一、投资概念的界定

投资可以分为直接投资和间接投资，直接投资可以分为绿地投资（Greenfield Invest）和兼并收购（Merger and Acuition），间接投资就是证券投资。本书所讲的投资是直接投资，主要集中在绿地投资和兼并收购两个方面，而证券投资不是本书讨论的范围。绿地投资属于外来语，主要指以形成固定资产为目标，进行决策、规划、设计、施工、投产运营的固定资产投资过程；兼并收购指用现金或其他支付方式进行资产收购，实现企业的获利目标。并购包括战略性并购和财务性并购：战略性并购主要是并购方为了实现企业的某个发展战略，如巩固市场地位、扩大市场份额或者打通产业链等而进行的行业整合或产业链整合;财务性并购主要是收购方为了获取融资平台,为了绕过某些行业的进入障碍,或者为了提高企业的知名度等原因而进行的并购。一般来说,战略性并购和财务性并购各占百分之五十的比例。

二、投资项目概念的界定

项目就是在工作范围内,在时间、成本和质量的约束条件下,要完成的一件事情。投资项目是在工作范围内,在进度、成本和质量的约束条件下,完成投资建设或并购工作。其中,时间(Time)、质量(Quality)、成本(Cost),这三个要素简称TQC,在工作范围内,TQC三者之间形成一个铁三角关系(具体见图1-1)。一个项目的工作范围和TQC确定了,项目的目标也就确定了。工作范围可以通过工作分解得到;时间安排通过进度计划规定;成本安排通过成本预算规定;质量安排通过质量保证计划规定。

在TQC中,任何一个元素的调整,都将引起三角关系中其他元素的跟随变化:若时间缩短,质量不变,会引起成本的增加;若时间缩短,成本不变,会导致质量的下降;若成本减少,时间不变,会带来质量的下降;若质量下降,时间不变,意味着成本的减少。

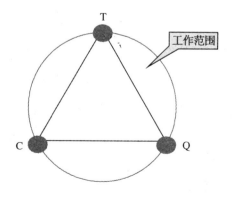

图1-1　TQC

案例

上海某集团公司,从 2008 年 1 月到 2010 年 1 月,用 2 年的时间,投入 10 亿元人民币的资金,建设一个现代化的钢铁物流基地,这就是一个投资项目,属于投资建设项目。如果压缩工期,必然会增加成本。比如业主因公司发展的需要,要求提前 6 个月启用物流基地。这样,在一年半的时间内完成该项任务,压缩了项目的时间,就必然要投入更多的资源,包括人力资源和相应的财和物,这就意味着增加了成本,最后通过预算,成本增加到 11 亿元左右。

三、投资项目管理概念的界定

投资项目管理就是对投资项目进行工作范围管理、时间管理、成本管理和质量管理。工作范围管理指梳理清楚做哪些事;时间管理指控制好总工期和进度安排;成本管理指控制好总投资和费用支出计划;质量管理指控制好预期的质量目标和计划。投资项目管理的内容与流程如下(见图 1-2):

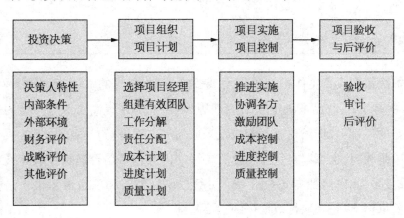

图 1-2　项目管理的内容与进程

1. 投资项目管理应该从投资决策开始

广义的投资项目管理应该从投资决策开始,狭义的投资项目管理指考虑项目的计划、组织、实施、控制和验收等。投资决策首先取决于投资决策人的特性,然后根据投资者的内部条件和外部环境,以及项目本身的财务评价和战略性评价,最终进行投资决策。投资决策需要对投资项目的工程方案、技术方案、设备方案,以及经济、社会等其他方面进行可行性论证。

2. 项目组织与项目计划

选择项目经理,组建有效团队,建立合适的组织结构,这是项目管理过程中组织的关键内容。在此基础上,进行工作分解和责任分配,制订成本计划、进度计划、质量计划、人力资源配置计划、资源分配计划等。周密细致的组织和科学完善的计划是项目管理成功的基础。

3. 项目实施与项目控制

在项目组织和计划的基础上推动项目实施,在项目实施的过程中,项目管理的内容归纳为"三控三管一协调":三控,即成本控制、进度控制、质量控制;三管,即安全管理、合同管理、信息管理;一协调即组织和协调。

4. 项目验收与后评价

对投资建设项目进行验收,并且进行后评价。这个环节是项目管理的重要环节,应给予充分的重视,但本书不作重点介绍。

四、投资决策概念的界定

投资决策指投资主体根据总体发展战略规划、自身的资源能力等条件、外部的竞争环境,以及产品所处的生命周期等因素,在考虑提高企业竞争能力和获取财务收益的基础上,作出是否投资或者采取何种方案进行投资的决定。投资决策主体可以是政府,也可以是企业。投资决策的内容包括是否进行投资建设或兼并收购、投资多少、以何种方式投资等。可行性研究报告和项目申请报告是投资决策的主要依据,也是获取行政许可的主要基础。

投资决策的一般程序:首先,搜寻信息,进行机会研究;在此基础上,选择好的候选项目进行初步可行性研究,以项目建议书的形式提交给投资决策机构;然后,投资决策机构作出是否立项的决策,如果批准立项,进入可行性研究阶段,可行性研究报告是投资决策机构最终决策的重要依据,投资决策完成以后,进入狭义的投资项目管理阶段。

第二节　投资项目管理的基本框架

一、现代项目管理的发展

1. 项目管理的起源

项目管理起源于第二次世界大战期间,发达国家利用项目管理进行武器系统的研发。二战以后,项目管理开始从军事领域向建筑行业等非军事领域延伸,项目管理应用范围逐步扩大。20世纪80年代以前,学术界称之为传统的项目管理。80年代至90年代,是项目管理理论和实践的大发展时期。在这个阶段,新的管理理念、管理思想、管理方法和管理理论出现,项目管理得到充分发展和广泛应用,开始向各个领域扩展,90年代以后的项目管理被称为现代项目管理。

2. 现代项目管理的特点

（1）重视人力资源的有效配置。

经济学基本原理告诉我们,资源是稀缺的,经济学的功能就是把稀缺的资源配置到能发挥其最大效用的环节中去,实现资源配置的帕累托效率。人是企业的重要资源,如果配置合理,可以发挥人力资源的最大效用,可以提高员工的工作绩效,从而提升项目管理的绩效。

（2）强调团队管理。

团队管理主要是激发队员的工作热情,促进队员之间的合作,从而提高团队绩效。项目管理者是一个由多方面专家组成的团队,每个队员都发挥着无法替代的作用,只有全体队员合作、和谐,才能发挥整体优势,提高项目管理绩效。

（3）重视信息沟通方式。

现代社会是信息社会,信息创造价值,信息带来企业的成功,保证信息通畅是项目管理成功的重要条件。在项目管理中,信息不充分、信息不对称或信息不及时都可能带来无法弥补的损失。在保证信息畅通方面,项目管理的组织结构是重要载体,因此,现代项目管理注重组织结构的设置,矩阵式、团队式等组织结构相继得以推广。

二、投资项目管理的主体

投资项目管理牵涉到多个主体,投资方业主、工程咨询公司、承包商、监理公司等都要组建项目管理小组,对该投资项目进行项目管理。

(1)业主的项目管理。从业主视角进行投资、进度和质量管理,前期主要是组建项目管理班子,制订相关计划。承包商、咨询公司和监理公司到位后,业主的项目管理内容主要是对承包商的项目管理、监理公司的项目管理和外聘的咨询公司的项目管理进行监控和督促,保证实现业主的计划,达到最终的效果和目的。

(2)咨询公司的项目管理。受业主的委托,咨询公司派出专家组组成项目管理团队,代表业主对投资项目进行管理。咨询公司是业主的代理人,代表业主进行项目管理,咨询公司项目管理的目标必须与业主的项目管理的目标一致。投资建厂的咨询公司主要是工程咨询公司,兼并收购的咨询公司主要是投资咨询公司或投资银行。

(3)承包商的项目管理。对于投资建设项目,承包商成立专门的项目管理组,有成本、进度、质量、机械、工程等方面的专家,项目开工后承包商承担主要的项目管理任务。

(4)监理公司的项目管理。对于投资建设项目,一般应该需要监理公司监理,监理公司派出专家组,进行投资、进度、质量方面的项目管理。监理公司项目管理的目标也必须与业主的项目管理的目标一致。

本书主要指投资方业主的项目管理,同时,因为咨询企业、监理公司受投资方的委托和授权,代表投资业主进行项目管理,所以,监理公司或项目管理公司与投资方业主的项目管理内容基本相同。所以,投资方业主、咨询公司、监理公司,甚至建筑承包商等都可按本书系统进行项目管理。

三、投资项目管理的流程与界面

1. 现代项目管理的基本指导思想

（1）以"流程"为中心。现代项目管理从以"职能"为中心转化为以"流程"为中心。以职能为中心的管理容易阻隔交流且分散资源，以流程为导向，属于围绕着工作程序进行，并赋予控制点和决策点，通过流程管理，提高管理效率，优化资源配置。

（2）强调以人为本的"团队管理"。对管理团队的员工实行有效激励，体现人本关怀，可以提高团队工作绩效。

（3）实行信息化管理，构建网络化信息平台。项目管理的信息管理属于较高层级的管理，有效的信息管理可以提高项目管理效率和质量。

2. 投资建设项目管理成功的关键

首先，注重"流程管理"。对各子系统进行管理，通过设置科学合理的流程，提高项目管理水平，同时，进行流程控制，保证完成子系统的成本、进度和质量目标。

其次，重视"接口管理"。处理好各子系统之间的界面，做好接口管理。通过管理各个界面，处理各单位之间或各部门之间的衔接问题，实现对项目的全面控制。

再次，关注"团队协作"。投资项目管理关键在于团队，优秀的项目经理和高效团队的协作，包括和谐氛围、专业知识的互补等，为投资项目的成功奠定了基础。

3. 流程管理的价值

无论是从事管理学研究的学者，还是身居企业管理第一线的企业管理者，都必须树立项目管理的流程观念。

对于项目管理人员来说，把握流程图的管理内涵，把抽象的流程实现具体化和实际操作化，这种能力是每一个项目管理人员必备的素质。

流程管理的重要环节是流程设计，流程设计是一项既复杂又耗时的工作，看似简单的流程图，其中蕴涵着深刻的管理思想，不同的流程创造的价值可能相差很远。

通过流程控制可以避免或减少在项目执行过程中的随意变更行为，保证在可控制范围内进行成本费用变更、设计变更、进度变更或质量标准变更，从而达到对项目的成本、进度和质量控制。

对项目管理流程来说,因为整个过程比较复杂,不可能面面俱到,也不可能非常详细,但是必须把握关键性流程,所谓关键流程就是对项目执行能起到重要影响作用的流程。

4. 接口管理的价值

接口最早出现在工程技术领域,又称为界面,是子系统之间区别和联系的纽带。界面后来推广到建设项目管理领域,界面分为纵向界面和横向界面,纵向界面是上下级之间的衔接问题;横向界面是各单位之间、部门之间或流程之间的接口问题。界面管理是项目进度、成本、质量控制的重点环节,通过强化界面管理,有利于投资项目管理的成功。

投资建设项目管理中涉及的主体比较广泛,包括工程咨询单位、设计单位、建筑承包商、设备供应商、工程监理单位等,它们之间的界面是项目管理中最敏感的部位,如果业主不能进行有效的界面管理,不能界定和解决界面问题,就会出现各单位之间的扯皮问题,就会影响进度,引发质量、进度、成本和索赔问题,有时会引发整体项目的矛盾,使整个项目系统陷入混乱。

四、项目生命周期

项目生命周期的四个阶段如图 1-3 所示。

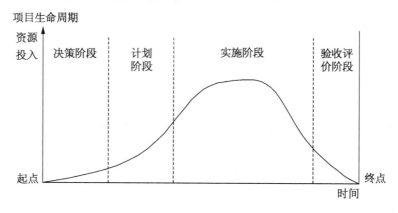

图 1-3 项目生命周期

1. 项目生命周期的内涵

生命周期最初是生物学的术语,表示任何生命都是一个过程,都具有生死轮回的特征。管理学把生命周期概念引用到营销学方面,提出产品生命周期。产品生命周期指任何产品都经历成长期、成熟期和衰退期这样一个过程,产品生命周期的存在要求企业在不同阶段采取不同的营销策略,并且要适时进行新产品开发,满足市场的需要,保证市场占有率。生命周期被引入项目管理,提出项目管理生命周期概念,项目生命周期指出任何项目都有起点和终点,都要经历项目的准备阶段、计划阶段、实施阶段和验收评价阶段,这为项目管理提供理论基础。

2. 项目生命周期的启示

(1) 任何项目都有起点和终点,一般会经历决策阶段、计划组织阶段、实施控制阶段和验收评价阶段,决策阶段是项目的起点,验收评价阶段是项目的终点。

(2) 根据项目不同阶段的特点,企业对人员、材料、资金、信息、时间等资源进行合理配置。我们制订进度计划和成本计划时,要考虑项目的阶段性特征。一般情况下,在项目执行阶段,需要大量的资源投入,项目管理者要做好预案,保证资源供给的连续性和充裕性。

(3) 项目管理组织不是常设组织,项目任务结束后,项目管理组织即解散,所以,有关项目的事宜应尽可能全部完成,不要遗留问题。

五、投资项目管理的框架

表1-1列示的是投资项目管理的框架。

表1-1 投资项目管理的框架

编号	基本任务名称	备注
1	确立总目标	TQC
2	确定组织结构	
3	人力资源配置	
4	工作任务分解	
5	责任分配	

续表

编　号	基本任务名称	备　注
6	编制网络图	
7	进度管理	
8	成本管理	
9	质量管理	
10	招投标管理	
11	风险管理	
12	合同信息管理	
13	验收、审计、后评价	
14	生产准备管理	

(一) 确定项目总目标

一般描述为在一定的时间或工期内(Time),在一定的投资额范围内(Cost),交付一个满足质量要求的成果(Quality)。即满足TQC的条件下所达到的效果,具体包括:

(1) 交付成果:在一定时间、投资和质量条件下,项目所要达到的效益目标、规模目标、功能目标和市场目标。

(2) 工期要求:控制在总工期范围内,按照计划的进度施工,不得出现延误和超时。

(3) 成本要求:投资总额的控制,按照计划的投资额进行资金分配,不得超过投资预算。

(4) 质量要求:按照质量控制计划执行,保证预期的效果和质量。

例如,项目总目标是:集中企业人、财、物组建项目工作团队,从2009年1月1日到2009年7月1日,共用6个月的时间,投入2.5亿元人民币的资金,完成对某电冰箱有限公司的收购和整合工作,保证2009年7月1日并购整合后的企业能够正常有效运作。

（二）选择合适的组织结构

1. 组织结构的内涵

（1）是一种人力资源的配置方式：反映了该项目如何对人才进行资源配置。

（2）是一种信息沟通的制度安排：反映了该项目安排信息沟通的路径和方式。

合适的组织结构可以充分发挥员工的智慧和经验，可以有效沟通信息，解决存在的问题，合适的组织结构是提高项目管理绩效的组织保障。

2. 组织结构的设置原则

（1）有利于信息传播的通畅：在信息社会里，信息传播的通畅程度关系到组织的效率，应该把有利于信息传播作为组织结构设置的首要原则。

（2）符合项目的实际需要：合适的组织结构是最好的组织结构，不必生搬硬套复杂的组织结构，简单、合适是管理的最高境界。

（3）与企业原来的组织结构相兼容：项目管理的组织结构最好不要与原来的组织结构相冲突，否则增加协调成本，造成组织的混乱。

3. 项目管理组织结构形式的选择

（1）团队型组织形式。

（2）职能型组织形式。

（3）直线型组织形式。

（4）矩阵型组织形式。

（三）人力资源配置

（1）人力资源有效配置原则：选择合适的人，放置在合适的岗位上，即把合适的人放在合适的位置上。

（2）选择合适的项目经理：在项目管理过程中，一个强势的项目经理是项目管理成功的基础。项目经理既要能调动企业资源，又要善于发挥员工的积极性，项目经理的做事魄力和组织协调能力有时成为项目管理的关键。

（3）制订人力资源配置计划：项目本身需要什么样的人才，需要多少个相关人才，需要多少个工时才能完成整个工作任务，这要有一个整体的人力资源的规划。

(4) 按人力资源配置计划进行人员配置：通过内部选拔和外部招聘等途径，选择合适人选，完成人力资源配置工作。

(四) 工作任务分解

1. 工作分解结构

工作分解结构(Work Breakdown Structure，WBS)是工作任务分解的可视化形式。根据不同的分解标准，将系统一层一层地向下分解，直到不能或不需要分解为止，最下面一层是某种材料、某种设备或某一任务单元等。

2. 工作任务分解的原因

投资项目是一个复杂的系统，需要做的事情是千头万绪、盘根错节，通过工作分解，把要做的事情具体化、明确化和简单化，管理者通过工作任务分解图可以明确自己要做的事情，同时也可以知道同事要做的事情，彼此之间易于协调和配合。

3. 工作任务分解的作用

(1) 将项目大系统变成具体的小任务单元，使复杂问题变得简单且可控制，工作分解结构展现了整个项目的结构，便于组织协作。

(2) 工作分解把复杂的项目具体化，告诉我们本项目所要做的具体工作，便于工作范围管理。

(3) 工作分解结构为成本估算、进度安排及资源分配提供基础框架。在进行成本预算、进度安排和资源分配时，在工作分解结构下进行比较具体准确。

(五) 责任分配

1. 责任分配的原则

(1) 工作范围内的每件具体任务都有具体的人负责：避免出现有些工作的责任不明确，甚至有些工作无人负责，出现相互推诿情况。

(2) 项目管理团队的每一位成员都有具体负责的工作：避免出现有些成员没有明确负责的工作。

2. 责任分配的作用

(1) 投资项目管理需要一个团队来完成，团队管理者要善于进行人力资源配置，明确责任，发挥各个员工的主观能动性，这样，团队绩效和工作协作能力会大大提高。

（2）通过责任分配直接把项目各个责任方的责任和权利完整地、清晰地表达出来，使各方责任明确，权责分明，各司其职，同时，便于各方协调，有利于对项目进行有效控制。

3. 责任分配的方法

责任分配矩阵是责任分配最直观的表现，责任分配矩阵包括以下两种情况：

第一是分配计划、审批、监督、执行等任务；

第二是分配责任程度的，如主要责任、次要责任等。

（六）编制网络图

1. 网络计划图的作用

（1）用网络图来表达各工作的先后顺序和彼此之间的关系；

（2）通过网络计划图找出关键工序和关键路线，确定关键性工作；

（3）通过不断改善网络计划，选择最优方案并付诸实施；

（4）在计划执行的过程中进行有效的控制和监督，保证合理地使用人、财、物，按预定目标完成任务。

2. 网络计划图的编制方法

投资建设项目管理应该具备制定专业网络计划图的能力，在工作任务安排协调方面，可以用双代号网络图或单代号网络图，根据自己的偏好选择其中一种网络图。

（七）进度管理

1. 进度管理的含义

项目进度管理是指根据项目工程的进度目标，编制经济合理的进度计划，并据以检查项目进度计划的执行情况，及时发现、分析存在的问题，采取必要的措施进行调整、纠偏的过程。项目进度管理的目的就是为了实现最优工期，既快又省地完成项目建设。

2．制订进度计划

进度计划是进一步编制资金使用计划、人力资源配置计划以及采购计划的基础。按管理主体不同,业主单位、设计方、承包商、监理单位等都要编制进度计划,这些进度计划相互关联,这里主要从业主视角讨论进度计划的编制。

进度计划的基本要求:

(1)明确性:进度计划表明什么时候做完什么事;

(2)可完成性:进度计划规定的进度合理,正常情况下可以顺利完成。

3．进度控制与调整

首先,尽可能保持总工期不变。准确估计总工期,协调各个方面的关系,在计划工期内完成该项目。

其次,在项目执行过程中,严格遵守项目进度计划,特别是里程碑计划。如果实际进度与计划进度发生偏离时,可以动态调整进度计划,主要调整关键路径上的关键工作。

(八)成本管理

1．成本管理的含义

保障投资项目实际发生的成本不超过预算成本,使项目在成本预算范围内,按时、按质、高效地完成既定目标。

2．项目成本管理过程

(1)资源计划:描述整个项目需用的人、设备、材料等资源,每种资源的需要量是多少,为进一步成本估算和成本预算打下基础。

(2)成本估算:在项目的建设规模、技术方案、设备方案、工程方案的基础上,估算完成项目所需的总投资,可以参照可行性研究阶段的投资估算和设计阶段的设计概算。

(3)成本预算:成本预算即成本计划,指在投资总额范围内,将项目的总成本分摊到各工作单元或各工作阶段的过程,成本预算的基础与依据是成本估算。

(4)成本控制:首先,投资总额的控制,项目在投资总额范围内完成。其次,按照成本预算进行费用支出,保持实际支出和计划支出的基本一致性,若出现不一致,就进行费用支出的动态调整。

(九) 质量管理

1. 质量管理的含义

投资项目质量管理就是指为保证项目的质量目标要求而开展的项目管理活动,其根本目的是保障最终交付的项目产出物能够符合投资项目的质量要求。

质量管理本身就是一个项目管理,需要确定质量管理的目标,进行质量管理的责任分配,制定过程控制的流程,设置质量控制点,严格执行不合格控制的流程等。

2. 投资项目质量管理的特点

(1) 质量管理模式的一次性:投资建设项目具有一次性特点,所以,项目质量管理没有通用的模式。

(2) 质量管理主体的多元性:项目质量管理参与主体比较多,投资主体要发挥主导作用。

(3) 质量管理任务的艰巨性:项目质量管理周期长、环节多、界面多、影响因素复杂。

3. 编制质量计划

(1) 项目质量计划是根据项目特点和要求,专门为项目编制的规定该项目的质量目标、措施、资源和活动顺序的项目管理文件。

(2) 投资方的项目质量计划由投资方项目负责人事前牵头编制,报投资方的决策委员会批准。

4. 推行"三全"质量管理

(1) 全过程管理:从勘察设计到建设过程,再到运行投产,进行过程质量管理。

(2) 全员管理:树立全体员工的质量意识,提高全体员工的质量技能。

(3) 全面管理:各参与方和各职能部门都要参与质量管理。

5. 投资项目的质量责任

(1) 业主的责任——质量管理的核心是业主,因为无论什么原因造成的质量问题,业主都要承担最终的损失和法律责任。

(2)各参与方的责任——投资项目的各参与方与业主签订合同,涉及质量条款,各参与方应承担合同法律责任。

(十)招投标管理

1. 招投标的意义

(1)招投标采购是市场经济条件下的一种有组织的交易行为,是竞争最为充分的采购方式。招投标发挥信息广泛传播的功能,让尽可能多的潜在竞争者参与竞争,通过竞争和比对,发现商品和劳务的合理价格,同时,选择最适合本项目的商品和提供劳务者,既体现了竞争,又实现了通过市场形成价格的机制。

(2)招投标是招标人择优中标人的过程,是实施项目建设的一种有效手段。招投标是项目实施阶段的一个重要环节,选择合适的承包商和设备材料供应商,是项目取得成功的第一关,招投标最主要的法律依据是《招投标法》。

2. 投资项目招投标的范围

(1)采购商品招标,主要指采购项目所需的重要设备或原材料所进行的招标;

(2)采购劳务招标,主要指寻找建筑承包商、设计单位、监理单位进行的招标。

3. 项目招投标管理的内容

(1)选择招投标的方式。

公开招标即以招标公告形式向社会公开,不特定法人投标。

邀请招标即以投标邀请书的方式,选择部分企业,邀请特定法人投标。

公开招标可以向社会充分传播信息,让更多的竞争者加入竞争,容易实现招标人的预期目标。政府投资的项目一般情况下要采取公开招标,企业投资的项目可以根据需要选定。

(2)选择招投标的组织形式。

自主招标——如果业主具有编制招标文件和组织评标的能力,在遵循相关法规和接受监督的前提下,可自行办理招标事宜。

代理招标——委托招标代理机构招标,招标代理机构具有专业队伍和招标经验,同时具备宽阔的信息传播途径,可以达到较好的招标效果。

(十一) 风险管理

1. 风险管理的内容和目的

(1) 风险识别:发现和识别项目存在的潜在风险。

(2) 风险评估:评估风险的性质和程度,制订项目的风险预防和控制预案。

(3) 风险处置:采取措施,处理项目执行过程中的风险问题。

2. 项目风险管理计划

项目风险管理计划由项目经理负责牵头,组织各相关部门的技术人员和管理人员编制本部门的风险管理计划,再由项目部的风险控制部门的风险控制工程师对各部分的风险管理计划进行系统梳理,最终形成项目的风险管理计划。项目风险管理计划是项目管理各部门和项目生命周期各环节风险管理措施的集成。

(十二) 合同信息管理

1. 合同信息管理的目的

为了保证合同的全面履行,明确项目合同管理的职责,跟踪项目的实施,保证项目在建设前期、勘测设计、采购、施工过程中的合法性、严密性和可追溯性。

2. 合同信息管理的内容

项目合同管理可以分为项目合同签订前的管理和合同签订后的管理,具体包括对勘察、设计、咨询、采购、施工、监理合同和信息的管理。

项目合同签订之前的管理是指收集有关项目信息,拟定招标方案,合同起草、合同谈判、签订合同等工作。项目合同签订之后的管理是指合同的执行和合同执行情况的监督,合同的变更,合同索赔、纠纷的处理等。

(十三) 验收、审计和后评价

项目管理的后期管理主要体现在验收、审计和后评价方面。验收是对最终成果的把关和审查,审计和后评价是对项目管理工作的评价和总结,是必不可少的项目管理环节。

（十四）生产准备的管理

生产准备非常重要,贯穿于项目全过程,在可行性研究阶段和设计阶段组建"生产准备组",在项目实施中、后期,适时组建"生产运营管理机构",负责投产准备和投产后的生产运营管理。生产准备与项目建设进度同步进行,在项目竣工前全部完成。

六、让项目管理成为一种生活方式

（一）让项目管理思想融入企业管理者的生活与工作之中

在信息化和全球化的时代背景下,企业的每一个管理者都会面临一个问题:就是每天需要处理的信息越来越多,需要管理的事情容量也逐渐加大,总是有许多很急的事务等待处理。经常看到企业的管理者们,特别是经理人的办公桌上堆满了各种材料,待审、待批、待决策,而且,管理者们还要经常解决突发事件,同时,要随时准备接受上级领导检查或布置新任务。管理者们陷入了一个怪圈:越是卖力工作,就有越多的事没有做完。经理们经常陷入千头万绪之中,不少企业管理者感到力不从心。有些管理者在困惑和疲倦之余,开始怀疑自己的能力,甚至重新审视自己的职业定位。

创新、创业、竞争、信息和发展,企业管理者的生活和工作节奏正在加快,这是一个事实。对于一个企业管理者来说,特别是经理人,很多事务围绕在身边,包括团队事务、组织事务、社会事务和个人事务等。其中,来自企业团队和组织的事务是企业管理者日常工作的主要事务,包括日常运营、战略、投资、研发、会务等方面。事务量和信息量的加大对企业管理者提出挑战,这是一个趋势,无法回避,关键是能否借助管理学的思想或方法,把经理人要做的事情条理化和系统化,形成一种有条不紊的管理模式,这是企业管理者希望获取的一种方法。

管理学的价值在于解决实践中的问题,管理学理论能为管理实践中的问题提供支持。我们可以借助项目管理的思想,提供解决问题的一种方法。在我国,采取项目管理的面还比较窄,项目管理主要用于工程项目管理、房地产项目管理或投资项目管理,而对于企业日常运营管理方面来说,采取项目管理的并不多,因此,对于项目管理的思想和方法的推广很有必要。项目管理的思想可以用于企业管理者的日常生活和工作之中。从日常工作来看,按工作任务的性质来分,战略规划、投资、研发、会务、接待等都可以看作一个项目,都可以采取项目管理方法进行管理。也可以按时间长短分,最短可以把每一天的工作当作一个项目进行管理,每一周、每一月、每一季度乃至每一年的工作当作一个项目来管理。

在中国特定发展阶段,很多创业者和他们的管理团队把工作当作一种乐趣,把工作当作一种生活方式,如果能借助项目管理思想,把项目管理思想与企业管理者的工作与生活结合起来,企业家们将获得一种崭新的生活方式。这里需要强调:人是丰富的、鲜活的,我们不去追求僵化的生搬硬套的项目管理模式,而是借助项目管理的思想,把项目管理的思想融入企业的管理中来,使企业管理者的生活和工作状态得到改观。

（二）项目管理思想和项目管理方法的主要体现

项目管理思想的精髓在于先计划,后执行,同时进行控制和调整,达到预期目标。计划是基础,很多人对此很轻视,认为停下来做计划需要花费很多时间,没有必要,而是走到哪儿算到哪儿,这个想法是不可取的。在工作过程中,应安排一定的时间进行计划安排,最简单的计划可以列举任务,并进行时间安排,稍微复杂的工作计划要按项目管理的计划方法进行计划安排。在执行的过程中,关键在于按时间、成本和质量等计划执行,进行严格的控制,并根据情况进行适时调整,保证完成预期的目标。

首先,制定项目管理目标。项目管理的目标应该考虑四个要素:工作范围、时间、质量、成本,项目就是在工作范围内,在时间、成本和质量约束条件下,要完成的一件事情。如果项目在TQC的约束内完成了工作范围内的工作,就可以说项目成功了。

其次,进行任务分解。不论项目复杂与否都可以进行任务分解。将一个简单或复杂的系统一层一层地分解,直到不能或不需要分解为止,如某种材料、某种设备、某一任务单元等,最后用工作分解结构图表示。通过任务分解将项目大系统变成具体的小任务单元，可以使复杂问题变得简单化，把要做的事情具体化、明确化，让我们明确本项目所要做的具体工作。

再次，分配责任。做一件事情可能需要一个团队来完成，管理者要善于进行人力资源配置，明确责任，发挥各个员工的主观能动性，按照权责明确的原则做事情，保证每件事情都有具体的人负责，每个人都有具体的工作，这样，团队绩效和工作协作能力会大大提高。

然后，进行工作顺序安排。可以用网络图来表达各工作的先后顺序和相互关系，找出关键工序和关键路线，通过不断改善网络计划，选择最优方案并付诸实施。在计划执行的过程中进行有效的控制和监督，保证合理地使用人、财、物，按预定目标完成任务。制定简单的网络图安排工作的先后顺序，可以用双代号网络图或单代号网络图，根据自己的偏好选择其中一种网络图。对于一个项目而言，项目网络中最长的或耗时最多的活动路线就叫关键路径，关键路径上所有活动的持续时间总和就是项目的工期。关键路径上的任何一个活动都是关键活动，其中任何一个活动的延迟都会导致整个项目完工时间的延迟。若缩短关键路径的总耗时，会缩短项目工期。

接下来，进行时间、成本和质量计划。时间或进度安排可以采用比较简单但实用的甘特图（GANTT图），是美国的管理专家Gantt在20世纪20年代率先提出的，又称横道图，主要方式是标明任务名称，并用横道图标示开始时间和完成时间。GANTT图可以较多地罗列任务，进度计划一目了然。

进度安排也可以制订里程碑计划，寻找对项目具有重要影响的事件作为里程碑事件，确定里程碑事件的实现时间，里程碑事件的完成时间不容推迟，必须按期完成。

对于日常的简单事务，可以不用成本预算，对于较为复杂的项目要进行成本预算，考虑做这件事情需要多少资金，进一步规划花钱的节奏即资金配置的计划图。做任何事情都要考虑到质量问题，应该有相应的质量保证计划。

再下来，进行时间、成本和质量的控制与调整。对项目的时间或进度进行监测、检查和比较分析，了解进度计划为什么没有完成，并制定补救措施。对于费用开支要考虑预期的支出节奏,如果发现费用支出过快,应及时调整,进行适度控制。同样,工作过程中,应按预期的质量要求完成工作,如果出现质量问题,应及时补救,保证达到预期目标。

最后,进行后评价。一个项目完成后,应该进行后评价,可以委托独立的第三方进行评价,也可以自己进行后评价,反思不足之处,总结经验和教训,以更好地借鉴项目管理思想进行工作与生活。

(三)项目管理的工作与生活方式给企业管理者带来绩效改进

项目管理的思想被放入企业日常管理当中,管理者的工作与生活就会改变,一切都变得井井有条。凡事有目标,有计划,有分工,按计划行事,适时进行控制和调整,企业管理者就会从千头万绪中解脱出来,变成主动安排工作。

对于每天的项目管理计划,只要用很少的时间就可以制订完毕,就可以实现可视化管理。管理者清楚需要先做哪些事情,后做哪些事情,已经做了哪些工作,还有哪些工作没有做,在未做的工作当中,哪些是需要先做的,这一切都在掌控中,没有疲于应付的烦恼,而是主动地工作,变被动工作为主动工作,这使管理者获取最大的满足感,变得心情愉悦,在轻松完成工作的同时,还会大大提高工作绩效。

对于投资项目或事务性项目管理的计划,就要下些工夫了,按照项目管理的工作方法,遵循项目管理计划制订的步骤,进行目标确定、任务分解、职责分配、工作顺序安排、进度、质量和成本计划和控制计划,以及进度、质量和成本控制的安排等。在目标确定、任务清楚、权责明确、进度成本质量计划具备的条件下,任何一件事情都变得容易起来。在执行过程中,以计划为基础,以项目管理目标为导向,团队成员各司其职,通过控制与调整,一件重大的事情在比较有序的情况下就完成了。

当然,危机管理仍是项目管理中不可缺少的。如果我们已经进行了项目管理的计划,突然有了变化,我们的上司突然安排其他重要的事,而这事前没有通知我们,或者我们的一个重要客户突然来访,这一切都会打乱我们的项目计划。对于我们来说,如果是每天的项目管理计划,可以想一下应急预案,安排一定的时间解决这个突发事件,对预先的时间或进度计划进行滚动式调整。如果是重大的项目管理,应该制订应急预案,有组织保证和人员安排,并且制定处理的方式和措施。

★ 自测题

1. 在工作范围内,时间、质量和成本之间是怎样的铁三角关系?
   _____
   _____

2. 项目管理思想的精髓所在?
   _____
   _____

3. 如何搭建投资项目管理的框架?
   _____
   _____

4. 如何让项目管理成为一种生活方式?
   _____
   _____

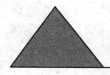

第二章 投资决策:谋事在人

本章要点

1. 投资决策者假设:投资决策者是理性的或有限理性的。
2. 投资决策者对风险的偏好特性:风险偏好型、风险规避型或风险中性。
3. 投资决策的平台:集体论证、决策互动机制。
4. 投资决策的约束条件:决策者知识结构和经验、依据信息可靠性程度、对外部市场的把握能力、团队准备和团队能力。

第一节 投资决策者假设

一、假设决策者是理性的,追求自身效用最大化,委托代理问题存在

企业是进行投资的主体,按照现代公司治理结构,企业日常投资决策机构是董事会,而董事会由董事成员组成,董事长在投资决策中发挥关键作用,所以,包括董事长在内的董事会成员对投资决策起到重要的影响作用。

根据传统经济学重要假设:人是理性的经济人,追求自身效用最大化。在承认这个假设的前提下,进一步分析投资决策者与企业股东之间是否存在委托代理问题,这在一定程度上对投资决策产生重要影响。委托代理问题的起源是企业所有权和经营权的分离,多数企业的经营者不是所有者,如我国国有企业的所有者是国家,而经营者是政府指定的代理人,委托代理问题普遍存在,还会出现所谓的

内部人控制问题;外国企业的经营者也大多不是所有者,一般由专业的职业经理人经营企业。如果所有者监管机制或者激励机制比较健全,委托代理问题可能得到一定的缓解,否则,委托代理问题普遍存在。

假设投资决策者与股东之间存在委托代理问题。由于投资决策者与企业股东之间信息不对称,委托方与代理方之间会出现签订契约前的逆向选择问题和签订契约后的道德风险问题;逆向选择问题主要表现为交易双方中的一方无法观察到另一方的重要的外生特征时所发生的"劣质品"驱逐"优质品"的情形,结果导致选中的往往是劣质品;道德风险问题主要是指代理人不忠诚或其他不适当行为的风险。委托代理问题主要是股东与企业决策者之间由于信息不对称而导致的道德风险问题。

企业在进行投资决策的时候,决策者的决策出发点具有多样性特征:

(1)决策的出发点可能是股东价值最大化,主要考虑股东的利益。假设投资决策者与企业股东之间不存在委托代理问题,董事长就是企业的主要股东,投资决策者追求企业利润最大化,最终实现股东财富最大化。企业的投资者肯定会考虑企业的长远发展规划与短期利润的获得相结合,投资决策的期望效用符合投资决策者的主观愿望。

(2)决策的出发点可能是以公司利润最大化为出发点,主要考虑公司的利润问题,也可能是为了实现经理人自己的目的,实现权力的扩张。如果投资决策者不是股东,投资决策者追求自身效用最大化,主要表现为投资决策者可能追求短期利润最大化,从而获得更多的薪酬;也可能追求权力最大化,积极扩大自己的权力范围,实现自己的权欲。决策者在决策的过程中,充分考虑了投资的现实回报,而对企业投资的长远发展可能考虑较少,从而投资决策达到的期望效用发生变化。由于信息不对称的存在,所有者无法判断经营者的决策是否符合股东权益最大化原则。

当然,投资决策是一个系统复杂的过程,对企业而言也是一个重大决策,董事会和经理人等是经过反复论证的,还有大量的专业人士参与,如聘请专家顾问,这对投资决策起到重要的影响作用,在一定程度上保证投资决策兼顾多方利益相关者的利益。

二、假设决策者是有限理性的，投资决策过程中存在机会主义行为倾向

新制度经济学派的威廉姆森提出"契约人"概念，认为人是有限理性的，有限理性是主观上追求理性，但客观上只能够有限做到这一点。1980年诺贝尔经济学奖的获得者西蒙提出有限理性假设，新制度经济学派的威廉姆森也认为人是有限理性的，存在机会主义倾向，人总是想尽最大努力保护和增加自己的利益，在追求自己利益的同时，又会千方百计来实现自身利益。

有限理性与机会主义的存在对投资决策存在较大影响，有限理性可能使决策不能完全达到决策者预期的目的和效用，而机会主义的存在促使股东不得不提防决策者的机会主义行为，从而增加了监管成本。

第二节　投资决策者的特性

一、投资决策者的风险态度

每个投资者都面临风险与报酬之间的权衡，投资者为获得更大的报酬愿意承担多大的风险取决于投资决策者对风险的态度，根据人们对风险的态度不同，可以把决策者分为三种：风险偏好型、风险规避型和风险中性。大多数人是风险规避型，少数人是风险偏好型，也可能出现在某些风险上是风险规避型，在某些风险上是风险偏好型。具体见图2-1。

风险偏好型：投资者愿意承担风险较大，不确定性的收入带来的预期效用高于确定性收入带来的预期效用，有些投资者类似赌博性质的投资或投机，就属于这种情况。

风险规避型：投资者愿意承担风险较小，在期望收益相同的情况下，投资决策者更愿意选择确定性收益的投资项目，一般选择风险损失的概率在30%以下。

风险中性: 在期望收益相同的情况下,投资决策者对确定性与不确定性的投资不加区分,如政府对公共事业的投资基本属于该种特性。

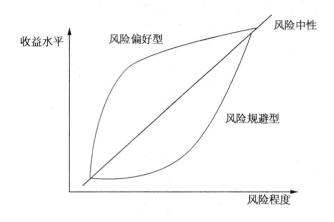

图 2-1　风险类型

多数投资者属于风险规避型,尽可能冒比较小的风险,获取比较稳定的收益。这种类型的决策者投资经营获取的风险收益水平较低,但属于比较稳健的投资经营类型。

少数投资者属于风险偏好型,信奉的是"高风险、高收益"原则,在投资决策时,大胆投资或支付并购溢价,在并购过程中,支付并购溢价的目的是期望未来有协同效应的发生,能带来额外的收益,而这个预期对风险偏好型的决策者来说,往往是建立在投机心理状态之上的,缺乏科学论证的大胆投资是一种冒险。

在存在委托代理关系的情况下,投资经营者更加会趋于冒险,偏好不确定性,因为冒险成功能获得较大的收益,符合自己的利益,比如收入的增加或权力的增长。若冒险失败,损失的是所有者的权益,即股东的股权价值。

二、期望收益与决策者风险态度

假设有两个投资主体,分别是投资主体 1 与投资主体 2,投资主体 1 属于风险规避程度较强型,投资主体 2 属于风险规避程度较弱型。通过投资者对风险的规避程度分析该投资者对投资的期望收益。

借鉴夏普(Sharpe,1964)的资本资产定价模型(CAPM)的思想方法,来分析投资决策者对风险的态度。

假设存在确定性投资回报的收益率 R_f,这里确定性投资回报就是风险较小,可以忽略不计。假设在投资总额中,存在较大风险的投资比例为 β,具有确定性投资回报的投资比例为 $1-\beta$,假设两种投资进行组合,

$$R_p = (1-\beta)R_f + \beta R_m \tag{2-1}$$

式中,R_p 代表投资组合的收益率,R_f 代表确定性投资回报的收益率,R_m 代表风险投资的收益率。

预算线描述了风险程度 σ_p 与期望收益 R_p 之间的均衡关系,这是一条直线方程,斜率为 $(R_m - R_f)/\sigma_m$,截距为 R_f,表示投资组合的期望收益随风险的增大而上升,而 $(R_m - R_f)/\sigma_m$ 表示投资者为了获得更高的投资收益而愿意承担的额外风险。

投资者1的投资组合中风险性较小,收益标准差仅为 σ_1,其期望的投资收益率也相对较低,R_1 仅稍微大于 R_f,这里 R_f 表示确定性的收益率;投资者2的投资组合中风险性较大,收益标准差为 σ_2,所以,投资者期望的收益也大,R_2 远大于 R_f。当风险程度达到 σ_m,投资者期望的收益为 R_m。具体见图2-2。

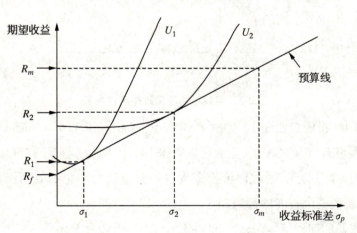

图2-2 期望收益与风险程度

三、期望效用与决策者风险态度

接下来引入效用函数,运用期望效用函数来分析投资者的决策行为。企业投资为了满足某种效用,如获得较大的投资收益,或者企业进行战略性调整,或者是企业满足长期发展的需要等,从而实现企业利润或股东财富最大化。

经济学给出了风险偏好型的效用函数呈上凹性,风险规避型的效用函数呈下凹性,风险中性的效用函数呈直线型。对于效用函数来说,下凹得越厉害,投资者对风险的规避意识越强,该投资价值越低;上凹得越厉害,投资者对风险偏好越强。风险中性认为投资的期望值与确定的报酬是等价的。具体见图2-3。

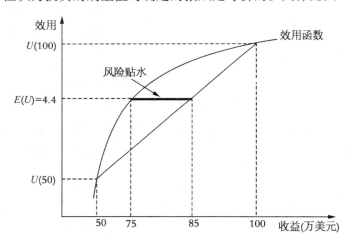

图2-3 期望效用与风险态度的关系

假设国际投资企业在东道国进行绿地投资(green field investment),投资获得收益为r,假设有70%的概率,企业可以获得100万美元的收益,有30%的概率,企业可能损失50万美元,通过评价投资收益的期望值与期望的效用函数(expected utility),反映投资决策者的行为。

投资收益的期望值 = 70% × 100 + 30% × 50 = 85(万美元)

假设企业投资的效用函数为$U(r) = \ln(r)$,r代表投资收益,假设期望效用函数是该企业投资决策的主要依据:

投资者的期望效用:$E[U(r)] = 70\% \times U(100) + 30\% \times U(50)$
$= 70\% \times \ln(100) + 30\% \times \ln(50)$
$= 4.4$

对于该期望效用,$\ln(r) = 4.4$,投资收益的数量为 $r = 75$ 万美元。

风险价格指风险规避者为规避风险而愿意付出的代价。对投资者来说,风险价格指投资者获得相同的效用而选择风险性与确定性投资之间的差额部分。这里风险价格为$(85-75=)10$万美元,获得 75 万美元的确定性收益,与获得 85 万美元的不确定性投资收益给决策方带来的效用是相等的(见图 2-3)。

对该企业来说,投资的期望收益为 85 万美元,投资的效用对企业来说只值 75 万美元,假设以期望效用为决策依据,企业可能愿意牺牲 10 万美元的前期考察论证费用而放弃投资。

对风险偏好型的投资者来说,效用函数是上凹的,如图 2-4。假设以期望效用为决策依据,投资者认为获得同样的效用,投资的价值在于 r_1,大于投资的期望收益 85 万美元,企业可能愿意付出 $r_1 - 85$ 万美元进行寻租,获取该投资机会。

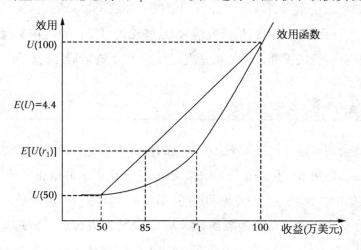

图 2-4 期望效用与风险态度的关系

第三节　投资决策的平台

一、集体论证可以集聚企业内外专家的智慧和经验

- 建立投资决策平台：企业内部的相关专家和外部邀请专家，通过研讨会形式，通过集体论证和反复的观点碰撞而形成最终决策结论。
- 在决策平台决策的价值：可以集聚各方面专家的智慧和经验，可以听到不同方面的观点，通过碰撞和交流形成的结论一般不会出现重大遗漏和重大偏差问题，能形成有价值的结论性的共识。
- 投资决策过程：投资建设的流程一般经过投资机会研究、初步可行性研究，这些一般在企业内部进行，并且决定是否投资。一般情况下，企业决定投资之后，才委托外部工程咨询公司编制可行性研究报告，为申请贷款、初步设计提供基础，政府投资的项目还作为获取行政许可的依据。并购项目一般也是经过投资机会研究、初步可行性研究和可行性研究阶段，这些论证可以由企业内部操作完成，也可以委托投资银行或投资咨询公司完成，在此基础上进行最终的决策。

二、投资决策互动机制

封闭式会议是很好的决策平台。最终的投资决策是企业中的关键人物决策，是少数人参加的决策。但是在最终决策之前，应该让更多的企业内外专家参与论证和研讨，集中各领域专家的意见和思想，形成一个基本共识性的意见。

每位参会者都做好充分的准备，并有机会充分发表观点。在此基础上，企业中的关键人物仍然要执行投资决策互动机制，通过集体会议进行互动交流，关键决策者把握时机，统一思想，形成基本一致性的决策结论。

三、推行决策互动机制需要关注的问题

- 每次讨论的主题单一而明确。如果主题过多,讨论的问题分散,不能就一个问题展开深入的交流和碰撞,则在有限的时间内,很难形成结论性、一致性的意见。
- 事前把讨论的主题告知所有投资决策者,让投资决策参会者做好充分的准备,为进一步深入讨论打下基础,避免缺乏准备的交流和发言。
- 投资决策研讨会上,每个参会者都要充分表述自己的观点,并有充分的思想交流、观点碰撞和问题探讨的机会和时间。
- 关键决策者应该有敏锐的眼力和果断的决策力。集体决策需要反复论证,最终的决策在小范围内进行,时机成熟时,关键决策者必须有果断决策的魄力,避免因观点不一致出现悬而不决的状况。

第四节 投资决策者的约束条件

一、投资决策者知识结构和经验的约束

对于战略规划论证和投资决策,投资决策者参加研讨和论证,可以充分发挥智慧和经验。但是决策群体的知识结构可能存在不完善性,还可能存在某些知识缺陷,这对决策的正确性带来了一定的不确定性。

决策者存在情境依赖性的行为特征,往往依靠以前的经验和事件发生时的情境来理解和解释新信息,并作出判断,如首因效应,最初出现的信息对人们形成的印象比较深刻;近因效应,最后出现的信息比原先出现的信息影响更大等,而外部环境发生了变化,这时决策的合理性存在制约因素。同时也存在羊群效应,决策者受外部环境的影响很大,存在较大的从众心理,也可能导致决策者产生冲动,作出不理性的投资决策。

二、投资决策者获取信息的可靠程度的约束

投资决策来源于决策者获取的信息,包括定量的数据和定性的分析。越来越多的投资决策者偏好用定量数据作为决策的依据,因为数据更能准确地反映市场或企业能力的状况。在数据作为投资决策基础的前提下,数据的可靠性关系到决策的正确性。

如果出现信息不对称,特别是对竞争对手的状况不了解,甚至获取的信息是错误的,这时的投资决策将是灾难性的。

数据的来源有多种渠道,可以通过市场调研,可以通过专家打分,也可以通过行业数据等。为保证数据的可靠性,应选择适当的数据获取方法,在数据的选择和处理过程中,应注重筛选和判断,通过反复论证的数据才能作为最终投资决策的依据。

三、投资决策者对外部市场条件把握能力的约束

市场容量是有限的,投资项目的市场更囿于某一个很小的范围,投资决策者不能夸大市场容量,更不能夸大自身可能获取的市场份额,决策者应该正确把握市场容量,进行市场细分,寻找自己的市场定位,分析竞争对手,考虑是否存在战略性机会,以及进入市场的障碍。

如果市场细分之后,没有选准自己的市场定位,或者夸大了市场容量和自身可能获取的市场份额,而对竞争对手把握不准、对进入市场的障碍认识不清,都会给投资决策带来致命影响,导致决策者作出错误的投资决策。投资具有不可逆转性特征,错误的决策导致严重后果,给企业带来巨大的损失,甚至引发企业破产。

四、团队准备和团队能力的约束

在进行投资项目决策的时候,应充分考虑好团队的准备工作。首先需要明确

有没有合适的人选来统领这个项目,即选择合适的项目管理经理。千军易得,一将难求,如果不能找到合适的人选来做这个项目,该项目的推进可能是灾难性的。

其次,团队的知识结构和能力能否满足有效管理的要求也是制约因素。有了项目经理,还要组建一个项目团队,保证团队知识的互补性和全面性。投资项目需要经济、管理、财务、技术、设备、工程等多方面的人才,能否建立有效管理团队是决策的制约条件。

★ 自测题

1. 投资决策者是理性的,还是有限理性的?你如何理解?

2. 投资决策者对风险的态度包括哪几种?

3. 如何理解投资决策平台?

4. 投资决策者决策的约束条件是什么?

第三章 投资决策：战略定位

本章要点

1. 战略性投资指企业基于某一战略目标而进行的直接投资。
2. 如何进行战略定位：逻辑框架、定位内容、战略分析工具。
3. 投资决策中的期权价值：潜在机会的期权、最优投资时点期权、转换期权。
4. 投资决策的集群要素：集群给企业带来优势。
5. 投资决策的汇率要素：汇率波动影响着投资结构。

第一节 战略性投资决策

一、战略性投资的内涵

战略性投资指企业基于某一战略目标而进行的直接投资，该投资对提升企业竞争优势，获得企业发展能起到战略性作用。战略性投资的主要对象是某些特定项目，比较有代表性的直接投资项目是并购项目和投资建厂项目。战略性投资的目标具有多样性，不同的企业可能基于不同的战略考虑，投资方式不同，企业达到的战略性目标也不一样，但都是通过战略性投资最终达到企业的某一战略目标。在国际经济一体化和全球性竞争加剧的大背景下，战略性投资是提升竞争能力的重要途径。现代企业理论认为企业应当推行企业价值管理，制定以增加企业价值为目标的发展战略,基于该理论,企业推动战略性投资是增加企业价值的有效途径。

战略性投资决策主要关注给企业带来的战略性利益,Myers(1977)认为投资价值来自于两个方面:一是现有资产的使用,另一个是对未来投资机会的选择权。现金流量来自于对所拥有资产的使用,而战略性投资的另一部分价值来自于未来投资机会的选择。Dixit(1989)指出,因为沉没成本以及转换成本的存在,多数投资决策都具有不可逆转性,所以在投资决策时,应当着重考虑其战略价值。

战略性投资以具体项目为载体而达到战略性目标,公司投资于具有潜在成长机会的项目,可以提升企业竞争力,从而适应全球性竞争。企业的竞争优势来源于对各种要素禀赋的获取,战略性投资可以满足这个需要。战略性投资可以给企业带来重大的战略性利益,即使目前并没有明显的经济价值,从长远发展角度来看,新的投资机会选择权可能决定企业的前景。对投资企业来说,作出具有战略意义的投资决定的过程就是战略性投资决策。表3-1 所示的是各种投资的战略目标。

表3-1 各种投资的战略目标

投资方式	并购	合作研发平台	投资建厂	其他
战略目标	进入新市场 进入新的业务领域 抢占市场制高点	获取最先进的产品 获取最新的技术 获取适合特定区域的产品	低成本战略 与对手争夺市场 实现竞争地位改变	

战略性投资可以通过并购进入新的业务领域,实现某特定的战略目标。发达国家对外并购的主要目的是可以绕过贸易壁垒,直接进入东道国市场,从而获得更多的要素资源;发展中国家并购发达国家的企业,主要目的是通过参与发达国家企业的管理,获取技术和管理经验,达到提升竞争优势的效果。

战略性投资也可以是合作建立研发平台。企业之间共建研发平台,企业通过直接投资进行新产品的开发或者新技术的使用,从而获取最新的产品和技术,保持竞争优势。发达国家企业主动与发展中国家研发机构或企业合作建立研发中心,主要目的是获取发展中国家的人才资源储备,开发出更符合本土市场需求的产品和技术。而发展中国家主动与发达国家研发机构或企业联合建立研发平台，主要目的是获取发达国家的最新技术和产品。

战略性投资也可以通过在东道国投资建厂实现特定战略目标。特定生产技术和特定产品符合特定东道国情况，发达国家在发展中国家投资建厂并引进新的生产线，可以保持本企业产品在某一区域的竞争优势，从而实现企业在某一区域的战略发展目标。发展中国家在发达国家投资建厂相对较少，主要目的是进入发达国家的特定市场，获取发达国家的管理经验，实现企业国际化战略。

二、战略性投资的驱动因素

战略性国际直接投资的价值并不仅在于其本身所产生的净现金流，而更重要的在于为企业所提供的未来成长机会，即获取战略性国际直接投资的价值，包括可能增加市场份额、获取战略性资源、改变竞争地位或者增加垄断利润等。

1. 开拓新市场，与竞争对手争夺市场份额，获取产业集群的信息和机会

随着产业分工发展，产业集群现象越来越普遍，在某一个特定区域内，产业相同、相近或相关的企业和服务机构形成规模巨大、结构功能健全且相互协调行动的经济群体。集群的成长路径是集群—吸引资源—集群扩张—吸引更多资源，在循环累积的过程中，基于专业化分工角度逐渐达到一定的规模经济性和范围经济性。集群内企业的竞争机制和学习机制发挥作用，企业理念、管理水平、现代技术以及创新能力等不断提升，集群内的要素资源素质不断提高。

企业为了抢占市场制高点，与竞争对手展开角逐，凡是相关产业集群的地方，企业都会集聚。因为这里不仅具有区位优势，更重要的是产业集群带来巨大的市场信息容量，供应商、竞争对手、下游客户、服务机构和行业协会都在此集聚，竞争和交流促使企业及时获取市场信息和技术支持，捕捉新的市场开拓机会。通过直接投资，在集群所在地投资建厂或建立研发机构或并购企业，可以获取集群全部的信息和机会。

2. 整合供应链，获取战略性资源

产业链包括供应商、研发机构、生产机构、营销机构、市场服务机构等。企业整合供应链主要是进行产业链布局,布局是否得当,决定了该公司的竞争能力,进行绿地投资或并购,建立研发中心或采购中心就是构建供应链的一个重要举措,建立完善的供应链,可以有效降低企业的运营成本,企业充分享受全球性供应链和知识库等带来的利益,提升了竞争力。在整合供应链的同时,通过直接投资可以获取战略性资源。战略性资源指能给企业发展带来战略性效用的资源。战略性收购可以获取某些企业的工业产权、品牌和资源;面向东道国市场和全球市场的研发中心可以获取东道国的充裕的人才资源,为企业提供全球性技术和知识资源;建立国际采购中心,将东道国纳入其全球供应链和采购网络,可以利用东道国的充足的能源或原材料,实现供应链降低成本的最终目标。发展中国家市场潜力巨大,经济发展迅速。跨国公司进入东道国市场越来越多采取并购策略,在前期多是参股,到一定阶段开始增资扩股,获得对合资公司的控股权,从而使控股公司成为其全球供应链中的一个环节。

3. 提高企业效率,改变竞争地位,保证持续的垄断利润

全球化竞争给每一个企业带来了挑战,企业必须迎合全球性竞争趋势,适时调整战略步骤,争取在全球性竞争中处于有利地位。企业应考察企业内部因素和所处的外部竞争环境,明确企业的优势和劣势及面临的机会和威胁,企业根据自身资源配置能力与核心竞争力状况,以及外部环境的变化及其可能产生的影响进行战略性投资决策,通过直接投资实现优势互补或者强强联合,提高企业效率,改变竞争地位。企业通过直接投资获取规模效应,或者寻求更加有利的投资区位,利用被投资地域的人才资源、土地资源等优势,降低成本,提高企业的竞争力,或者寻求互补性产品、技术或研发能力,将产业转移至劳动力成本更低、资源供应更为充足的地区,可获得新的比较优势,在与竞争对手竞争的过程中占据主动地位。

第二节 如何进行战略定位

一、战略定位的框架

1. 战略定位的逻辑框架

在投资决策的过程中,关键的基础工作是知己知彼,在某一个产品领域,了解企业自身相对于竞争对手的竞争状况,同时了解产品的行业发展周期和行业状况,这些都是投资决策的基础性分析,为进一步进行战略性分析提供基础。

投资项目的战略定位首先要进行市场调查,把握外部环境,同时进行企业内部条件分析。企业内部条件和外部环境状况可以定性分析,也可以通过量化来确定,通过具体数据更加准确地反映企业内部状况和外部环境的状况。内部条件通过内部条件评价法获取量化分数,外部环境通过外部条件评价法获取量化分数。国际学者采取了内部或外部评价矩阵的方法,主要步骤是识别评价因素,赋予每一个因素一个适当的权重,然后给每一个因素打分,通过加权平均可以计算最后的总分。

在此基础上,借助波士顿矩阵或通用矩阵分析工具进行分析,根据企业的优势和劣势情况,考虑外部环境的机遇和挑战,最终进行战略定位。如图3-1所示。

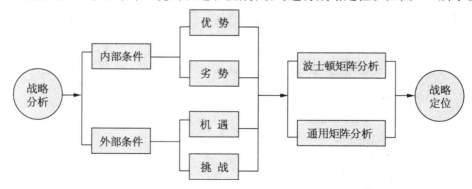

图 3-1 战略分析示意图

2. 战略定位的内容

（1）确定投资项目发展的总体方向和目标，明确进入或退出的业务领域，以及进入或退出的时机，为企业提供明确的发展目标及方向。可称之为总体战略，具体表现为发展战略、保持战略或撤退战略。如多元化、归核化、一体化和新进业务领域等。

（2）如何竞争来实现战略目标，即竞争战略，这是主要的战略。制定竞争战略首先要了解本企业内部优劣，剖析企业所处的外部环境；其次，竞争战略是发掘产生协同效应的思路，帮助企业建立竞争优势，迎接竞争对手的挑战。竞争战略可以表现为成本战略、差异化战略、集中战略等。

（3）各个职能范畴如何采取行动支持总体战略，即职能战略或辅助战略。职能战略可以分为营销战略、人才战略、研发战略、品牌战略等。

在制定战略规划的过程中，我们还可以分为核心战略和辅助战略两个部分。核心战略主要解决企业如何参与竞争的总体思想，辅助战略解决采取哪些行动支持企业的核心战略。

二、在现有内外部条件下的战略定位

1. 借助波士顿矩阵进行战略定位

波士顿矩阵是波士顿咨询公司创立的战略分析工具，得到广泛的认可和推广，本书借鉴该分析工具进行战略定位。

横坐标：表示相对最大竞争对手的市场份额的比率，以1为界限分为高低两个区域，左高右低，从右到左依次为0、1.0、1.5。

纵坐标：表示市场成长率，下低上高，从下到上依次为0、10%和20%，一般用过去两年平均市场销售增长率表示。

一共划分为四个区域，分别表示金牛业务、明星业务、问题业务、瘦狗业务。不同的区域，具有不同的战略定位，实施不同的战略。如图3-2所示。

在波士顿矩阵中，根据业务所处的坐标不同，可以把业务分为四种情况。

金牛业务：该区域市场成长率较低，说明该市场已进入成熟期，进入障碍较

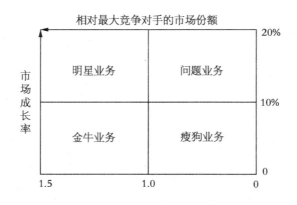

图3-2 波士顿矩阵图

大,本企业具有较高的市场占有率,可以获得较多的利润来源。采取的战略应该是稳定战略。金牛业务获取的资金可以支持或支撑问题业务。

明星业务:该区域市场成长率较高,说明该市场在成长发展期,本企业也具有较高的市场占有率,本企业具有竞争优势,企业可以扩大投资,实施发展战略。

问题业务:该区域市场成长率较高,说明该市场在成长发展期,但本企业拥有较低的市场占有率,对企业的现金流贡献率不大。本企业如果具有竞争优势,可以追加投资,扩大市场份额。

瘦狗业务:该区域市场成长率较低,说明该市场已进入成熟期,市场竞争比较激烈,而本企业具有较低的市场占有率,该领域的业务应该整合或退出市场。

案例

某集团公司进行投资战略规划,分析船用电缆产品的战略定位。投资咨询公司顾问和集团内部的专家进行了波士顿矩阵的分析。根据专家获取的数据,本集团公司的市场份额相对最大竞争对手的市场份额的比率为0.3,过去两年平均市场销售增长率13%。专家组通过座谈讨论认定:该业务属于问题业务,船用电缆市场成长率较高,处于成长发展期,虽然本企业只拥有较低的市场占有率,但具有较强的竞争优势,建议通过金牛业务提供充裕的现金流支持问题业务,通过追加投资,扩大市场份额,实现发展策略。最后集团高层接受这个建议,扩大了集团公司的船用电缆业务,最后获得成功,扩大了市场份额,逐渐转为公司的明星业务。

2. 借助通用(GE)矩阵进行战略定位

通用(GE)矩阵是通用电气和麦肯锡咨询公司提出的战略分析工具,比波士顿矩阵增加了坐标等级,通用(GE)矩阵也越来越多地得到认可和应用。

横坐标表示企业竞争力,横坐标左高右低,从右到左依次为1分、2分、3分、4分。企业竞争力可以通过企业内部评价的得分为依据,企业内部各因素综合评分得出的加权值,反映了企业内部的综合实力和竞争能力。分值越高,说明企业的综合实力和竞争能力越强,即企业在内部状况方面处于强势;分值越低,说明企业的综合实力和竞争能力越低,即企业在内部状况方面处于弱势。

纵坐标表示行业吸引力,纵坐标下低上高,从下到上依次为1分、2分、3分、4分。行业吸引力可以通过行业吸引力评分表进行评分,是对行业机遇与威胁的量化评价及企业对外部环境所做出反应的程度。分值越高,说明企业越能利用有利的行业机会,减少外部竞争威胁的不良影响;分值越低,说明企业不能有效地利用有利的行业机会,企业在外部环境方面处于劣势。如图3-3所示。

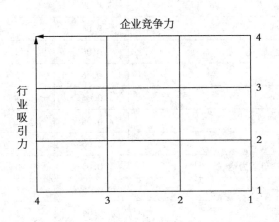

图3-3 通用矩阵图

(1) 纵坐标行业吸引力的评价。

选择反映行业吸引力的关键因素,包括机遇和挑战两方面,所选因素要尽可能具体。

给每个因素赋予权重,权重由 0 到 1,对行业吸引力影响越大的因素,就赋予越高的权重,所有权重之和等于 1。

为各因素进行评分,分值范围 1~4,4 代表反映很好,3 代表反映平均水平以上,2 代表反映为平均水平,1 代表反映很差。

计算加权平均分数,用每个因素的权重乘以对应的评分,得到每个因素的加权分数,将所有因素的加权分数相加,得到企业的总加权平均分数。

表 3-2 列示的是行业吸引力评分表。

表 3-2 行业吸引力评分表

序号	关键因素	权重	评分	加权分数
1	市场总量与规模	0.10	2	0.2
2	市场成长率	0.10	3	0.3
3	市场收益率	0.10	4	0.4
4	客户需求的变化	0.08	3	0.24
5	行业盈利能力	0.08	4	0.32
6	银行信贷支持	0.08	2	0.16
7	政府政策支持	0.06	4	0.24
8	产品差异化趋势	0.06	3	0.18
9	行业格局	0.06	2	0.12
10	行业生命周期	0.06	1	0.06
11	外资企业进入	0.06	2	0.12
12	市场成长放缓	0.06	1	0.06
13	供应商讨价还价能力增强	0.05	2	0.1
14	新产品替代	0.05	3	0.15
15	竞争对手结盟	0.04	2	0.08

续表

序号	关键因素	权　重	评　分	加权分数
16	客户对服务的要求	0.03	1	0.03
17	销售商拖延结款	0.02	1	0.02
18	技术进步提高挑战	0.01	2	0.02
19	行业竞争强度加大	0.01	3	0.03
20	行业投资风险加大	0.01	2	0.02
	加权平均分数	1		2.87

（2）横坐标企业竞争力评价。

① 识别企业内部分析的关键因素：企业内部因素包括优势和劣势两方面，所选因素要尽可能具体。

② 给每个因素以权重：权重由0到1，对企业竞争力影响越大的因素，就赋予越高的权重，所有权重之和等于1。

③ 为各因素进行评分：评分以公司为基准，1分代表非常劣势；2分代表次要劣势；3分代表次要优势；4分代表非常优势。

④ 计算加权平均分数：用每个因素的权重乘以对应的评分，得到每个因素的加权分数，将所有因素的加权分数相加，得到企业的总加权平均分数。加权总分数从最低的1分到最高的4分，4代表很好，3代表超过平均水平，2代表平均水平，1代表很差。

表3-3列示的是企业竞争力评分表。

表3-3　企业竞争力评分表

序号	关键因素	权　重	评　分	加权分数
1	品牌形象	0.10	4	0.4
2	市场占有率	0.10	3	0.3
3	产品质量	0.10	2	0.2
4	供应商资源	0.08	2	0.16
5	生产能力	0.08	3	0.24
6	技术条件	0.08	4	0.32

续表

序号	关键因素	权重	评分	加权分数
7	员工素质	0.06	3	0.18
8	人才储备	0.06	2	0.12
9	运营系统	0.06	2	0.12
10	企业文化	0.06	3	0.18
11	销售网络资源	0.06	4	0.24
12	服务能力	0.06	3	0.18
13	资金实力	0.05	4	0.20
14	降低成本的能力	0.05	3	0.15
15	生产设备条件	0.04	2	0.08
16	管理能力	0.03	3	0.09
17	战略联盟	0.02	1	0.02
18	组织结构	0.01	2	0.02
19	变革能力	0.01	3	0.03
20	其他	0.01	2	0.02
	加权总分	1		2.83

(3) 根据企业某业务单元的竞争力和行业吸引力,应用通用矩阵进行战略定位。

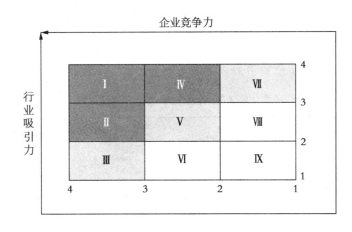

图 3-4 通用矩阵分析图

在通用矩阵中,九个象限对企业的所有产品或业务进行分类,再把这九个象限分成具有战略意义的三个区间。这样就把企业的产品或业务分成三种类型,然后根据不同类型产品的特点采取不同的发展战略。如图3-4所示。

处于左上角的三个方格的业务,表示本企业的竞争力较大,而且行业吸引力大,可以重点投资、重点发展,采取加强型战略或一体化战略。

处于右下角的三个方格的业务,表示本企业的实力较弱,行业吸引力也不大,可以迅速获利,采取及时退出策略或者利用战略。

处于对角线的三个方格的业务,表示可以区别对待,采取适当盈利或维持战略。

案例

某高技术集团公司主营电缆业务,制定(2009~2012)未来三年发展战略,战略团队进行了内部条件和外部环境分析,借助通用矩阵判断本企业所处的位置,以便进一步确定合适的战略。

第一步,对电缆行业吸引力进行了评估,识别决定行业吸引力的关键因素,所选因素要尽可能具体,对每个因素赋予权重,为各因素进行评分,评分以公司为基准,1分代表非常劣势,2分代表次要劣势,3分代表次要优势,4分代表非常优势,用每个因素的权重乘以对应的评分,得到每个因素的加权分数,将所有因素的加权分数相加,得到企业的总加权平均分数。

第二步,对高技术集团公司的企业竞争力进行评估,识别决定企业竞争力的关键因素,包括优势和劣势两方面,给每个因素以权重,对企业竞争力影响越大的因素,就赋予越高的权重。为各因素进行评分,评分以公司为基准,1分代表非常劣势;2分代表次要劣势;3分代表次要优势;4分代表非常优势。用每个因素的权重乘以对应的评分,得到每个因素的加权分数,将所有因素的加权分数相加,得到企业的总加权平均分数。

假设根据上述计算,行业吸引力的加权平均分为2.87,企业竞争力的加权平均分为2.83,该业务处于V区域内,根据具体情况,采取维持和适当盈利的战略。

三、明确投资方与竞争对手竞争态势矩阵,为战略制定把好知己知彼关

在确定企业战略时,不仅要看本身企业竞争力的加权平均分,还要考察主要竞争对手竞争力的加权平均分数,建立企业与竞争对手竞争态势矩阵,与竞争对手竞争态势矩阵的步骤共5步,见表3-4。

(1) 首先选定行业中的关键战略因素。

(2) 根据每个因素在该行业中成功经营的相对重要程度,确定每个因素的权重,从 0 到 1,越是最重要的因素,权重越高,权重和为 1;同一因素在不同行业的权重可能是不同的,反映了该指标对不同行业竞争成功的重要性。

(3) 确定主要竞争对手,按每个指标对企业进行评分。为各因素评分的方法。分值为 1~4 分,1 分代表重要劣势,2 分代表次要劣势,3 分代表次要优势,4 分代表重要优势。优势的评分必须为 3 或 4,劣势的评分必须为 1 或 2。评分以公司为基准,而权重则以产业为基准。

(4) 将各根据要素的评价值与相应的权重相乘,得出各竞争者在相应战略要素上的相对竞争力强弱的加权评分值。

(5) 求出各个企业的总加权平均分,进行比较,就可以确定企业与主要竞争对手相比所处的位置,还能反映企业之间的竞争优势的差异。

表 3-4 投资方与竞争对手竞争态势矩阵

序号	关键竞争因素	权重	投资方		竞争对手 A		竞争对手 B	
			得分	加权分数	得分	加权分数	得分	加权分数
1	企业声誉	0.10	4	0.4	3	0.3	2	0.2
2	产品质量	0.10	4	0.4	4	0.4	3	0.3
3	制造能力	0.08	4	0.32	2	0.16	3	0.24
4	技术能力	0.08	3	0.24	4	0.32	4	0.32
5	销售网络	0.06	3	0.18	4	0.24	4	0.24
6	研发能力	0.06	4	0.24	3	0.18	4	0.24
7	战略联盟	0.06	3	0.18	4	0.24	2	0.12

续表

序号	关键竞争因素	权重	投资方		竞争对手 A		竞争对手 B	
			得分	加权分数	得分	加权分数	得分	加权分数
8	自然资源	0.05	2	0.1	3	0.15	4	0.2
9	市场占有率	0.05	1	0.05	3	0.15	4	0.2
10	相对成本地位	0.05	4	0.2	3	0.05	2	0.1
11	客户服务能力	0.05	3	0.15	3	0.15	4	0.2
12	分销渠道	0.05	2	0.1	3	0.15	2	0.1
13	资金实力	0.05	3	0.15	2	0.1	4	0.2
14	工艺水平	0.04	3	0.12	4	0.16	3	0.12
15	人才状况	0.04	4	0.16	3	0.12	2	0.08
16	管理能力	0.03	3	0.09				
17	变革管理	0.03	2	0.06	2	0.06	2	0.06
18	区位优势	0.01	3	0.03	1	0.01	1	0.01
19	供应商资源	0.01	4	0.04	3	0.03	4	0.04
	加权平均总分	1		3.21		3.09		3.09

分析结果显示,投资方较 A 公司和 B 公司综合竞争能力都要强一些,而 A 公司和 B 公司综合竞争能力相当。

第三节 期权与投资决策

一、投资决策中的期权价值

净现金流方法是投资项目价值评估广为接受的方法,通过未来净现金流的折现值评估投资价值,净现值(NPV)就是最常用的指标。净现值法是财务评价的重要方法,但是包含着潜在的假设,即投资项目在未来不会作任何调整,投资论证的结果只有投资或不投资两种选择。这些暗含的假设使净现值方法在评价投资价值时,对投资的战略意义或间接价值缺乏考虑,不能兼顾到投资者决策的灵活性给投资带来的价值,低估了投资的潜在期权价值,在具有战略成长性的投资项目决策中,可能导致错误的决策。如果投资者拥有动态决策的权利,企业决策者根据未来信息与环境条件的变化,对投资项目做出适当选择或修正,选择的机会给企业创造了价值,这些选择权就是实物期权。近些年来,在投资决策过程中,越来越多的投资者开始运用期权理论,期权定价理论的出发点就是根据外部环境的变化,适时反映投资的现有价值与潜在价值。

现代企业的投资决策是系统性决策:宏观方面,对投资环境和行业竞争状况进行系统分析,保证投资与外部环境相适应;微观方面,建立新的投资决策价值观,把期权思想引入财务评价决策中来,赋予投资本身更多的可调节性或灵活性,增加投资过程中或投资发生后的弹性。新的投资价值观在财务评价过程中,注意到外部投资环境的变化,投资者可以适时进行投资调整,选择适当投资时机,适时调整投资规模与目标领域等,对传统投资决策、评价思路做出必要的修正和补充。期权对投资决策具有一定的价值,在某种程度上影响着决策的正确性与科学性,考虑期权的投资决策模型使投资决策的科学性得以提升。

二、实物期权与投资决策

期权(option)是一种选择权,期权的持有者通过付出一定费用而获得一种选择权,在一定时期内,有权利但没有义务按约定条件买卖某种金融资产或者实施某种行为。期权的买方有权执行或不执行买进或卖出,而卖方在买方的选择下必须配合执行,选择范围减小,所以期权的买方必须付出一定的成本才能获得该权利。期权包括买权(call option)与卖权(put option),买权即看涨期权,卖权即看跌期权。拥有买权者,在未来有权利但没义务按照事前约定的价格买进财货,买权具有向上获利的权利。拥有卖权者,在未来有权利但没义务以事前约定的价格卖出财货,卖权具有避免向下损失的权利。在期权合约约定的到期日方能执行者叫欧式期权,而在到期日之前包括当日都可以执行者叫美式期权。期权一般指金融期权(finance option),是处理金融市场上交易金融资产的衍生工具。

实物期权（real option）把金融市场的规则引入到企业投资与管理中来，是处理不确定性投资的非金融资产的一种投资决策工具，是金融期权理论在实物资产期权上的扩展。投资赋予决策者在未来进行进一步投资的权利而不是义务，投资者有权利但没有义务在未来出售实物资产或投资计划，因为其标的物为实物资产，所以该期权称为实物期权。在一个投资过程中或投资之后，是否有新的投资机会或者新的投资方向，这些选择权就是实物期权，投资决策者拥有根据外部条件变化而调整其行为的权利。投资决策的灵活性给投资方带来的价值将被考虑，人们对以前无法准确估算的各种投资能够比较准确地定价，从而定量地对其进行评估决策。实物期权可能被多个投资竞争者共同拥有，因而是可以共享的，先行执行实物期权者可获得的"先入者获利"的效应，结果表现为取得战略主动权和实现实物期权的最大价值。

实物期权理论充分考虑到外部环境变化而获得的机会价值，并对该期权价值作出评价。实物期权定价理论考虑了企业的潜在机会，为投资决策者提供量化分析的工具，使投资决策趋于科学化。企业如果进行战略性投资，企业就获得了实现企业长期发展战略的期权，企业可以获取未来成长的机会，称之为企业的增长期权，企业拥有这个选择权，在条件适当时就可以执行这个权利。借助 Kester（1984）提出的"增长期权"理论思想，增长期权理论的假设条件是机会均等，每一个企业都有投资的权利。在不完全竞争市场条件下，先行者得益，企业进行战略性投资可以获得先买权效用，优先进入东道国市场，占有更多的市场份额，改变在国际上的竞争地位，可以优先获得战略性资源，保持垄断利润。增长期权属于实物期权，其价值可以通过期权定价模型获得。

三、基于最优投资时点的期权

最优投资时点期权：指企业通过等待以期获取最佳时机，等待可以获得更多的信息，降低不确定性，创造价值。当等待的价值大于立即投资的价值时，投资者应选择等待。有些投资项目的决策周期比较长，少则1至2年，多则3至5年。在这个过程中，实际上存在一个最优投资时点的期权问题。在不确定条件下的最佳投资时点的选择是一种动态的决策过程,企业是现在投资,还是未来某一时点投资,使投资创造的价值最大化,这是投资时机的抉择问题。投资者可以在未来 n 年内的各个时点选择投资的最佳时机时,该投资决策就是一个实物期权,即最优投资时点的期权(timing option)。该期权的期限为 n 年,标的物是投资项目的资产,标的物价格是资产的现值,执行价格就是期初的投资额。如果投资方在期权期限内的任一时点可以选择实施投资,该期权属于美式看涨期权(American call),可以获得最大执行价值的时刻就是该项目的最优投资时点。假设在风险中性的条件下,投资者对于任何资产所要求的期望收益率就是无风险利率,资产的现行价格就都是未来预期值用无风险利率折现后的现值。执行期权后实现的价值就是项目在执行时点的净现值。执行的净现值大于不执行的期望值时应立即执行,而不执行的期望值大于立即执行的净现值时则不执行,选择等待时机。

案例

假设某国际企业对中国进行一项直接投资项目,属于绿地投资,投资建厂,生产产品投放中国市场。该市场前景可能好也可能不好,假设市场状况好,投资项目的现值以1.2的因子上升,市场状况差,投资项目的现值以0.8的因子下降;市场状况好,投资项目现值上升的概率为50%,市场状况差,投资项目现值下降的概率为50%。投资估算的投资额为800万美元,预测该投资项目未来现金流的现值为1 000万美元。该国际企业在未来两年内,企业可以根据东道国市场状况决定是否投资,并决定投资时机,利用期权理论分析该企业是应该立即投资,还是等待更好的投资时机呢?这里忽略投资以后当年的自由现金流。

在第2年末,最优投资时点的执行价值分别为640万美元、160万美元和0万美元。

第1年市场状况好时,最优投资时点的执行价值为400万美元,不执行时,第二年的期望值是:$640 \times 50\% + 160 \times 50\% = 400$(万美元)。

按无风险收益率1.8%折算成第1年年末的现值,$400 \div (1 + 1.8\%) = 393$万美元,即最优投资时点期权的价值为393万美元,小于立即执行的净现值400万美元。表明在第1年年末,当市场状况好时,企业应该执行最优投资时点期权,不必再等下去。此时,最优投资时点期权的执行价值为400万美元。

第1年市场状况不好时,最优投资时点的执行价值为0万美元,不执行时,第2年的期望值是:$160 \times 50\% + 0 \times 50\% = 80$万美元,按无风险收益率1.8%折算成第1年年末的现值,$80 \div (1 + 1.8\%) = 79$万美元,即最优投资时点期权的价值为79万美元,大于立即执行的净现值0万美元。表明在第1年年末,当市场状况不好时,企业应该继续持有最优投资时点的期权,等待第2年的时机。此时,最优投资时点期权的价值为79万美元。

如果没有考虑期权,立即执行投资,项目的净现值为($1\,000 - 800 =$)200万美元,如果考虑最优投资的时点期权,并不立即执行时,第1年年末的期望值是:$400 \times 50\% + 79 \times 50\% = 239.5$万美元,按无风险收益率1.8%折算成当前的现值为:$239.5 \div (1 + 1.8\%) = 234$万美元,即最优投资的时点期权的价值为234万美元,大于立即执行的净现值200万美元,所以,企业可以等待,选择适当的投资时机。

结论:利用最优投资时点的期权进行投资决策,认为当前不必立即实施投资,而是等待最优时机,因为最优投资时点的期权的价值为234万美元,大于立即执行的净现值200万美元。

第1年年末,当市场状况好时,最优投资的时点期权的价值为393万美元,小于立即执行的净现值400万美元,企业应该执行最优投资的时点期权,立即进行投资。

第1年年末,当市场状况不好时,最优投资的时点期权的价值为79万美元,大于立即执行的净现值0万美元。企业应该继续持有最优投资时点的期权,等待第2年的最优投资时机。第2年市场状况好时,进行投资。第2年市场状况仍然不好时,彻底放弃投资。

实物期权还包括:

阶段性投资期权:指投资是分阶段投资的,在任何一个投资阶段,当出现不利的情况时,投资者都有放弃继续投资的权利。

转换性期权：指投资决策具有相机性，当外部环境发生变化时，能够将原来的固定资产投资转换，企业转换期权可能需要期初的投资，但这种转换上的灵活性将使企业更具有竞争优势。

基于潜在投资机会的期权：净现值法的投资决策是静态的，没有考虑未来某一时点新的投资机会与投资灵活性，投资方不拥有在未来某一时点进行追加投资或开拓新的投资项目的选择权。如果在预定投资项目的基础上，企业拥有追加投资的权利而非义务，或者在当前投资项目的信息条件下，企业拥有对新项目进行投资的权利而非义务，投资方就拥有了对未来投资机会的期权。

期权思想的经典案例

最早的期权思想的应用是古希腊的泰勒斯（Thales，生于公元前585年）。泰勒斯是古典哲学家，提出万物都是水构成的。在一年的冬季，泰勒斯运用自己的气象学知识，预测来年的春天将获得橄榄大丰收，到时，橄榄的榨油机需求量会很大，现有的橄榄榨油机肯定会紧张。泰勒斯就与当地的农户协商，双方约定来年的春天某一时间，泰勒斯用约定好的固定价格使用榨油机，为此支付了一定的费用，获得了该期权。到了春天，果然橄榄大丰收，加工橄榄的榨油机供不应求，泰勒斯行使自己的期权，用事先约定好的价格使用榨油机，然后将榨油机以更高的价格租出去，从中赚取更多的利润。

期权思想的生活案例

上海教育系统职称计算机考试每月举行一次，采取当月报名、当月考试的方法。假如7月份的报名与考试安排是：7月3日报名，只有当天才能报名，过期不候，7月24日考试，8月4日公布成绩。8月份的报名与考试安排是：8月3日报名，只有当天才能报名，过期不候，8月24日考试，9月4日公布成绩。

有一个考生9月份将参加职称评定，所以，在9月份前必须通过计算机考试，否则就失去本年度职称评定的机会。

> 该考生7月3日报名,7月24日考试,因为8月4日才能知道7月份考试是否通过,该考生在8月3日又报名参加8月份的考试,共花了150元钱。
>
> 这个行为就是期权思想的应用:该考生花费150元钱,买了一个选择权,该考生拥有参加8月份考试的权利而不是义务,如果8月4日知道7月份考试没有通过,就又获得了一次考试的机会,如果8月4日知道7月份考试通过了,他就放弃参加8月份的考试。

附:金融期权的定价模型

实物期权定价来源于金融期权定价模型,具有代表性的金融期权定价模型是二项式期权定价模型和 Black-Scholes 期权定价模型。

1. 二项式期权定价模型

二项式期权定价模型是主要用于不付股利的欧式看涨期权定价的模型,该模型假设股票价格变动是离散型的,股票价格服从二项分布。在二项式期权定价模型中,股价的波动彼此独立且具有同样的分布,这种分布是二项分布。

在某一特定的时点上选取的股票价格变动只有两种可能:向上或向下。把一年划分为 N 期,假定股票价格在每期发生一次变化,即上升或下降,一年后则可能有 $N+1$ 个不同的结果,对于每个后果计算出相应期权的价值,然后由后向前逐期推算,最后求出期权的价值。

假设投资者风险中性,在风险中性的条件下,对所有的资产都要求相同的收益率,即风险中性的投资者对于任何资产所要求的收益率就是无风险利率,资产的现行价格就都是未来预期值用无风险利率折现后的现值。

实物期权利用风险中性假设,可以避开投资决策中的折现率的确定,同时,又考虑了投资的选择权问题,更准确地评价了投资方案,提高了决策的效率与科学性。

二项式方法也存在缺陷,标的物价格在未来上涨或下降的幅度难以把握,对决策的准确性、合理性存在不良影响；二项式方法是一种近似方法，当期数 N 相当大时，可以取得理想的效果。

单期二项式方法：

假设股票现行市价为 100 元，三个月的看涨期权的执行价为 110 元，股票价格上升的因子为 $u=1.4$，股票价格下降的因子为 $d=0.6$，该股票期权的价值是多少？

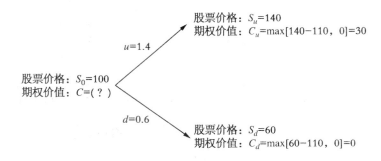

在 $u=1.4$ 的情况下，股票价格 $S_u=140$，期权价值 $C_u=\max[140-110,0]=30$ 元，在 $d=0.6$ 的情况下，股票价格 $S_d=60$，期权价值 $C_d=\max[60-110,0]=0$，如何求股票看涨期权的当前价值？

这里可以通过建立一个无风险资产组合，假设买进 n 股股票，同时卖出一张买权，三个月以后，假设不存在套利，期权到期日，无论股票市场上涨还是下跌，资产组合的价值都是一样的。为什么？

$140n-(140-110)=60n$，$n=3/8$，表示买进 3/8 股股票，同时卖出 1 张买权，无风险的资产组合为 3:8，若三个月的股票的价格涨到 140 元，卖掉的买权被执行，资产组合的价值为：$3/8\times140-30=22.5$，若三个月的股票的价格降为 60 元，卖掉的买权不被执行，资产组合的价值为：$3/8\times60=22.5$。

股票到期的价值按无风险利率进行折现，假设不存在无风险的套利条件下，该现值等于组成投资组合的期初成本。

$$3/8\times60\times e^{-10\%\times3/8}=100\times3/8-C$$

当前的期权价值 C 便可求得。

所以，单期二项式期权定价模型：

$$C = e^{-r \times T}[q \times C_u + (1-q) \times C_d]$$

其中：$q = (e^{-r \times T} - d)/(u - d)$

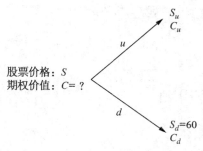

$C_u = \max(S_u - K, 0)$

$C_d = \max(S_d - K, 0)$

$C = e^{-r \times T}[q \times C_u + (1-q) \times C_d]$，其中，$q = (e^{-r \times T} - d)/(u - d)$

2. Black-Scholes 期权定价模型

Fisher Black 与 Myron Scholes（1973）提出的期权定价模型，简称 B-S 期权定价模型。B-S 模型假设股票价格变动是连续性的，遵从布朗运动特性，可以在一特定的时点上选取无数种可能的股票价格，用于不付股利的欧式看涨期权定价。

B-S 模型的重要假设：

（1）金融资产收益率服从对数正态分布；

（2）在期权有效期内，无风险利率和金融资产收益变量是恒定的；

（3）不存在税收和交易成本；

（4）金融资产在期权有效期内无红利及其他所得；

（5）该期权是欧式期权。

$$C = S_0 N(d_1) - X e^{-r \times T} N(d_2)$$

其中：C 代表欧式看涨期权的价格即期权价格，S_0 代表基础资产的现行价格，X 代表期权合约的执行价格，T 代表期权合约的到期时间，r 代表无风险收益率，$N(d)$ 代表标准正态分布小于 d 的概率，其中

$$d_1 = \left[\ln\left(\frac{S_0}{X}\right) + \left(r + \frac{\sigma^2}{2}\right)T\right]/\sigma\sqrt{T}$$

$$d_2 = d_1 - \sigma\sqrt{T}$$

其中：σ^2：基础资产收益率的方差。

实物期权的定价与金融期权的定价方法相似，可以借助金融期权的定价方法来定价。

第四节　集群与投资决策

一、产业集群及其生命周期

波特在其《国家竞争优势》中认为，集群就是在某一个特定区域中的一个特别领域，存在着一群相互关联的公司、供应商、关联产业和专业化的制度和协会。产业集群是指产业相同、相近或相关的企业和服务机构组成的规模巨大、结构功能健全且行动主体共同行动的经济群体。

当某地因自然禀赋条件或其他原因出现了一个关键性企业，该企业衍生出许多生产相同或相关产品的企业，达到了一定规模时，就形成了产业集群，产业集群一旦形成便会产生强烈的自我内部强化倾向，吸引更多的相关企业和相关服务企业向该集群聚集，在该阶段产业集群处于成长期。

当产业集群成长到一定程度，"集群效应"将得到充分体现，进入成熟期。该阶段基本达到规模经济和范围经济效应，集群内的生产商、供应商、服务商之间出现协同效应，行动主体之间共同行动和全面创新，大大降低了交易成本。波特教授通过对十个工业化国家的考察，指出成功的产业集聚区需要十年甚至更长时间才能发展出坚实稳固的竞争优势。

到了一定时期，由于外部环境的变化或其他原因，许多关键企业迁出，产业集群就会减弱，进入集群衰退期，衰退期内，集群的优势逐渐失去。

二、集群与投资决策的关联性

企业在投资决策时,对"产业集群度"考虑的权重越来越大,正成为投资决策考虑的重要因素。波特经过深入研究得出重要结论:在全球化的今天,一个公司的许多竞争优势不是由公司内部决定的,而是来源于公司之外,即来源于公司所在的地域和产业集群。他还精辟地指出,随着基于自然禀赋比较优势的作用相对减小,竞争优势在决定企业前途方面越来越重要,产业集群度在一定程度上决定了企业、产业、区域乃至国家的竞争优势。

建立产业集群度评价指标体系为企业投资提供决策依据,为评价区域竞争力提供量化标准。集群具有较强的地方植根性和难以模仿性,集群度的高低反映了区域竞争力和区域产业优势。越来越多的企业管理者认识到集群的重要价值,并以此作为是否投资的重要依据。企业在进行投资决策时,对一个城市的产业集群度不但要有一个定性的判断,更需要有一个定量的依据。设计产业集群评价体系和判断方法可以较快地提供某一区域产业集群的定量依据。

产业集群度将成为衡量某一企业、产业、区域乃至国家竞争优势的重要指标。首先,现阶段,产业集群与产业竞争力关联性增强。随着工业化的发展进程,产业集群逐步成为现阶段产业竞争力的重要来源和集中体现,产业集群度反映了产业竞争力的大小。

其次,产业集群度反映了区域竞争优势。考察中国的实际情况,东南沿海地区的竞争优势主要表现为区位优势和政策优势等,随着交通信息条件的改善和中国加入世贸组织,这些优势逐渐弱化,产业集群将成为这些地区重要的"后天优势"。高度专业化分工基础上的产业配套条件给该区域带来了竞争优势。波特的研究成果显示,一个公司的许多竞争优势不是由公司内部决定的,而是来源于公司之外,即来源于公司所在的地域和产业集群。该结论同样适合中国,可以断言,企业的竞争优势有相当部分来源于产业集群。

产业集群度较高的地方,政府支持性政策能提供良好的基础设施、创造合理的制度环境及提供教育项目和信息平台等准公共品服务,政府支持性制度决定了集群的成长和发展；行业协会的作用是对内提供机会、传播信息、维护整个行业的利益,对外发布信息、打造品牌、代表整个行业行使相关权利,专业性服务完善度反映了提供相关服务的功能齐全性,表现为专业性服务和配套设施的发展程度。

案例

广东虎门服装产业竞争力在全国名列前茅,其生产服装在世界享有盛名,原因是其服装产业的集群度大,面料、辅料、加工、销售、展示、设计等厂商都聚集在此地,信息共享、资源共享,大大地降低了成本；同时,行业协会积极协调和组织,全球性的服装设计比赛和模特大赛定期举行,把最新的世界服装设计理念带入虎门,使虎门永远走在服装行业的最前沿。2004年,我们调研组一行在实地考察虎门时最大的感受是：车水马龙,集群带来了竞争优势,众多国内外服装、面料、机械等相关行业的厂商纷纷在虎门投资。

三、产业集群度评价指标体系的设置

区域产业集群度的评价指标体系是一个由多种复合因素组成的系统,在确定评价指标体系时,须遵循全面性原则、独立性原则和可操作性原则。既要全面系统考虑,防止遗漏重要指标,保持各个指标之间的相对独立,尽可能避免信息相互重叠,又要使评价指标尽可能可以量化,数据可以获得。

基于以上原则,根据集群和区域竞争力的内涵,将决定产业集群大小的因素归为产业链长度、结构与规模,行动主体共同行动的协同度,公共服务功能水平三大因素,共设八个指标。在三大因素中,产业链长度、结构与规模因素反映了供应商、生产商等集聚的数量和相关产业企业种类齐全程度,对产业集群具有决定性作用；而行动主体共同行动的协同度反映了集群内企业之间共同协作、信息共享、促进产业升级的协同度,对产业集群发挥关键作用；公共服务功能水平则反映集群的外部环境,是产业集群的基本条件。

第一个因素是产业链长度、结构与规模,衡量指标可以设置为四个指标,分别是该产业集群范围内的产业链完整性、企业数量与该行政区划面积之比、年度销售额与当年 GDP 的比值、产业从业人员占总人口的比重。

产业集群内的企业数量与该行政区划面积之比、年度销售额与当年 GDP 的比值、产业从业人员占总人口的比重三个指标可以直接量化,数据比较容易得到。但产业链完整性很难直接量化,可以把该产业地产业链分成几个主要单元,根据每一个城市的产业链的单元数占总产业链单元数的比重大致衡量该城市产业链的完整性。

这四个指标主要反映集群的规模经济性和范围经济性。集群规模经济性反映集群内的相关产业的企业数量达到一定规模以后,用低于双倍的成本获得双倍产出的一种状态,大规模的企业集群比单个企业生产更便宜,更有利可图;集群范围经济性表示集群内的相关产业的企业联合以后,联合的产出大于单个企业各自生产一种产品所能达到的产量,众多联合生产的企业进行集群,可以降低交易成本、提高经营效益。规模经济性和范围经济性两个指标分别从规模和结构两个方面衡量产业集群程度,是衡量产业集群程度的决定性因素。

第二个因素是集群内行动主体共同行动的协同度。共同行动主要体现在市场合作和创新合作两个方面,即集群市场关联度和集群创新合作度。

集群市场关联度表现为行动主体之间在市场交易、市场开拓、保持市场份额和防止过度竞争等方面的合作程度。集群范围内企业数量比较多,企业之间能否一致行动,建立关联市场,在市场交易方面相互协调,在价格制定方面一致对外,保持良性竞争是集群市场关联度的重要体现。这里可以设计一个映射指标:该产业在本城市建立该产业专门的工业园区和专业交易市场个数与该城市行政区划面积的比值。

集群创新合作程度主要反映集群内部相关产业的企业基于市场和技术的共同创新程度,创新合作度反映了产业集群的动力因素。主要体现在进行公共的技术创新和市场开发所花费的代价。这里可以设计一个映射指标:某一产业在本城市进行公共技术创新和市场开发年度耗费的资金额与该产业年度销售额之比。

这两个指标衡量集群内行动主体之间共同行动的程度,是衡量产业集群的关键性指标,因为区域的产业集群是通过集群内企业共同行动带来竞争优势的,如果没有共同的行动,也就没有所谓的集群效应。

第三个因素是公共服务体系功能水平,可以设置为两个指标,即政府支持性政策和行业协会作用。这两个指标均是定性指标,可以提取反映其基本特征的特征参数作为输入量,如:把不能量化的指标设为 4/10,3/10,2/10,1/10 四等,分别代表优、良、中、差。特征参数的确定也应该有一个科学依据,可以采取多名专家打分,求均值的方法确定分值。这两个指标都是从企业的外部环境角度来衡量产业集群程度的,这些指标反映产业集群的基础环境和必要条件。

八大指标分别从产业规模、结构、市场、创新和外部基础条件等各个角度反映集群情况,构成一个评价系统。在这个评价指标体系中,有定性指标和定量指标,这里的指标都是正向指标,一般情况下,正向指标越高越好。见表3-5。

表3-5 产业集群度评价指标体系

目标层	主因素层	指标层	指标性质
产业集群度 A	集群内产业链长度、结构与产业规模	产业链完整性 B_1	正指标
		产业企业数量/行政区划面积 B_2	正指标
		产业年度销售额/GDP 值 B_3	正指标
		从业人员/总人口 B_4	正指标
	集群内行动主体共同行动的协同度	该产业工业园区和专业交易市场个数/行政区划面积 B_5	正指标
		该产业进行技术和市场共同创新年资金额/年度销售额 B_6	正指标
	集群内公共服务体系功能水平	政府支持性政策 B_7	正指标
		行业协会作用 B_8	正指标

对于这个指标体系,可以用模糊判断法进行综合模糊判断,得出的结论可以作为投资决策的依据。

实践调查数据

我们选择 80 家跨国公司作为样本进行调研,从 2006~2007 年,采取直接访谈和调查问卷相结合的方式,获得62家跨国公司的反馈问卷。跨国公司来自美国、日本、德国、韩国等,行业包括制造业、零售业、餐饮业、饮料、化工、医药等。该调查问卷的主要目的是考察跨国公司在直接投资时考虑的因素权重,结果13%的被调查企业认为产业集群是投资决策中要考虑的首要因素,41%的企业认为产业集群是投资决策中要考虑的重要因素,26%的企业认为产业集群是投资决策中要考虑的一般因素,20%的企业认为产业集群是投资决策中要考虑的次要因素。

第五节 汇率与投资决策

在投资决策过程中,汇率因素是需要考虑的因素之一,特别是汇率变化幅度较大且变化比较频繁的状况下,企业面临的汇率风险加大,投资决策者更应该考虑汇率风险对投资决策的影响。汇率是本币与关键外币之间的比价,根据购买力平价理论,汇率是由两国货币的购买力水平决定的,而汇率变化受两国货币购买力水平变化的影响。本币汇率变化有两种情况:本币升值和本币贬值。

一、本币升值对企业的影响

1. 对企业来说,假设出口商品是主要业务,汇率风险存在

在出口商品过程中,假设用人民币标价的商品价格不变,本币升值后,同样的商品需要更多的美元来兑换,所以,该商品在外国的销售价格提升。再假设该商品富有价格弹性,则结果是该商品在外国的销售量会大大减少,短期内影响企业的现金流,长期内企业在外国的竞争地位受到影响,因为竞争对手的价格不变,同质的商品竞争中,我国企业处于价格劣势地位,还可能被淡出市场。

2. 假设企业以内销为主,汇率风险仍然存在

企业以内销为主,但是有同质的商品从外国进口到本国,假设本企业的商品占有的市场份额和进口商品市场份额处于均衡状态,本币升值,进口商品用人民币标价的商品价格降低,假设该商品富有价格弹性,购买进口商品的消费者增加,即使该商品缺乏价格弹性,进口商品价格的下降也可能导致购买进口商品的消费者增加。短期内现金流减少,长期内本国企业的竞争地位受到威胁。

二、本币贬值对企业的影响

1. 对企业来说,假设出口商品是主要业务,有利于出口

假设用人民币标价的商品价格不变,本币贬值后,同样的商品只需要更少的美元来兑换,所以,该商品在外国的销售价格下降,再假设该商品富有价格弹性,企业出口商品的价格降低,该商品在国际竞争中处于优势地位,出口增加,企业现金流增加。

2. 假设企业以内销为主,企业也处于有利竞争地位

企业以内销为主,假设有同质的商品从外国进口到本国,且本企业的商品占有的市场份额和进口商品市场份额处于均衡状态,本币贬值,进口商品用人民币标价的商品价格提升,假设该商品富有价格弹性,购买进口商品的消费者减少,进口商品的数量减少,本国企业的竞争地位改善。

三、投资决策过程中的汇率因素

1. 异国融资过程中的汇率问题

如果在外国上市或发行债券融到外国货币,这时存在汇率风险问题。如果本币升值,融到的外国货币折算成本币后就会大大缩水。在本币升值而某关键外币贬值时,企业投资决策者应充分考虑这个因素,选择适当的时机进行投资,或者选择不同的货币区进行投资。

2. 进出口设备、原材料的汇率问题

投资项目需要进口设备或原材料时,汇率的随机变化可能带来汇率风险,主要表现为交易风险,交易风险指汇率变化对企业的以外币表示的契约现金流的影响。在进口设备和原材料签订合同时,最好争取用"软币"作为计价依据并作为支付货币,软币就是有贬值倾向的货币。反过来,出口商品时,最好争取用硬通货币计价,硬通货币即有升值潜力的货币。

3. 财务评价中的汇率问题

财务评价中数据是决策的依据,而财务数据来源于现金流量表、利润表或资产负债表等财务报表。财务报表中的数据往往没有考虑汇率因素。汇率发生较大变化时,企业的现金流会发生较大变化,投资回收期、净现值和内含报酬率都会发生相应变化,在投资决策时应考虑到这个因素。

4. 国际投资者、负债者防范债权和债务到期时汇率波动的风险

国际投资者在海外投资的项目,由于汇率变化,在海外的资产会缩水。负债者的负债由于汇率变化,也可能导致负债成本增加。

★ 自测题

1. 如何理解战略性投资决策?

2. 战略性投资的价值评估的意义?

3. 如何理解期权、集群和汇率对投资决策的影响?

第四章 投资决策：经济评价

本章要点

1. 投资者可能是企业，也可能是政府。企业投资决策时，主要考虑财务的可行性，预测投入多少资金，以及投入与回报之间的关系。政府投资决策时，可以考虑财务的可行性，更更要的是考虑经济的可行性。
2. 投资主体在决策的过程中，要把握资本预算的合理性和资金筹措的可能性，在预测报表的基础上，进行经济评价。
3. 经济评价包括财务分析和经济分析，在此基础上，进一步进行不确定性分析和风险分析，为最终的决策提供量化依据。

先看图4-1——投资决策经济评价逻辑图。

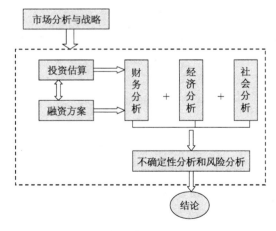

图4-1 投资决策经济评价逻辑图

第一节　投资估算和资金筹措

一、投资估算的合理性是进行经济评价的基础

投资估算是投资建设方会同有关专家根据未来现金流的投入与产出预测而制定的。投资估算是在对建设规模、技术方案、设备方案、工程方案等进行研究并初步确定的基础上,大致界定投资建设方投入的总资金额,是编制项目建议书和可行性研究的依据。

投资估算是制订融资方案和进行经济效益评价的依据,是进行工程设计招标或方案设计竞选的需要,是投资决策的依据,投资方根据自身财务能力和信用状况决定是否投资。见图4-2。

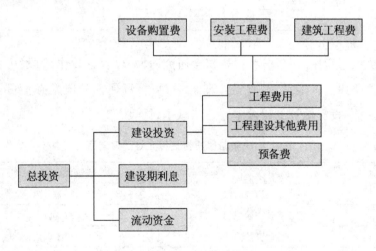

图4-2　投资估算构成图

根据分类估算法,总投资包括固定资产投资和流动资金。其中,固定资产投资可以分为建筑安装工程费用、设备工具器具购置费、工程建设其他费用、建设期的贷款利息、基本预备费和涨价预备费。投资估算的依据包括专门机构发布的工程造价费用构成、估算指标、计算方法;专门机构发布的工程建设其他费用估算办

法和费用标准,及政府发布的物价指数;项目的建设内容及工程量;项目所需的材料和设备的市场价格等。流动资金指投资项目运营期内长期占有并周转使用的营运资金,不仅包括30%的铺底流动资金,还包括债务性的流动资金。在投资估算和项目评价过程中,使用的项目总投资包括全部的流动资金。

与投资估算相对应的是设计概算、施工图预算和竣工决算。设计概算是设计单位根据概算指标编制的;施工图预算是设计单位根据预算定额编制的。一般来说,设计概算应控制在批准的建设项目可行性研究报告投资估算范围内,施工图预算应在设计概算范围之内。见表4-1。

表4-1 四段四算表

四 段	四 算
投资决策阶段	投资估算
初步设计阶段	设计概算
施工图设计阶段	施工图预算
竣工阶段	竣工决算

投资决策过程中,可以分为投资机会研究阶段、项目建议书阶段、可行性研究阶段和评估阶段。一般认为,这几个阶段中,可行性研究阶段是必不可少的。随着研究的加深,投资估算的误差率要逐步减小,见表4-2。

表4-2 决策阶段投资估算允许的误差率

序 号	投资决策阶段	投资估算的误差率
1	投资机会研究阶段	30%以内
2	项目建议书阶段	20%以内
3	可行性研究阶段	10%以内
4	评估阶段	10%以内

固定资产投资估算与流动资金估算样式分别见表4-3、表4-4。

表 4-3 固定资产投资估算样式

投资项目固定资产投资估算表

单位:万元

序号	固定资产名称	建筑工程	设备工程	安装工程	其他费用	合计
1	房屋建筑物	1 213.00			135.00	1 348.00
1-1	厂房	589.50			135.00	724.50
1-2	仓库	200.00				200.00
1-3	工业园道路	50.00				50.00
1-4	工业园门卫及围墙	100.00				100.00
1-5	实验厂厂房	50.00				50.00
1-6	展示中心	170.00				170.00
1-7	环保工程	53.50				53.50
2	设备(含机器、运输等)		1 652.00			1 652.00
2-1	水电设施		100.00			100.00
2-2	实验设备		90.00			90.00
2-3	模具		450.00			450.00
2-4	装配流水线		320.00			320.00
2-5	磁动力车综合性能测试仪		82.00			82.00
2-6	冲床		120.00			120.00
2-7	自动数控加工中心		120.00			120.00
2-8	注塑机		120.00			120.00
2-9	125 吨压铸机		54.00			54.00
2-10	检测及其他设备小计		196.00			196.00
3	建设期利息					
4	合计	1 213.00	1 652.00		135.00	3 000.00

表4-4 投资项目流动资金估算表样式

投资项目流动资金估算表							
							单位:万元
序 号	项目名称	周转天数（天）	周转次数	合 计	流动资金需要额		
					第1年	第2年	第3年
1	流动资产	—	—	14 924.00	7 462.00	3 731.00	3 731.00
1-1	应收账款	60	6.08	7 236.00	3 618.00	1 809.00	1 809.00
1-2	存货	—	—	3 288.00	1 644.00	822.00	822.00
1-2-1	原材料	—	—	2 960.00	1 480.00	740.00	740.00
1-2-1-1	电池	50	7.30	1 392.00	696.00	348.00	348.00
1-2-1-2	车架	50	7.30	346.00	173.00	86.50	86.50
1-2-1-3	车轮	50	7.30	130.00	65.00	32.50	32.50
1-2-1-4	控制器	50	7.30	224.00	112.00	56.00	56.00
1-2-1-5	电机	50	7.30	420.00	210.00	105.00	105.00
1-2-1-6	钕铁硼	50	7.30	368.00	184.00	92.00	92.00
1-2-1-7	换向器	50	7.30	80.00	40.00	20.00	20.00
1-2-2	燃料						
1-2-3	在产品						
1-2-4	产成品	50	7.30	328.00	164.00	82.00	82.00
1-2-5	其他						
1-3	现金			4 400.00	2 200.00	1 100.00	1 100.00
2	流动负债	—	—	4 924.00	2 462.00	1 231.00	1 231.00
2-1	应付账款	60	6.08	1 576.00	788.00	394.00	394.00
2-2	其他流动负债	60	6.08	3 348.00	1 674.00	837.00	837.00
3	流动资金合计	—	—	10 000.00	5 000.00	2 500.00	2 500.00

二、资金筹措的可能性是进行经济评价的保障

（一）区别企业融资和项目融资，选择合适的融资方式

投资建设一个项目，国际上通行的投融资方式有两类，即企业融资和项目融资。企业融资又称公司融资，是指由现有企业依靠自身的资信筹集资金并完成项

目的投资建设。在这种情况下，贷款等债务资金虽然用于某一个项目，但承担偿债责任的是整个企业，项目现金流是企业现金流的一部分，企业用其全部现金流或资产为债务提供担保。项目融资指以项目本身的资产作为抵押，依靠项目本身未来的现金流量作为偿还贷款的资金来源，主要用于需要大规模资金的具有稳定现金流量的基建项目。

1. 企业融资

企业融资包括内部融资和外部融资，内部融资从企业内部，包括股东和职工获取资金或在生产经营过程中的资金积累，而外部融资是指从融资主体以外获取资金。外部融资包括直接融资和间接融资两类方式：直接融资主要指股权融资，包括首次上市募集资金、配股和增发等股权融资活动；间接融资主要指债务融资，包括银行、非银行金融机构等的债权融资。

特别地，优先股和可转换债券属于准股本资金，既具有资本金性质，又具有债务资金性质。

优先股，从普通股视角看，优先股可以看作负债，优先股与债券一样有一个固定的股息比率。从债权人视角看，优先股可以看作资本金，比其他债务资金处于较后的受偿顺序，且股息在税后利润中支付。在项目评价中，优先股股票应该视为项目资本金。

可转换债券，首先具有债权性，债券持有人可以选择持有债券至到期，收取本金和利息。其次，具有股权性，转换成股票以后，原债券持有人变成了公司股东，可以参与经营决策和红利分配。再次，具有可转换性，债券持有人可以按约定的条件将债券转换成股票，转换权是债券持有人拥有的选择权，可以选择继续持有债券，也可以选择转换成股票。在项目评价中，可转换债券应该视为项目债务资金。

企业融资的偏好顺序如下：

（1）股权融资属于企业融资偏好第一位。

股权融资包括首次公开发行(IPO)、增资扩股、定向增发和公开增发。股权融资可以分为内部股权融资和外部股权融资。增资扩股主要是股东层面或职工层面的内部股权融资。定向增发或公开增发主要指外部股权融资,上市公司向战略投资者或金融投资者增发。

我国企业偏好股权融资,主要原因是:首先,股权融资筹集资金具有永久性,没有还款的压力;其次,筹集资金数额巨大,基本可以解决企业发展问题;再次,可以引入战略投资者或优质资源,促进企业的快速成长;另外,有利于建立规范的企业运营和管理制度。

首次公开发行(IPO):企业的股票首次公开发行可以融到巨额资金,企业可以迅速发展壮大,上市以后,促使企业建立完善、规范的经营管理机制,同时上市可以提高企业的公众形象和知名度。

增资扩股:通过增资扩股方式,可以实现自身的股本扩张,以满足中长期的融资需求。增资扩股的方式主要包括现金入股、股权转股权和资产换股权等,其中现金入股是最常见的增资扩股方式。

定向增发:是指上市公司向特定机构定向发行股票的方式,并购方可以以现金或者上市公司所需的优质资产作为对股份的支付。上市公司定向增发的目的是获取企业进一步发展需要的资金或优质资产,或者通过定向增发,引进战略投资者,共享战略资源。

公开增发:是指上市公司向不特定机构的公众公开发行股票的方式。2006年5月初,《上市公司证券发行管理办法》公布定向增发为主要的融资方式,而近期公开增发明显增多。

(2)债务融资属于企业融资偏好第二位。

银团贷款:银团贷款又称辛迪加贷款,由一家银行牵头,组织多家银行共同对一个企业或项目实施贷款。

银团贷款的原因:企业投资项目的资金需要量巨大,一家银行可能没有能力实现贷款,或者一家银行贷款风险太大,如果企业没有能力还贷,银行将面临巨大风险,而银团贷款可以分散风险。

买方信贷:投资建设项目需要进口大型机械装备和成套设备时,可以采取买方信贷的融资方式。买方信贷得到国际上的广泛认可,发展迅速,成为一种重要的融资工具。使用买方信贷需要支付利息和管理费。

买方信贷是出口信贷的一种情况,出口信贷指一些国家为了鼓励本国大型机械装备和成套设备出口,由出口国的银行贷款给出口商或者买方,如果出口商所在地的银行贷款给出口商,便于出口商以延期付款或赊销方式出口设备,就是卖方信贷。如果出口商所在地的银行贷款给买方或买方的银行,给予买方融资便利,以扩大本国设备的出口量,就是买方信贷。

买方信贷的具体做法:首先,买方与外国的出口商签订购买合同,并缴15%的现汇定金。然后,买方银行与出口国的银行签订贷款协议,该协议以贸易合同为基础,但有相对独立性。再次,买方银行转贷给买方,买方以现汇向出口商支付货款。最后,买方银行分期偿还出口国银行的贷款,买方银行与买方在国内结算。见图4-3。

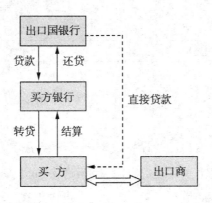

图4-3 买方信贷示意图

公司债券:公司债券是一种实用的融资手段,债券的优缺点介于股权融资和银行借款之间。

由于我国商业信用度不高,政府对公司债券控制比较严格,对企业的资产负债率以及资本金等都有严格限制。

公司债券融资成本较低,还款期限较长,附加限制少,资金成本也不太高,随着约束机制的完善,企业债券会成为一种重要的融资方式。

融资租赁:融资性租赁指承租方需要添置设备而又缺乏资金时,由承租方提出要求或申请,指明所需设备的规格、品牌、质量要求,或直接指定供应商,租赁公司负责出钱购买,然后,把设备出租给承租方,承租方定期支付租金,租金的总额相当于设备的价款、贷款利息和手续费总和。在拥有前景好的项目但又缺乏资金的情况下,融资租赁比较适合。

融资性租赁的时间比较长,承租方负责租赁期间的维修、保养,并计提折旧,租赁到期后,设备一般为承租人所有。

最典型的融资租赁形式是直接租赁,承租人直接向出租人租赁设备或资产,并支付租金,直接租赁是最常见的融资租赁方式。表4-5列示了经营性租赁和融资性租赁的对比分析。

表4-5 经营性租赁和融资性租赁对比分析

	时间长短	期间维修保养	计提折旧	到期后归属
经营性租赁	一般较短	租赁公司	租赁公司	租赁公司
融资性租赁	一般较长	承租方	承租方	一般归承租方

除了直接融资形式外,还有两种特殊的融资租赁方式,即回租租赁和杠杆租赁。

回租租赁指承租人将自己的设备或资产卖给租赁公司,然后再把这个设备或资产从租赁公司手里租回来,先卖出去,后租进来,可以获取一笔资金,一方面短期内可以解决现实资金问题,另一方面获取了投资机会,赚取更多的资金。

杠杆租赁指承租人直接向出租人提出租赁申请,出租人只垫付购买设备或资产的一部分资金,约占资金总额的20%~40%,其余的资金由出租人向银行借款,出租人以租赁设备作抵押,以租赁合同和收取租金的受让权为担保,出租人向承租方收取租金,并负责偿还银行的本金和利息。

2. 项目融资

一般认为,项目融资分为广义和狭义两种情况:广义的项目融资是一切为建设、并购或重组等具体项目的融资活动均称为项目融资。狭义的项目融资是一个专用的金融术语,是国际金融市场的一个创新,这里主要认可狭义的项目融资。

狭义的项目融资指以项目本身未来的现金流作为偿还贷款的资金来源,以项目本身的资产作为抵押进行融资的一种融资方式。按照《美国财务会计标准手册》(FASB)的定义:项目融资是指对需要大规模资金的项目采取的融资活动,贷款人原则上将项目本身拥有的资金及其收益作为还款资金来源,而且将其项目资产作为抵押条件来处理。

项目融资主要适用于具有稳定现金流量且建设规模较大的基础建设项目方面,如发电、高速公路、铁路、桥梁等基础设施。项目融资在20世纪50年代先在美国采用,继而在欧洲国家采用,80年代项目融资在我国运用。项目融资的发起人可以是政府或企业,项目发起人与项目法人并非一体,一般情况下,债权人对项目发起人没有追索权或只有有限追索权,项目只能以自身的盈利能力来偿还债务,并以自身的资产来担保。项目融资一般都成立新的独立项目法人,由项目公司完成项目的投资建设和经营还贷。但反过来,新设法人既可以采用项目融资,也可以采取传统的融资方式。表4-6为项目融资和企业融资的比较。

表4-6 项目融资与企业融资的比较

	项目融资	企业融资
融资导向	项目导向:以项目为主体安排的融资,依赖项目本身的现金流量和资产	依赖项目投资方的资信、实力和能力
追偿权	有限追索:贷款人对项目借款人在某个特定阶段,如建设期和试生产期,或在规定范围内,如金额和形式	贷款人对借款人具有完全追索权
风险状况	风险共同分担:项目投资者与项目开发有直接或间接利益关系的其他参与者和贷款人之间进行分担	投资者承担借款偿还的完全责任
融资成本	相对筹资成本较高:组织融资所需要的时间较长	比项目融资成本低,手续相对简单
新设或既有法人	新设独立的项目法人	新设或既有法人均可

(1)项目融资的主要利益相关群体。

① 项目发起人。项目融资的项目发起人可以是政府,也可以是企业,是项目公司的投资者,它通过组织项目融资,实现投资项目的综合目标要求。

② 项目公司。项目公司通常是项目发起人为了项目的建设而建立的独立法人,它可以是一个独立的公司,也可以是一个合资企业,除项目发起人投入的资本金之外,项目公司主要靠借款进行融资。

③ 贷款人。贷款人主要有商业银行、国际金融组织、非金融机构等,在项目融资中,贷款人可以是一家商业银行,也可以是由十几家银行组成的银团。

利益相关者还包括项目承建商,项目承建商通常与项目公司签订固定价格的总价承包合同,负责项目工程的设计和建设;设备或材料供应者,项目供应者通过延期付款或者优惠出口信贷的安排,可以构成项目资金的一个重要来源;融资顾问,项目融资的组织安排工作需要一个具有专门技能的人来完成,绝大多数的项目投资者缺乏这方面的经验和资源,需要聘请专业融资顾问。融资顾问在项目融资中扮演着一个极为重要的角色,在某种程度上可以说是决定项目融资能够成功的关键,融资顾问通常聘请投资银行或者商业银行中的融资部门来担任;保险公司,当对借款人或项目发起人的追索权是有限的情况下,项目的一个重要安全保证是用保险权益作担保,因而,必要的保险是项目融资的一个重要方面。由于项目规模很大,存在遭受各种各样损失的可能性,这使得项目发起人建立起与保险代理人和承包商的紧密联系,从而正确地确认和抵消风险。

(2)项目融资的申请条件。

项目本身已经经过政府部门批准立项;项目可行性研究报告和项目设计预算已经通过政府有关部门审查批准;引进国外技术、设备、专利等已经政府经贸部门批准,并办妥了相关手续;项目产品的技术、设备先进适用,配套完整,有明确的技术保证;项目的生产规模合理;项目产品经预测有良好的市场前景和发展潜力,盈利能力较强;项目投资的成本以及各项费用预测较为合理;项目生产所需的原材料有稳定的来源,并已经签订供货合同或意向书;项目建设地点及建设用地已经落实;项目建设以及生产所需的水、电、通讯等配套设施已经落实;项目有较好的经济效益和社会效益;其他与项目有关的建设条件已经落实。

(3)项目融资的融资模式。

① 项目直接融资。由投资者共同投资组建一个项目公司,以项目公司的名义

安排向银行直接贷款融资,主要的信用保证来自项目公司未来稳定的现金流量、项目资产以及项目投资者所提供的担保和协议,这种融资模式可以安排成为对投资者无追索的形式。

② 杠杆租赁融资。杠杆租赁指当项目公司需要筹资购买设备时,向租赁公司提出申请,租赁公司通过设备抵押,向银行融资并代表企业购买该设备,然后租赁给项目公司,在项目营运期间,项目公司以项目的营运收入向租赁公司支付租金,租赁公司以其收到的租金向贷款银行还本付息。

- 杠杆租赁融资模式在结构设计中要以项目本身未来现金流量状况作为主要的决策依据。
- 杠杆租赁项目融资中的参与者包括资产出租者、商业银行、其他金融机构及资产承租者。

③ 项目债券融资。项目公司发行具有有限追索权的项目债券,以项目本身的未来现金流向债务人还本付息。

④ 建设—运营—转让(BOT 模式)。BOT 是英文 Build-Operate-Transfer 的缩写,一般是政府与投资企业签订合同,把一些基础建设项目的开发权和一段时间内经营获利权转让给投资企业,投资企业负责基础设施项目的融资、建造和经营,并承担风险,政府在批准项目开发、使用土地、获取原材料方面提供优惠条件和政策支持,在协议规定的期限内,投资企业拥有所建造设施的经营权,以此收回投资成本并获取预期回报,期满后,投资企业根据协议将该项目转让给相应的政府机构。

采取 BOT 模式的原因是政府希望吸引私人投资或外商投资,借以引进先进技术和提高管理运营水平,同时,减少资本预算,实施现在没有能力提供资金的项目。

BOT 模式参与主体:

- 项目发起人——最终项目所有者,一般是项目所在国的政府部门或政府指定公司,项目发起人不拥有项目,不经营项目,不承担风险。
- 项目经营者——专门组织起来的项目公司,是 BOT 的主体,负责融资、建设、经营、承担风险。

● 项目贷款银行——包括商业银行和世界银行、亚洲开发银行、本国政府的政策性银行。

> **案例一**
>
> ### 西安地铁项目融资
>
> 西安地铁项目融资采用 BOT 方式融资。项目经过可行性研究,通过立项之后,西安市政府进行招标,选择一些信誉比较高、融资能力较强、基础设施建设经验丰富的国际财团和银团组成西安地铁项目公司,作为独立法人进行项目建设和经营。项目设计施工路线为莲湖路—五路口—长乐路,全长为 20 公里的单向直线铁路,建设工期为 3 年,计划总投资为 25 亿元人民币,投资公司经营时间为 20 年,之后交由西安市政府经营和管理。项目建设由西安地铁项目公司全权负责,建设完成之后,由西安地铁公司根据合同约定进行经营管理 20 年,其收入所得归西安地铁项目公司,用于偿还项目投资并作为项目公司的利润收入。项目公司经营期满后,收回利润,并将地铁转交西安市政府进行经营和管理,项目公司退出。项目的大部分资金由项目公司来筹集,融资的方案报西安市政府审批,通过后由政府担保进行贷款。

> **案例二**
>
> ### 中信集团联合体获奥运鸟巢 30 年经营权
>
> 中信集团联合体与北京市政府、北京奥组委、北京市国有资产经营有限公司分别签署了《特许权协议》、《国家体育场协议》和《合作经营合同》。根据这些合同协议,中信集团联合体将与市国资公司共同组建项目公司,作为国家体育场的项目法人,负责国家体育场的设计、融投资、建设、运营及移交。项目公司获得 2008 年奥运会后 30 年的国家体育场经营权。国家体育场总投资约 35 亿元人民币,其中 58% 的资金由市政府提供,委托市国资公司作为出资代表,注入项目公司。其他投资则由项目公司进行融资。这种项目建设的筹融资方式,既可以节省政府投资,又便于国家体育场的会后运营、综合利用。

(二)资金筹措方案

1. 关注资金结构

资金结构指融资方案中各种资金之间的比例关系,在融资方案中,资金结构分析非常重要,涉及融资的合理性与合法性。资金结构包括:项目资本金与债务资金之间的比例、项目资本金内部结构的比例、项目债务资金内部结构的比例。

1996年开始,对于各种经营性国内投资项目实行资本金制度,投资项目的资本金占总投资的比例要达到一定的要求。投资项目资本金是在投资项目总投资中由投资者认缴的出资额。作为计算资本金基数的总投资包括投资项目的固定资产投资和铺底流动资金,其中,铺底流动资金指流动资金中的非债务资金,占全部流动资金的30%。投资者认缴的资本金不可以抽回,但可以转让。

资本金占总投资的比例有具体的规定,见表4-7。

表4-7 项目资本金占项目总投资的比例表

序号	投资的行业	项目资本金占项目总投资的比例
1	钢铁	40%及以上
2	交通运输、煤炭、水泥、电解铝、铜冶炼、房地产开发	35%及以上
3	邮电、化肥	25%及以上
4	电力、机电、建材、化工、石油加工、有色、轻工、纺织、商贸等行业	20%及以上

2. 项目资金筹措方案

根据"投资估算"的资金需要量,提出并优选资金来源计划,制订融资方案。一个完整的项目资金筹措方案,主要由两部分内容构成:

(1)项目资金来源计划表(见表4-8)。

(2)分年度投资计划与资金筹措表(见表4-9)。

表 4-8　项目资金来源计划表（新设法人）

序号	资金来源	金额合计（万元）	融资条件	备注
1	资本金	12 100	—	—
1.1	股东 1	10 000	—	书面承诺
1.2	股东 2	2 000	—	书面承诺
1.3	股东 3	100	—	书面承诺
2	债务资金	9 600	—	—
2.1	银行长期借款	6 000	贷款 5 年，项目抵押	银行书面承诺
2.2	融资租赁	2 000	—	租赁公司承诺
2.3	银行流动资金借款	600	贷款 1 年，股东 1 担保	银行原则同意
2.4	买方信贷	1 000	—	—

表 4-9　分年度投资计划和资金筹措表

序号	项目	合计（万元）	计算期					
			第一年	第二年	第三年	第四年	第五年	第六年
1	总投资	21 700	8 800	6 600	5 500	500	100	200
1.1	建设投资	19 000	8 000	6 000	5 000	—	—	—
1.2	建设投资利息	1 900	800	600	500	—	—	—
1.3	流动资金	800	—	—	—	500	100	200
2	资金筹措	21 700	8 800	6 600	5 500	500	100	200
2.1	项目资本金	12 100	8 000	600	3 000	300	100	100
2.2	债务资金	9 600	800	6 000	2 000	200	—	600

分年度投资计划与资金筹措表是投资估算、融资方案两部分的衔接处，用于平衡投资使用及资金筹措计划。新组建公司的项目，资金筹措计划通常应当先安排使用资本金，后安排使用负债融资。这样一方面可以降低项目建设期间的财务费用，更主要的可以有利于建立资信，取得债务融资。

我国进行投资体制改革（国发[2004]20 号文件），政府提出进一步拓宽企业投资项目的融资渠道，允许各类企业以股权融资方式筹集投资资金，扩大企业债券发行规模，增加企业债券品种，同时运用辛迪加贷款、融资租赁、项目融资等方式支持项目建设。

第二节　财务分析的可行性

投资决策阶段,资本预算是企业投资决策的基础。在投资决策中,预测投入的资本与投资后获得的现金流入,建立各种预测的财务报表,如现金流量表、资产负债表、利润表等,从而计算各种财务分析指标,作为投资决策的重要依据。同时进行不确定性分析和风险分析。

预测的财务指标是投资决策的重要依据,它以数据的形式为投资的可行性提供数据支撑,因此,财务指标数据是投资决策的关键性依据。财务指标依据的发展有一个过程,最初适用的财务指标是平均账面收益率(average accounting return)、静态的投资回收期(payback period)等指标,这些指标没有考虑资金的时间价值,属非贴现的评价指标。这种评价方法是最简单、最早应用的一种投资决策评价方法。现在运用最多的是考虑资金时间价值的财务指标,又被称为贴现的财务指标。投资决策财务指标开始考虑资金时间价值是一个重大发展,用贴现的指标来为投资决策提供支撑更加科学合理。在实务操作过程中,多数用贴现的财务指标评价法,通过预测需要投入的资本与投资后获得的现金流入,从而计算各种财务指标,作为投资决策的重要依据。

一、投资项目的盈利能力分析

在投资决策中,投资主体最关注的财务指标是反映盈利能力的指标,在实务中,最常用的财务评价指标主要包括净现值(NPV)、内含报酬率(IRR)、静态投资回收期、动态投资回收期和总投资收益率等指标。

1. 判定净现值(NPV)是否大于0

(1) 净现值的含义。

净现值是项目计算期内,各年净现金流量(net cash flow)的折现值之和,其中,折现率按行业基准收益率或其他方式设定,项目计算期包括建设期、投产期和达产期。

净现值的基本公式:

$$NPV = \sum_{t=1}^{n} \frac{(CI-CO)_t}{(1+i_c)^t} \quad (4-1)$$

其中,CI 代表现金流入量,CO 代表现金流出量,$(CI-CO)_t$ 代表第 t 期的净现金流量;n 代表项目的计算期,i_c 代表设定的折现率。

(2)净现值对投资决策的判定。

若 $NPV \geq 0$,一般认为投资方案可行;若 $NPV < 0$,一般认为投资方案不可行。

净现值方法既考虑了货币时间价值,又考虑了全部净现金流,同时还考虑了投资风险,使得投资决策更加科学与合理。

(3)该方法的局限性。

现金流量表是建立在未来现金流量的预测基础之上的,而现金流的预测又是建立在一定假设基础之上的,数据往往是决策者主观判断的结果。

折现率是一个关键性的变量,但是由于市场风险和风险相关系数的确定很难把握,所以,贴现率的选择十分困难。

2. 判定是否获取预期的内部收益率(IRR)

(1)内部收益率的含义。

内部收益率是指项目在整个计算期内,净现金流量的现值累加之和等于零时的折现率。项目计算期包括建设期、投产期和达产期。

$$\sum_{t=1}^{n} \frac{(CI-CO)_t}{(1+IRR)^t} = 0 \quad (4-2)$$

其中,CI 代表现金流入量,CO 代表现金流出量,$(CI-CO)_t$ 代表第 t 期的净现金流量;n 代表项目的计算期。

(2)求内部收益率有两个方法。

第一种方法是通过电脑应用财务软件可以取得,输入相关数据就可以直接获得。

另一种方法是通过手工计算,运用"插值法"可求。示意图见图4-4。

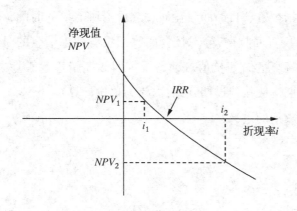

图 4-4 插值法示意图

该图反映了净现值与折现率之间成反比关系,随着折现率的增加,净现值减小,一般常规性投资,净现值与折现率之间的曲线是开口朝上的上凹线,而且与横轴只有一个交点,当 $NPV=0$ 时,这时的折现率就是内部收益率。

首先设定 i_1 作为设定的折现率,计算出各年的折现净现金流量和累计折现净现金流量,从而得到财务净现值 NPV_1。

再设定 i_2 作为设定的折现率,计算各年的折现净现金流量和累计折现净现金流量,从而得到财务净现值 NPV_2。

如果试算结果满足 $NPV_1>0$,$NPV_2<0$,且满足 $i_2-i_1\leqslant 5\%$,可以采用插值法计算拟建项目的内部收益率 IRR:

$$\frac{IRR-i_1}{i_2-i_1}=\frac{NPV_1}{NPN_1+|NPV_2|} \tag{4-3}$$

所以,$IRR=i_1+(i_2-i_1)\dfrac{NPV_1}{NPV_1+|NPV_2|}$。

(3) 内部收益率对投资决策的判定。

IRR 就是要求的内部收益率,一般认为,当内部收益率大于基准收益率(如市场利率)时,该项目被认为财务上基本可行;反之,则认为财务上基本不可行。

3. 预测项目投资回收期

(1) 投资回收期的含义。

投资回收期指投资项目的净收益回收总投资所需要的时间,可以分为静态投资回收期和动态投资回收期,静态投资回收期没有考虑资金的时间价值,动态投资回收期考虑了资金的时间价值。动态投资回收期指标优于静态的投资回收期指标。投资回收期一般从建设期开始,以年为单位计算。

静态投资回收期的定义:

$$\sum_{t=0}^{P_t} (CI - CO)_t = 0 \tag{4-4}$$

动态投资回收期的定义:

$$\sum_{t=0}^{P_t} \frac{(CI - CO)_t}{(1+i)^t} = 0 \tag{4-5}$$

其中,P_t 代表投资回收期。

(2) 投资回收期的计算。

① 静态的投资回收期的计算。

投资回收期一般借助现金流量表来计算。在项目投资现金流量表中,静态的投资回收期根据项目投资净现金流累计由负变正的时点,可以求得静态投资回收期。

$$\text{静态的投资回收期} = \left(\text{累计净现金流量出现正值的年数} - 1\right) + \left(\frac{\text{出现正值年份的上年累计净现金流量绝对值}}{\text{出现正值年份当年净现金流量}}\right)$$

② 动态的投资回收期的计算。

在项目投资现金流量表中,动态的投资回收期根据项目投资净现金流的折现值累计由负变正的时点,可以求得动态投资回收期。

$$\text{动态的投资回收期} = \left(\text{累计净现金流量的折现值出现正值的年数} - 1\right)$$
$$+ \left(\frac{\text{出现正值年份的上年累计净现金流量折现值的绝对值}}{\text{出现正值年份当年净现金流量折现值}}\right)$$

③ 投资回收期对投资决策的判定。

该方法可以衡量某一项目收回初始投资速度的快慢。一般而言,投资者一般希望回收期越短越好,回收期越短,风险就越小,投资项目越有利。投资回收期取决于项目初始投资额和项目投产后预期产生的现金净流量。表 4-10 是其中的一个示例。

表 4-10 项目投资现金流量表　　　　　　单位：千万元

序号	项目	建设期		投产期						
		1	2	3	4	5	6	7	8	9
1	生产负荷	-	-	70%	100%	100%	100%	100%	100%	100%
1	现金流入	-	-	490	700	700	700	700	700	1 175
2	现金流出	380	400	499	427	427	427	427	427	427
3	净现金流	-380	-400	-9	273	273	273	273	273	748
4	累计净现金流	-380	-780	-789	-516	-243	30	303	576	1 324
5	10%折现系数	0.909	0.826	0.751	0.683	0.621	0.564	0.513	0.467	0.424
6	净现金流量现值	-345	-331	-6.8	186	169	154	140	127	317
7	累计净现金流现值	-345	-676	-683	-497	-328	-174	-34	93	410

静态的投资回收期 = (6-1) + 243÷273 = 5.9(年)

动态的投资回收期 = (8-1) + 34÷127 = 7.27(年)

4. 总投资收益率

该指标反映了总投资的盈利水平,总投资收益率等于项目达到设计能力以后,正常年份的息税前利润与项目总投资的比率。

总投资收益率 = 年息税前利润/项目总投资

其中：

息税前利润 = 利润总额 + 支付的全部利息
　　　　　= 销售收入 - 经营成本 - 折旧 - 摊销 - 销售税金

总投资收益率高于同行业的收益率水平,就认为该项目的盈利能力较强。

二、投资项目的偿债能力分析

投资项目的偿债能力分析主要反映项目偿还贷款的能力,是银行决定是否贷款的主要决策依据,也是投资方决策的参考依据,所以,在财务分析时,对此可以作一简单分析。

偿债能力指标主要是利息备付率、偿债备付率、流动比率、速动比率和资产负债率。

利息备付率 = 息税前利润/应付利息额，一般认为利息备付率不低于2。

偿债备付率 =（息税折旧摊销前利润 - 所得税）/应还本付息额，一般认为偿债备付率不低于1.3。

流动比率 = 流动资产 / 流动负债，一般认为合理的最低流动比率是2。

速动比率 =（流动资产 - 存货）/ 流动负债，一般认为合理的最低速动比率是1。

资产负债率 = 负债总额 / 资产总额，一般认为资产负债率为60%比较合适；债权人认为资产负债率越小，风险越小；股东认为在利润率大于利率时，可以发挥财务杠杆作用，负债率越大越好；经营者对资产负债率的大小要权衡利弊。

三、财务评价依据的基本报表的编制

1. 项目投资现金流量表的编制

项目投资现金流量表是针对项目基本方案进行的现金流量分析，是不考虑债务条件的融资前分析，通过项目投资现金流量表可以计算投资回收期、内部收益率和净现值等指标，反映项目投资的盈利能力，考察项目方案的合理性。表4-11是其中的一个示例。

表4-11　项目投资现金流量表　　　　　　　　　　单位：千万元

序号	项目	合计	建设期		投产期		达产期			
			1	2	3	4	5	6	7	8
1	现金流入	1 920	0	0	210	210	300	300	300	600
1.1	销售收入（含增值税）	1 620	0	0	210	210	300	300	300	300
1.2	补贴收入	0	0	0	0	0	0	0	0	0

续表

序号	项目	合计	建设期 1	建设期 2	投产期 3	投产期 4	达产期 5	达产期 6	达产期 7	达产期 8
1.3	回收固定资产残值	200	0	0	0	0	0	0	0	200
1.4	回收流动资金	100	0	0	0	0	0	0	0	100
2	现金流出	2 329.6	300	650	223.6	173.6	245.6	245.6	245.6	245.6
2.1	建设投资	900	300	600	0	0	0	0	0	0
2.2	流动资金	100	0	50	50	0	0	0	0	0
2.3	经营成本	1 080	0	0	140	140	200	200	200	200
2.4	营业税金及附加、增值税	205.6	0	0	29.0	29.0	36.9	36.9	36.9	36.9
2.5	调整所得税	44	0	0	4.6	4.6	8.7	8.7	8.7	8.7
3	税前净现金流 (1−2)+2(5)	−365.6	−300	−650	−9	41	63.1	63.1	63.1	363.1
4	税后净现金流 (1−2)	−409.6	−300	−650	−13.6	36.4	54.4	54.4	54.4	354.4

调整所得税 = 息税前利润 × 25%

= (销售收入 − 经营成本 − 折旧 − 摊销 − 营业税金及附加) × 25%

= (总利润 + 利息) × 25%

这里可以分为所得税前净现金流的分析和所得税后净现金流的分析,政府投资的项目比较关注税前净现金流的分析,所以,税前净现金流的分析主要针对政府投资的项目,而企业投资方比较关注所得税后净现金流的分析,所以,税后净现金流的分析主要针对企业投资的项目,是企业投资决策的主要数据指标来源。

假设每一年的现金流发生在年末,税后净现金流的净现值如图示:

$NPV = -300(1+10\%)^{-1} - 650 \times (1+10\%)^{-2} - 13.6 \times (1+10\%)^{-3} + 36.4 \times (1+10\%)^{-4} + 54.4 \times (1+10\%)^{-5} + 54.4 \times (1+10\%)^{-6} + 54.4 \times (1+10\%)^{-7} + 354.4 \times (1+10\%)^{-8}$,查表可得结果。

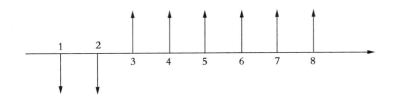

假设每一年的现金流发生在年初,税后净现金流的净现值如图示:

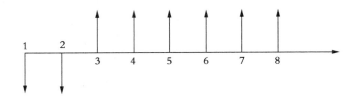

$NPV = -300 - 650 \times (1+10\%)^{-1} - 13.6 \times (1+10\%)^{-2} + 36.4 \times (1+10\%)^{-3} + 54.4 \times (1+10\%)^{-4} + 54.4 \times (1+10\%)^{-5} + 54.4 \times (1+10\%)^{-6} + 354.4 \times (1+10\%)^{-7}$,查表可得结果。

项目的内部收益率 IRR:

$NPV_1 > 0, NPV_2 < 0$,且满足 $i_2 - i_1 \leq 5\%$,可以采用插值法计算拟建项目的内部收益率 IRR。

2. 项目资本金现金流量表

项目资本金现金流量表是融资后分析,一般只计算内部收益率指标,反映了权益投资者对项目的盈利能力的要求,是取舍融资方案的重要依据。表4-12 是一个举例。

表4-12 项目资本金现金流量表　　　　　　　　　　单位:千万元

序号	项目	合计	建设期		投产期		达产期			
			1	2	3	4	5	6	7	8
1	现金流入	1 920	0	0	210	210	300	300	300	600
1.1	销售收入(含增值税)	1 620	0	0	210	210	300	300	300	300
1.2	补贴收入	0	0	0	0	0	0	0	0	0
1.3	回收固定资产残值	200	0	0	0	0	0	0	0	200

续表

序号	项目	合计	建设期		投产期		达产期			
			1	2	3	4	5	6	7	8
1.4	回收流动资金	100	0	0	0	0	0	0	0	100
2	现金流出	1 494.4	200	250	241.8	191.8	265.2	265.2	265.2	265.2
2.1	用于建设投资的资本金	400	200	200	0	0	0	0	0	0
2.2	用于流动资金的资本金	100	0	50	50	0	0	0	0	0
2.3	经营成本	1 080	0	0	140	140	200	200	200	200
2.4	营业税金及附加、增值税	205.6	0	0	29.0	29.0	36.9	36.9	36.9	36.9
2.5	借款还本付息	120	0	0	20	20	20	20	20	20
2.6	所得税	38.8	0	0	2.8	2.8	8.3	8.3	8.3	8.3
3	净现金流(1-2)	-24.4	-200	-250	-31.8	18.2	34.8	34.8	34.8	334.8

现金流量表中的数据来源于以下几个预测的财务报表：销售收入和销售税金、总成本费用估算表、预测的利润表，分别见表4-13、表4-14、表4-15。

表4-13 销售收入和销售税金　　　　　　　　　单位：千万元

序号	项目	合计	建设期		投产期		达产期			
			1	2	3	4	5	6	7	8
1	销售流入(含增值税)	1 620	0	0	210	210	300	300	300	300
	单价	18	0	0	3	3	3	3	3	3
	销售额	540	0	0	70	70	100	100	100	100
2	营业税金及附加和增值税	205.6	0	0	29.0	29.0	36.9	36.9	36.9	36.9
	消费税	0	0	0	0	0	0	0	0	0
	营业税		0	0	0	0	0	0	0	0
	城市维护建设税、教育费附加	18.72	0	0	2.64	2.64	3.36	3.36	3.36	3.36
	增值税	187.2	0	0	26.4	26.4	33.6	33.6	33.6	33.6
	销项税额	241.2	0	0	33.4	33.4	43.6	43.6	43.6	43.6
	进项税额	54	0	0	7	7	10	10	10	10

这里假设销售收入包含增值税，在计算销项税额时，应剔除增值税，即：销售收入/(1+17%)就是销项税额的计税依据。

表 4-14　总成本费用估算表　　　　　　　　　　　　　　单位：千万元

序号	项目	合计	建设期		投产期		达产期			
			1	2	3	4	5	6	7	8
1	外购原材料、燃料、动力	540	0	0	70	70	100	100	100	100
2	薪资	432	0	0	56	56	80	80	80	80
3	修理费	54	0	0	7	7	10	10	10	10
4	其他费用	54	0	0	7	7	10	10	10	10
5	经营成本(1+2+3+4)	1 080	0	0	140	140	200	200	200	200
6	折旧费	60	0	0	10	10	10	10	10	10
7	摊销费	60	0	0	10	10	10	10	10	10
8	利息支出	60	0	0	10	10	10	10	10	10
9	总成本费用(5+6+7+8)	1 260	0	0	170	170	230	230	230	230
	可变成本 1	540	0	0	70	70	100	100	100	100
	固定成本(2+3+4+6+7+8)	720	0	0	100	100	130	130	130	130

修理费是固定资产原值的一定比例,用以维持固定资产运营。

经营成本 = 总成本 − 折旧费 − 摊销费 − 利息支出

　　　　 = 外购原材料 + 燃料、动力 + 薪资 + 修理费

3．预测的利润表

表 4-15　预测的利润表　　　　　　　　　　　　　　　　单位：千万元

序号	项目	合计	建设期		投产期		达产期			
			1	2	3	4	5	6	7	8
1	销售收入	1 620	0	0	210	210	300	300	300	300
2	总成本费用	1 260	0	0	170	170	230	230	230	230
3	销售税金及附加	205.6	0	0	29.0	29.0	36.9	36.9	36.9	36.9
4	总利润	154.4	0	0	11	11	33.1	33.1	33.1	33.1
5	所得税	355.3	0	0	2.8	2.8	8.3	8.3	8.3	8.3

续表

序号	项目	合计	建设期		投产期		达产期			
			1	2	3	4	5	6	7	8
6	税后利润	328.3	0	0	8.3	8.3	24.8	24.8	24.8	24.8
7	公积金和公益金	6	0	0	1	1	1	1	1	1
8	可分配利润	109.8	0	0	7.3	7.3	23.8	23.8	23.8	23.8
9	未分配利润	109.8	0	0	7.3	7.3	23.8	23.8	23.8	23.8

其中：

所得税 = 总利润 × 25%

= （总收入 − 总成本费用 − 销售税金）× 25%

= （总收入 − 经营成本 − 折旧 − 摊销 − 利息支出 − 销售税金）× 25%

通过利润表可以计算投资利润率、成本利润率、销售利润率等反映获利能力的指标。

4．预测的资产负债表

表4-16　预测的资产负债表　　　　　　　　　　　单位：千万元

序号	项目	合计	建设期		投产期		达产期			
			1	2	3	4	5	6	7	8
1	资产	8 000	4 000	2 000	600	650	250	200	150	150
	流动资产	1 000	0	0	100	150	250	200	150	150
	货币资金	400	0	0	50	100	100	50	50	50
	应收账款	100	0	0	0	0	50	50	0	0
	预付账款	0	0	0	0	0	0	0	0	0
	存货	500	0	0	50	50	100	100	100	100
	在建工程	6 000	4 000	2 000	0	0	0	0	0	0
	固定资产净值	1 000	0	0	500	500	0	0	0	0
	无形资产净值	0	0	0	0	0	0	0	0	0
2	负债及所有者权益	8 000	3 000	2 000	1 100	1 300	300	100	100	100
	流动负债	1 000	0	0	0	0	0	0	0	0
	短期借款	500	0	0	200	300	0	0	0	0

续表

序号	项目	合计	建设期		投产期		达产期			
			1	2	3	4	5	6	7	8
	应付账款	400	0	0	0	0	300	100	0	0
	预收账款	100	0	0	0	100	0	0	0	0
	建设投资借款	3 000	2 000	1 000	0	0	0	0	0	0
	流动资金借款	1 000	0	0	500	500	0	0	0	0
	负债小计	5 000	2 000	1 000	700	900	300	100	0	0
	所有者权益	3 000	1 000	1 000	400	400	0	0	100	100
	实收资本	2 000	1 000	1 000	0	0	0	0	0	0
	资本公积	800	0	0	400	400	0	0	0	0
	累计盈余公积金	0	0	0	0	0	0	0	0	0
	累计未分配利润	200	0	0	0	0	0	0	100	100

5. 投资评价财务指标的汇总

盈利性分析、偿债能力分析等得出结论以后，应该汇总在同一个表格里，供投资决策者参考使用，具体模式可以见表4-17、表4-18。

表4-17 投资评价财务指标样式

序号	指标名称	单位	数量	备注
1	投资利润率	%	19.28	
2	投资利税率	%	26.70	
3	资本金利润率	%	24.04	
4	资产负债率最高值	%	24.07	
5	全部投资税前指标	—	—	
5.1	全部投资回收期	年	5.20	
5.2	财务内部收益率	%	24.96	
5.3	财务净现值(10%)	万元	56 273.55	
6	全部投资税后指标	—	—	
6.1	全部投资回收期	年	5.43	
6.2	财务内部收益率	%	22.23	

续表

序 号	指标名称	单 位	数 量	备 注
6.3	财务净现值(10%)	万元	43 229.01	
7	自有资金效益指标	—	—	
7.1	财务内部收益率	%	25.30	
7.2	财务净现值(10%)	万元	45 094.53	
8	盈亏平衡点	—	—	
8.1	生产能力利用率	%	45.10	

表 4-18　投资评价财务指标样式

序 号	项 目	单 位	数据和指标	备 注
1	项目总投资	万元	75 339	—
2	固定资产投资	万元	66 917	
3	流动资金	万元	21 054	
	其中:铺底流动资金	万元	8 422	—
4	销售收入(含税)	万元	100 400	达产年平均
5	利润总额	万元	12 379	达产年平均
6	销售税金及附加	万元	4 413	达产年平均
7	投资回收期	年	7.79	含建设期
8	财务内部收益率	%	15.67	税后
9	财务净现值(10%)	万元	27 072	税后
10	销售利润率	%	12.33	达产年平均
11	销售利税率	%	16.72	达产年平均
12	投资利润率	%	14.07	达产年平均
13	投资利税率	%	19.09	达产年平均
14	盈亏平衡点	%	42.41	以生产能力表示

第三节 经济分析的可行性

一、经济分析的原因

经济分析又称为国民经济分析。资源是稀缺的,在完全竞争市场条件下,市场能对资源进行有效配置,实现帕累托效率。在市场失灵的情况下和市场本身缺陷问题,市场价格难以反映建设项目的真实经济价值,从财务指标方面无法正确反映项目投资的合理性,如政府补贴、企业的纳税、外部效应等因素。基于此,通过经济费用效益分析,反映建设项目真实的经济价值,从稀缺资源有效配置的视角判断投资的经济合理性,为投资决策提供依据。

二、需要进行经济分析的项目

(1)企业投资属于重大类或限制类、需要政府部门核准的项目;
(2)市场失灵的项目,包括具有自然垄断特征的项目,如电力、电信、交通等项目;
(3)具有公共产品特征的项目,如治理污染、公共绿地等项目;
(4)具有明显外部效应的项目,包括正的外部效应和负的外部效应;
(5)涉及国家的战略性资源或关系国家经济安全的项目。

三、经济分析的计算期

建设项目可行性研究的经济评价期包括建设期与运营期,建设期为项目资金正式投入开始到投产为止;运营期分为投产期与达产期,投产期为达到设计生产能力之前,达产期指达到设计生产能力之后。经济分析的计算期时间不可过长,否则预测不准确,而且折现后的数值较小,很难对财务分析结论产生决定性的影响。

四、经济分析指标

1. 经济净现值

是指用社会折现率将项目计算期内各年的净效益流量折算到建设期初现值之和。社会折现率是资金的影子利率,是社会对资金时间价值的估值,我国目前的社会折现率一般取值8%。

基本公式为:

$$ENPV = \sum_{t=1}^{n} \frac{(B-C)_t}{(1+i_s)^t} \qquad (4-6)$$

其中:B 代表经济效益流量,C 代表经济费用流量,$(B-C)_t$ 代表第 t 期的经济净效益流量,n 代表项目的计算期,i_s 代表社会折现率。

2. 经济内部收益率

经济内含报酬率是指项目在整个计算期内,净现金流量的现值累加之和等于零时的折现率。

$$\sum_{t=1}^{n} \frac{(B-C)_t}{(1+EIRR)^t} = 0 \qquad (4-7)$$

其中:B 代表经济效益流量,C 代表经济费用流量,$(B-C)_t$ 代表第 t 期的经济净效益流量,n 代表项目的计算期,$EIRR$ 代表社会折现率。

五、经济分析常用基本报表——项目经济效益费用流量表及其编制

1. 直接识别和计算效益流量和费用流量,编制项目经济效益费用流量表

(1)经济效益:包括直接效益和间接效益,其中,直接效益指增加项目产出物或者服务的数量以满足国内需求的效益;间接效益指在直接效益中未得到反映的那部分效益。

(2)经济费用:包括直接费用和间接费用,其中,直接费用指项目使用投入物

所产生的经济费用,主要表现为项目耗费的社会资源;间接费用指在直接费用中未得到反映的那部分费用。

(3)经济效益和费用的估算。

对于不能反映市场规律的收益或费用,可以调整收益或费用,主要方法是收益或费用乘以一个系数,收益或费用被调整后,被称为影子价格或影子汇率或影子工资等。

影子价格:是指资源处于最佳分配状态时,能够反映社会劳动消耗、资源稀缺程度和对最终产品需求情况的价格。影子价格 = 交易价格 × 换算系数。

影子工资:影子工资是财务评价中的工资及职工其他福利费之和,包括劳动力的机会成本和社会为劳动力就业所付出的、而职工又未得到的其他代价,如搬迁、培训费等。影子工资 = 名义工资 × 工资换算系数。

(4)转移支付应该从效益和费用中扣除。

因为从社会经济角度来看,转移支付并没有造成资源的实际增加或减少,不应该计入效益或费用,因此,转移支付应该从效益和费用中扣除。

转移支付主要包括:项目向政府缴纳的大部分税、政府给予的补贴、项目向国内银行支付的利息、项目获得的存款利息等。

2. 在财务现金流量表的基础上调整编制项目经济效益费用流量表

(1)把财务现金流量中部分效益或费用剔除。

如转移支付、流动资金的现金、应收账款、应付账款以及涨价预备费应该从财务现金流量的效益或费用中剔除。

(2)把项目的外部效应,包括正的外部效应和负的外部效应分别计入经济效益流量和经济费用流量。

如政府投资绿地,带来的空气清新,老百姓的身体健康、生命延续等正的外部效应,这些属于间接效益,应该计入经济效益流量中。如某个项目污水对河流造成部分污染,影响了人们的生活环境,给老百姓的健康带来不良影响,这个负的外部效应属于间接费用,应计入经济费用流量。

(3)效益和费用数值调整。

判断项目投入物和产出物能否反映其经济价值,如果不能反映经济价值,应通过影子价格进行调整,重新计算效益和费用流量。如杭州湾跨海大桥的直接收益包括时间的节约和运输成本的减少,间接收益包括运输质量的提高、交通事故的减少、旅客的舒适度等。再如建设投资,涨价预备费从费用流量中扣除,薪资按照影子工资计算费用,土地价格按土地影子价格计算。

表 4-19　项目投资经济费用效益流量表　　　　　　　　　　　单位:千万元

序号	项目	合计	建设期		投产期		达产期			
			1	2	3	4	5	6	7	8
1	效益流量	6 140	0	0	770	770	1 100	1 100	1 100	1 300
1.1	项目直接效益	4 860	0	0	630	630	900	900	900	900
1.2	资产余值回收	200	0	0	0	0	0	0	0	200
1.3	项目间接效益	1 080	0	0	140	140	200	200	200	200
2	费用流量	5 700	800	600	800	700	700	700	700	700
2.1	建设投资	1 400	800	600	0	0	0	0	0	0
2.2	流动资金	100	0	0	100	0	0	0	0	0
2.3	经营费用	3 600	0	0	600	600	600	600	600	600
2.4	项目间接费用	600	0	0	100	100	100	100	100	100
3	净效益流量(1−2)	440	−800	−600	−30	70	400	400	400	600

表 4-19 是从项目投资角度分析项目经济盈利性,主要分析项目的整个投资给社会带来的经济效益,不考虑资金的筹集方式。

表 4-20　国内投资经济费用效益流量表　　　　　　　　　　　单位:千万元

序号	项目	合计	建设期		投产期		达产期			
			1	2	3	4	5	6	7	8
1	效益流量	6 140	0	0	770	770	1 100	1 100	1 100	1 300
1.1	项目直接效益	4 860	0	0	630	630	900	900	900	900
1.2	资产余值回收	200	0	0	0	0	0	0	0	200
1.3	项目间接收益	1 080	0	0	140	140	200	200	200	200
2	费用流量	6 100	800	600	800	700	800	800	800	800

续表

序号	项目	合计	建设期		投产期		达产期			
			1	2	3	4	5	6	7	8
2.1	建设投资国内资金	1 400	800	600	0	0	0	0	0	0
2.2	流动资金国内资金	100	0	0	100	0	0	0	0	0
2.3	经营费用	3 600	0	0	600	600	600	600	600	600
2.4	流到国外的资金	400	0	0	0	0	100	100	100	100
2.5	项目间接费用	600	0	0	100	100	100	100	100	100
3	净效益流量(1-2)	40	-800	-600	-30	70	300	300	300	500

表4-20是从国内投资角度分析项目经济盈利性,考虑外国资金的筹集方式对国内经济效率的影响。

第四节 不确定性分析和风险分析

一、敏感性分析

(一) 理解敏感性分析的内涵和作用

在财务分析过程中,可能存在一个或几个不确定性因素,可以是原材料价格、销售量、产品价格、项目寿命期等,这些不确定因素的变化可能对财务评价指标产生一定的影响,其中,财务评价指标可以是内部收益率、净现值、利润等。敏感性分析就是找出对财务评价指标最为敏感的因素,预测该敏感因素变化可能给项目带来的风险,并且对敏感因素带来的风险制定预防控制措施。一般用敏感系数衡量不确定因素的变化对项目评价指标的影响程度。

(二) 寻找到影响财务评价指标的敏感性因素,并且提出应对方案

首先,选定对评价指标可能产生影响的不确定因素,设定变化率为±10%。

其次,选定一种或多种财务评价指标,并计算不确定因素变化后的项目财务评价指标。

接下来,计算敏感系数和临界点。敏感系数即不确定因素的变化对项目评价指标的影响程度。敏感系数＝项目评价指标的变化率÷不确定因素的变化率。临界点指不确定因素的变化使项目由可行变成不可行的临界数值,一般采用百分比表示,如费用增加百分比、效益降低百分比。如果超过临界点变化的极限,项目由可行变成不可行。

最后,汇总敏感性分析的结果于敏感性分析表,并对敏感性分析结果进行分析,提出解决不确定因素影响的措施。

表4-21列示的是敏感性分析的一个示例。

表4-21 敏感性分析表

序 号	不确定因素	不确定因素变化率%	内部收益率	敏感系数	临界点
	基本方案	-	13.2%	-	-
1	销售价格	+10%	14.2%	0.76	-
		-10%	11.5%	-1.28	
2	原材料价格	+10%	12.3%	-0.68	-
		-10%	15.2%	1.52	

假设不确定性因素销售价格上涨10%,内部收益率从13.2%上升到14.2%,内部收益率的变化率为:$\frac{14.2\% - 13.2\%}{13.2\%} \times 100\% = 7.6\%$,不确定因素变化率为10%,所以,销售价格变化的敏感系数为:$\frac{14.2\% - 13.2\%}{13.2\%} \div 10\% = 0.76$。

销售价格的敏感系数为正:表示不确定因素销售价格和内部收益率同方向变化,即销售价格的上升,导致了评价指标内部收益率的提高。

原材料价格的敏感系数为负:表示不确定因素原材料价格和内部收益率反方向变化,即不确定因素原材料价格的上升,导致了评价指标内部收益率的降低。

二、盈亏平衡分析

盈亏平衡分析就是寻找盈亏平衡点(BEP)这个临界值,判断投资方案对不确定因素变化的承受能力,为投资决策提供依据。盈亏平衡分析主要是分析产量、成本与利润的关系,所以又称量本利分析。项目评价中最常用的是以"产量"和"生产能力利用率"表示的盈亏平衡点。

(一) 寻找投资项目盈亏平衡点的年产量

一般用达产年份的数据计算盈亏平衡点,这里盈亏平衡点(BEP)是年产量。弄清楚盈亏平衡分析的假设前提:

(1) 项目只生产一种产品,且产量等于销售量;

(2) 总成本可划分为固定成本和可变成本,可变成本主要指原材料、燃料、动力、计件工资等,固定成本不随产量变化而变化;

(3) 产品售价保持不变,单位可变成本不变。

根据达产年份的盈亏平衡列式:

(单位产品价格 - 单位产品可变成本 - 单位产品销售税金) × 年产量 - 年总固定成本 = 0

年产量的盈亏平衡点:

$$BEP = \frac{年总固定成本}{单位产品价格 - 单位产品可变成本 - 单位产品销售税金} \times 100\%$$

(二) 寻找投资项目盈亏平衡点的生产能力利用率

根据达产年份的盈亏平衡列式:

(年销售收入 - 年可变成本 - 年销售税金及附加) × 生产能力利用率 - 年总固定成本 = 0

生产能力利用率的盈亏平衡点:

$$BEP = \frac{年总固定成本}{年销售收入 - 年可变成本 - 年销售税金及附加} \times 100\%$$

一般来说,生产能力利用率在越低的情况下达到了项目盈亏平衡点,企业的安全性越大。

案例一

某投资项目以生产能力利用率表示盈亏平衡点（BEP），假设达产后的某一年份的总固定成本为 12 612.7 万元，年销售收入为 104 158 万元，年可变成本为 70 377.2 万元，年销售税金为 5 784.2 万元，则生产能力利用率的盈亏平衡点为：

$$BEP = \frac{年总固定成本}{年销售收入 - 年可变成本 - 年销售税金} \times 100\%$$

$$= \frac{12\,612.7}{104\,158 - 70\,377.2 - 5\,784.2} \times 100\% = 45.1\%$$

计算表明，在基本条件不变时，要达到设计生产能力的 45.1%，可使企业保本。

如果年销售收入是不含增值税的销售收入，只要减去不包括增值税的销售税金；如果年销售收入是含增值税的销售收入，除了减去销售税金，还要减去增值税。

案例二

如某投资项目达产后的某一年份的总固定成本为 10 000 万元，年销售收入为 117 000 万元，年可变成本为 58 888 万元，年销售税金（不含增值税）为 5 000 万元，如果设计生产能力为 100 万吨，求生产能力利用率和年产量盈亏平衡点。

$$增值税 = 不含税的销售收入 \times 17\% = \frac{含税的销售收入}{1 + 17\%} \times 17\%$$

$$= \frac{117\,000}{1 + 17\%} \times 17\% = 17\,000 (万元)$$

则生产能力利用率的盈亏平衡点为：

$$BEP = \frac{年总固定成本}{年销售收入 - 年可变成本 - 年销售税金} \times 100\%$$

$$= \frac{10\,000}{117\,000 - 58\,888 - 5\,000 - 17\,000} \times 100\% = 36.1\%$$

年产量盈亏平衡点：

$$BEP = \frac{年固定总成本}{单位产品价格 - 单位产品可变成本 - 单位产品销售税金} \times 100\%$$

$$= 36.1 (万吨)$$

表 4-22 列示的是一个安全边际分析例子。

表 4-22 保本点与安全边际分析表

项目	1	2	3	4	5	6	7	8	合计
经营收入	70 000 000.00	140 000 000.00	300 000 000.00	450 000 000.00	610 000 000.00	750 000 000.00	860 000 000.00	1 000 000 000.00	4 180 000 000.00
减:变动成本	44 700 000.00	91 200 000.00	204 600 000.00	325 800 000.00	458 720 000.00	576 000 000.00	674 240 000.00	806 000 000.00	3 181 260 000.00
边际贡献	25 300 000.00	48 800 000.00	95 400 000.00	124 200 000.00	151 280 000.00	174 000 000.00	185 760 000.00	194 000 000.00	998 740 000.00
减:固定成本	8 815 072.00	17 086 072.00	28 668 072.00	44 411 300.00	53 522 300.00	63 934 800.00	71 208 950.00	75 866 300.00	363 512 866.00
利润总额	16 484 928.00	31 713 928.00	66 731 928.00	79 788 700.00	97 757 700.00	110 065 200.00	114 551 050.00	118 133 700.00	635 227 134.00
减:所得税	5 440 026.24	10 465 596.24	22 021 536.24	26 330 271.00	32 260 041.00	36 321 516.00	37 801 846.50	38 984 121.00	209 624 954.22
净利润	11 044 901.76	21 248 331.76	44 710 391.76	53 458 429.00	65 497 659.00	73 743 684.00	76 749 203.50	79 149 579.00	425 602 179.78
边际贡献率	36.14%	34.86%	31.80%	27.60%	24.80%	23.20%	21.60%	19.40%	23.89%
保本点	24 389 527.27	49 017 419.67	90 151 169.81	160 910 507.25	215 815 725.81	275 581 034.48	329 671 064.81	391 063 402.06	1 536 599 851.17
安全边际	45 610 472.73	90 982 580.33	209 848 830.19	289 089 492.75	394 184 274.19	474 418 965.52	530 328 935.19	608 936 597.94	2 643 400 148.83
安全边际率	65.16%	64.99%	69.95%	64.24%	64.62%	63.26%	61.67%	60.89%	63.24%

三、风险分析

投资项目需要投入大量的资金和资源,如果对风险认识不足,没有采取预防应对的措施,可能导致无法挽回的损失,所以对风险进行分析非常关键。针对风险分析,首先进行风险识别,分析判断投资项目可能存在的风险。然后进行风险评估,估计风险发生的可能性及对项目的影响程度,以及导致风险的关键要素。最后制定风险对策,风险对策研究贯穿于整个可行性研究阶段,风险对策是针对风险影响关键因素而制定的,具有针对性、经济性和可行性的特点。

(一)识别风险,可以采取风险分解法或专家调查法,列举投资项目面临的主要风险

图 4-5 列示的是简单的风险分解法。

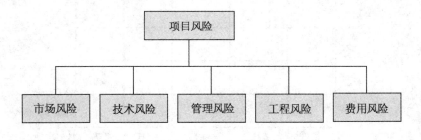

图 4-5　风险分解法

(二)进行风险评估,估计风险发生的可能性及对项目的影响程度,以及导致风险的关键要素

1. 风险评估工具之一:风险的概率—影响矩阵

用横轴表示风险发生的概率,风险发生的概率可以分为几个层级:很高、较高、一般、较低、很低。风险发生的概率很高指该风险发生的概率在 80% 以上;风险发生的概率较高指该风险发生的概率在 60% 到 80%;一般指该风险发生的概率在 40% 到 60%;较低指该风险发生的概率在 20% 到 40%;很低指该风险发生的概率在 0% 到 20% 之间。

用纵轴表示风险可能造成的影响程度。风险可能造成的影响程度也可以分为:重大影响、较大影响、一般影响、较小影响、可忽略影响。

风险的重大影响:造成损失也很大,使项目由可行变为不可行,如果采取有效的应对措施,项目仍可以正常实施。

风险的较大影响:可能影响项目的重要目标,但在项目可行性的接受范围之内。

风险的一般影响:一般不影响项目可行性,但对于项目的目标有一定的影响。

风险的较小影响:局部有可能产生的阻碍性的影响,但不影响整体目标。

通过建立风险的概率—影响矩阵,比较直观地表示本项目的风险状况,包括风险出现的概率和风险的影响大小。见图4-6。

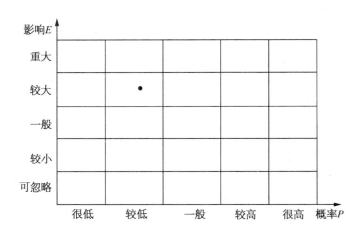

图4-6 风险的概率—影响矩阵

其中,对横坐标的风险概率和纵坐标的风险影响可以采取专家定性评估法。

对风险概率和风险影响可以设计风险评估调查表,以信函、会议或其他形式向相关专家进行调查,每位专家依据自己的专业知识和经验独立完成对各类风险因素影响程度的评估,最后汇总专家意见,得出项目风险的状况。专家人数一般在20人左右比较合适。见表4-23、表4-24。

表 4-23　风险影响评估表

	风险因素	风险影响大小					备注
		重大	较大	一般	较小	可忽略	
1	市场风险						
	实际供需与预测偏差			●			
	产品价格			●			
	竞争对手				●		
2	技术风险						
	新技术出现			●			
	设计缺陷				●		
3	工程风险						
	地质条件				●		
	水文条件			●			
4	费用风险						
	费用分配不当			●			
	延期费用				●		
5	进度风险						
	单体进度		●				
	供需不合理				●		

表 4-24　风险概率评估表

	风险因素	风险发生的概率					备注
		很高	较高	一般	较低	很低	
1	市场风险						
	实际供需与预测偏差		●				
	产品价格			●			
	竞争对手	●					
2	技术风险						
	新技术出现				●		
	设计缺陷					●	
3	工程风险						

续表

	风险因素	风险发生的概率					备注
		很高	较高	一般	较低	很低	
	地质条件			●			
	水文条件				●		
4	费用风险						
	费用分配不当				●		
	延期费用			●			
5	进度风险						
	单体进度			●			
	供需不合理				●		

2. 风险评估工具之二：风险综合评价法

风险程度取决于两个因素：一个是风险发生概率，另一个因素是风险的影响程度，两个因素的乘积反映了风险程度。

风险综合评价法首先列出投资项目的主要风险清单。然后，判断每个风险因素对项目的影响程度，根据专家意见，根据每一个风险因素的重要性赋予该风险因素权重，权重和等于1。再次，估计每一个风险发生的概率。很高打5分，较高打4分，一般打3分，较低打2分，很低打1分。然后，风险因素的概率与权重相乘，分别得出每一个风险因素的风险程度。见表4-25、表4-26。

表4-25 风险综合评价表

风险因素	权重	风险发生的概率					风险程度
		很高5	较高4	一般3	较低2	很低1	
1. 市场风险	0.2		●				0.8
2. 技术风险	0.4			●			1.2
3. 工程风险	0.2				●		0.4
4. 费用风险	0.1		●				0.4
5. 进度风险	0.1			●			0.3
合　计	1						3.1

假设重大风险为 5 分,较大风险为 4 分,一般风险为 3 分,较低风险为 2 分,很低风险为 1 分。这里风险加权平均数为 3.1,处于一般风险以上,表示该项目具有一定的风险程度。

也可以进一步细化,直接列举具体的风险影响因素,赋予权重,估计发生的概率,然后打分。

表 4-26 风险综合评价表

风险因素	权重	风险发生的概率					风险程度
		很高 5	较高 4	一般 3	较低 2	很低 1	
实际供需与预测偏差	0.1		●				0.4
产品价格	0.05			●			0.15
竞争对手	0.05				●		0.1
新技术出现	0.2			●			0.6
设计缺陷	0.2					●	0.2
地质条件	0.1				●		0.2
水文条件	0.1					●	0.1
费用分配不当	0.05			●			0.15
延期费用	0.05			●			0.15
单体进度	0.05			●			0.15
供需不合理	0.05		●				0.2
合计	1						2.4

这时的风险评估更加具体、准确,因为风险因素更加具体,容易作出准确的判断。这里风险加权平均数为 2.4,处于较低风险和一般风险中间,表示该项目风险程度较低。

(三) 风险管理的职责分工

项目经理是项目风险管理的主要直接负责人。其主要职责为:负责建立项目风险管理组织机构和确定相关责任人,负责制订项目总体风险管理计划,组织相关人员对项目生命周期各环节的风险进行识别评估和分析,组织相关部门和人员选择符合项目特点的风险管理方法和技术,全面把握项目风险管理计划的动态适时调整。

技术总监是项目生产技术、工艺流程、设备采购、设备安装、设备调试、试车及投产环节的风险管理的负责人。

风险控制工程师是项目风险管理的专业人员,具体负责项目风险管理的现场操作和技术处理,负责编制项目风险因素分析、风险评估报告,汇总各部门的风险管理报告并采用恰当的方法进行技术处理,为编制项目风险管理计划提供基础依据,根据项目风险管理计划实施动态风险管理和现场跟踪。

控制部是项目风险管理的职能部门,负责项目风险管理计划的具体实施、现场协调和流程监控。其主要职能为:根据项目经理的要求协调、汇总各相关部门的风险管理措施,负责具体制订项目的风险管理计划,组织风险管理联席会议,定期对各部门进行风险管理流程跟踪检查,组织实施风险管理计划的滚动调整。相关部门除管理好各自的风险之外还应按公司的风险管理计划配合控制部做好整个项目的系统风险管理。

(四) 制定针对性的风险对策

针对每一个风险因素的影响程度和发生概率采取不同的风险规避方式。可以自己控制、承担,也可以转移和回避。见表4-27。

1. 控制风险

采取防范措施阻止或减轻风险对项目的影响,这是风险管理中的积极策略,需要所有相关的技术人员和管理人员共同参与。需要将高层风险防范战略和行政管理结合起来,确保所有的防范措施到位。

2. 接受风险

投资建设项目中不可避免有大量问题出现,在后果不严重的情况下,多数风险都是可以接受的,项目组可以接受某些风险。

3. 转移风险

如果项目有很高的风险性,业主应当寻找更多的合作伙伴,风险就会分摊给合作人,可以降低风险对投资方的影响。一些风险可以通过保险的方式转移给第三方。

4. 回避风险

就是终止可能引发风险的原因,意味着终止投资项目,终止项目不是风险管理的目的,积极防范和化解风险才是风险管理的目的。

表 4-27　风险对策

风险类别	风险内容	主要后果	风险措施	风险处置
技术风险	项目采用技术的先进性、可靠性 预期方案发生重大变化 设计缺陷	产品先天不足	选派一流的技术人员	承担风险
管理风险	用人不当,关键人物离开 采购 权责不清	影响进度、成本、质量,项目失败	慎重选择 制度管理 加强控制	控制风险
费用风险	费用分配不当 延期风险	工作效率低 进度无法按时完成	费用分配合理化 加强控制	减少风险
时间风险	工时、工序安排不合理 单体进度控制不好	影响项目进度	加强实施过程中的管理与控制	控制风险
市场风险	市场供需关系实际情况与预期发生偏离 项目产品市场竞争能力或竞争对手情况发生重大变化 项目产品和主要原材料的实际价格与预期价格发生较大偏离	影响效益	调整策略	控制风险
工程风险	工程地质条件、水文地质条件与预测相比发生重大变化,导致工程量增加、投资增加、工期延长	进度问题 成本增加	加强前期论证和管理	控制、转移(保险)
资源风险	资源类开发项目矿产资源的储量、品位、可采储量、工程量等与预测发生较大偏离,导致项目开采成本增加、产量降低或者开采期缩短	未能实现目标		转移或回避

（五）项目风险管理

1. 编制项目风险管理计划

项目风险管理计划是项目管理各相关部门和项目生命周期各环节风险管理措施的系统集成，是项目风险管理的总则和控制部日常风险管理工作的准则。

2. 建立危机管理预案

危机管理预案是针对项目建设中可能会遇到一些突发性的危机而制订的计划，事件发生时，危机管理预案启动。

3. 进行日常风险管理监控

风险管理部门和相关人员要有风险管理理念，进行风险管理的日常化，风险控制部应当编制风险管理日志，定期组织召开风险管理例会报告项目风险状况，对项目的风险实施持续管理和日常跟踪。

★ 自测题

1. 我国企业的融资偏好？

2. 如何区分项目融资与企业融资？

3. 如何采用买方信贷和融资租赁的融资模式？

4. 财务分析作为投资决策的唯一依据合适吗？

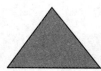 第五章 投资决策:行政许可

本章要点

1. 投资体制改革的思想:发挥市场对资源配置的基础性作用,落实企业投资决策自主权,谁投资、谁决策、谁受益、谁承担风险,是企业投资决策的主体。
2. 区分审批制、核准制和备案制的适用条件,审批制审批的是可行性研究报告,核准制核准的是项目申请报告。
3. 获取行政许可的关键的三个方面:环保、节能与资源利用符合相关标准。

第一节 审批制、核准制和备案制

《国务院关于投资体制改革的决定》(国发[2004]20号)深化投资体制改革的重要思想是发挥市场对资源配置的基础性作用,改革政府对企业投资的管理制度,落实企业投资决策自主权,谁投资、谁决策、谁受益、谁承担风险,是企业投资决策的主体,同时规范政府投资行为。投资体制改革后,政府对投资项目的监管政策发生了重要变化:对于政府投资的项目仍然采取"审批制",一般要审批项目建议书和可行性研究报告;对于不使用政府性资金的重大项目和限制类项目采取"核准制",政府投资主管部门只核准"项目申请报告",不再经过审批项目建议书、可行性研究报告和开工报告的程序。对于其他的企业投资项目实行"备案制",只

要到地方政府投资主管部门去办理备案手续即可。

一、投资体制改革后,审批制、核准制和备案制的适用条件

(一)投资体制改革后,政府投资的项目仍然采取"审批制",审批可行性研究报告或资金申请报告

政府投资的原因:在市场失灵的情况下,如公共物品和外部性较强的情况下,需要政府投资。

政府投资的范围:关系到国家安全和市场不能有效配置的经济和社会领域,包括公益性和公共基础设施建设、保护和改善生态环境等。

政府投资的方式可以分为三种:第一,直接投资,政府从财政预算中进行财政性拨款,直接用于投资建设项目。第二,资本金注入,政府作为投资方注入资本金,并应该行使相应的股东权益。政府一般实行委托或成立投资公司进行股权托管。第三,投资补助和贷款贴息。

政府投资项目的审批:

(1)对于直接投资和资本金注入方式的,仍采取审批制,审批可行性研究报告。

对于直接投资和资本金注入方式的,仍采取审批方式,2004年投资体制改革以后,只审批项目建议书、可行性研究报告,一般不再审批开工报告,但大型项目例外。政府投资项目的可行性研究报告一般性规范:既要从投资主体视角进行论证,又要从社会的、政府的视角进行论证,主要表现为对项目的市场前景、产品技术工程设备方案、经济效益、投资估算、融资方案、规划布局、资源利用、征地移民、生态环境、经济和社会影响等方面进行综合论证。

(2)而对于投资补助、贷款贴息等项目,一般只审批资金申请报告。

安排给单个投资项目的投资补助或贴息贷款原则上不能超过2亿元,超过的,按直接投资或资本金注入方式管理,审批可行性研究报告。安排给单个投资项目的中央预算内投资金额超过3 000万元,且占项目投资总额50%以上的,也按直接投资或资本金注入方式管理,审批可行性研究报告。3 000万元以下的,一律

按投资补助和贷款贴息管理,只审批资金申请报告。

(二)不使用政府性资金的企业投资的重大项目和限制类项目采取"核准制",核准的依据是项目申请报告

核准制关注外部性和公共性问题,投资主体的投资行为给外部社会带来的有利或不利的影响,包括正的外部性和负的外部性。进行审核所涉及的层次更高、内容更广,包括经济、社会、资源、环境等综合论证,对前期论证提出更高的要求,对项目核准机关的专业素质要求更高。主要从维护经济安全、合理开发利用资源、保护生态环境、优化重大布局、保障公共利益、防止出现垄断等方面进行审查。

实行核准制的投资项目列入《政府核准的投资项目目录》,具体包括内资企业在我国境内投资建设项目,包括农林水利、能源、交通运输、信息产业、原材料、机械制造、轻工烟草、高新技术、城建、社会事业、金融。另外还包括内资企业在境外投资的项目和外资企业在我国境内投资的项目。见《企业投资项目核准暂行办法》(2004年9月15日国发19号令)。

对所有的境外投资,包括新建、并购、参股、增资、再投资项目,不分企业所有制,不分资金来源、投资形式和方式,均须从维护经济安全、符合产业政策、保障公共利益、资本项目管理等公共管理的角度进行核准。见《境外投资项目核准管理暂行办法》(2004年9月15日国发21号令)。

对于中外合资、中外合作、外商独资、外商购并境内企业、外商投资企业增资等外商投资项目实行核准制,从原来的项目建议书和可行性研究报告审批改为只核准项目申请报告。见《外商投资项目核准暂行管理办法》(2004年9月15日国发22号令)。

(三)不使用政府性资金的企业投资的其他项目实行"备案制"

备案制下,投资主体只要到当地政府主管部门办理备案手续即可,不需要编制项目申请报告,但是一般应编制可行性研究报告,作为投资决策的依据、申请贷款的依据和进行初步设计的依据。

(四)政府外债项目区别不同情况实行审批制、核准制或备案制

借用国外贷款的项目必须纳入国外贷款备选项目规划,未纳入国外贷款备选项目规划的项目不得向国际金融组织或外国政府提出贷款申请。

由中央统借统还的项目,按照中央政府直接投资项目进行管理,实行审批制,其项目建议书、可行性研究报告由国务院投资主管部门审批或审核后报国务院审批。

由省级政府负责偿还或提供还款担保的项目,按照省级政府直接投资项目进行管理,实行审批制,除应当报国务院及国务院投资主管部门审批的项目外,项目建议书、可行性研究报告均由省级发展改革部门审批,审批权限不得下放。

由项目用款单位自行偿还且不需政府担保的项目、凡《政府核准的投资项目目录》所列的项目,实行核准制,其项目申请报告分别由省级政府主管部门或国家发展改革委员会核准,或由国家发展改革委员会审核后报国务院核准。

《政府核准的投资项目目录》之外的项目,实行备案制,报地方省级发展改革委员会备案。

二、审批制和核准制的主要区别

适用范围不同。原来审批制适用一切项目,核准制只适用于"不使用政府资金"的重大项目和限制类项目。

审核的内容不同。原来审批制既从社会角度又从投资者角度审核,核准制只从公共管理角度审核。

审核的程序不同。原来审批制一般经过项目建议书、可行性研究报告、开工申请报告审批环节。核准制下,政府只核准项目申请报告。具体见表5-1。

核准制对企业投资项目论证的转变:

从"内部性"向"外部性"转变:原来关注投资是否可行,现在只关注外部性和公共性问题。

从"微观审核为主"向"宏观公共事项审核"转变:从微观企业决策转化到社会公共利益的宏观问题。

从"技术经济论证"向"经济、社会、资源、环境等综合论证"转变:审核所涉及的层次更高、内容更广,对前期论证提出更高的要求,对项目核准机关的专业素质要求更高。

表 5-1 投资体制改革后,核准制、审批制和备案制的主要区别

	审批制	核准制	备案制
适用范围不同	政府投资的项目	不用政府性资金的企业投资的重大项目和限制类项目	不用政府性资金的企业投资的其他项目
审核的内容不同	投资决策是否正确 对社会是否造成危害	对社会是否造成危害	政府掌握信息
审核的程序不同	先审批项目建议书,后审批可行性研究报告	只核准项目申请报告	备案

三、审批制、核准制、备案制的作业流程

(一) 实行审批制的政府投资项目

首先上报"项目建议书",通过政府主管部门审批后,到城市规划部门、国土资源部门、环境保护部门办理相关手续,城市规划主管部门出具的城市规划意见,国土资源主管部门出具的项目用地预审意见,环境保护主管部门出具的环境影响评价文件的审批意见,与可行性研究报告一起上报政府主管部门审批。

(二) 实行核准制的企业投资项目

先到城市规划部门、国土资源部门、环境保护部门办理相关手续,然后与项目申请报告一起上报政府主管部门核准。对于重大的项目,政府委托有资质的工程咨询机构审核项目申请报告,并给出评估报告,政府主管部门最后进行核准。

(三) 实行备案制的企业投资项目

首先到地方政府主管部门备案,之后到城市规划部门、国土资源部门、环境保护部门办理相关手续。

第二节 可行性研究报告与项目申请报告

一、审批制、核准制和备案制条件下可行性研究报告功能和内容的变化

(一) 审批制下,可行性研究报告的主要作用

- 审批的依据
- 申请贷款的依据
- 初步设计的依据
- 投资方决策的依据

审批制下可行性研究报告功能表现为报请政府主管部门审批的依据,向银行申请贷款的依据,委托设计单位进行初步设计的依据,也是投资方进行投资决策的依据。审批制下,投资项目可行性研究报告的内容比较全面,不仅包括市场前景、财务评价、资金来源、产品和技术方案等内在情况,还包括环境、能源、资源、经济影响和社会影响等外部影响。

(二) 核准制或备案制下,可行性研究报告的主要作用

- 投资决策的依据
- 申请贷款的依据
- 初步设计的依据

核准制和备案制条件下可行性研究报告的作用是投资方进行投资决策的依据,向银行申请贷款的依据,委托设计单位进行初步设计的依据,不再具有报请政府主管部门审批的功能。

核准制与备案制下,投资项目仍然要编制可行性研究报告,这时可行性研究报告的主要内容为市场前景、财务评价、资金来源、产品和技术方案等。而环境、能源、资源、经济影响和社会影响等外部影响可不再论述。具体见表5-2。

表 5-2　核准制、审批制和备案制条件下可行性研究报告的功能

	审批制	核准制	备案制
可行性研究报告的功能	审批的依据	—	—
	申请贷款的依据	申请贷款的依据	申请贷款的依据
	初步设计的依据	初步设计的依据	初步设计的依据
	投资决策的依据	投资决策的依据	投资决策的依据

二、核准制项目的项目申请报告与可行性研究报告的区别

1. 目的不同

核准制下,可行性研究报告主要作用是投资决策的依据,向银行贷款的依据,初步设计的依据。

项目申请报告的目的是获得行政许可;项目申请报告是按核准要求报送的项目论证报告,主要功能是为企业获得政府部门对拟建项目的行政许可,是政府主管部门核准的依据。

2. 角度不同

项目申请报告从政府角度、宏观角度、外部性角度论证,包括经济、社会、资源、环境等。

可行性研究报告从微观企业角度论证,主要是市场、技术、工程、融资、财务等方面。

3. 内容不同

项目申请报告主要研究发展规划布局、资源利用、能源节约、征地移民、生态环境、经济安全、防止垄断、经济和社会影响等。

可行性研究报告主要研究市场前景、工程技术设备方案、投资估算、财务分析、风险分析等。

4. 时序不同

两个不同性质的文件,一般先编制可行性研究报告,作为决策的依据,企业董

事会通过以后,在此基础上编制项目申请报告,申请政府行政许可。两者不排斥,也不重复。

5. 法律效力不同

项目申请报告具有政府行政的强制力,可行性研究报告用于内部决策,遵循企业内部管理规定和受法人治理结构的约束。

以上区别见表5-3。

表5-3 核准制下可行性研究报告与项目申请报告的区别

	可行性研究报告	项目申请报告
功能不同	投资决策的依据 向银行贷款的依据	获得行政许可的途径 政府核准的依据
内容不同	市场、技术、工程、融资、财务评价等	规划、土地、经济、社会、资源、能源、生态环境等
角度不同	微观投资主体角度	政府角度、宏观角度、外部性角度

三、核准制下的"项目申请报告"

核准制下,政府主要关注投资项目的外部性。项目外部性:投资主体的投资行为给外部社会带来的有利或不利的影响,包括正的外部性和负的外部性。正的外部性:如促进就业、产业结构优化、技术进步等。负的外部性:如环境污染、生态破坏、能源消耗、社会不良影响等。

(一)项目申请报告的主要内容

发展规划布局、征地移民、资源利用、能源节约、生态环境、经济安全、经济影响和社会影响。而不必再论证市场前景、财务评价、资金来源、产品和技术方案等。

(二)项目申请报告的核准程序

企业投资建设应由地方政府投资主管部门核准的项目,向相应的项目核准机关提交项目申请报告。

企业投资建设应由国务院核准的项目,应经国务院投资主管部门提出审核意见,向国务院报送项目申请报告。

国务院有关行业主管部门隶属单位投资建设应由国务院有关行业主管部门核准的项目,可直接向国务院有关行业主管部门提交项目申请报告,并附上项目所在地省级政府投资主管部门的意见。

计划单列企业集团和中央管理企业投资建设应由国务院投资主管部门核准的项目,可直接向国务院投资主管部门提交项目申请报告,并附上项目所在地省级政府投资主管部门的意见。

其他企业投资建设应由国务院投资主管部门核准的项目,应经项目所在地省级政府投资主管部门初审并提出意见,向国务院投资主管部门报送项目申请报告。

(三)项目核准的条件

符合国家法律法规;符合国民经济和社会发展规划、行业规划、产业政策、行业准入标准和土地利用总体规划;符合国家宏观调控政策;地区布局合理;主要产品未对国内市场形成垄断;未影响我国经济安全;合理开发并有效利用资源;生态环境和自然文化遗产得到有效保护;未对公众利益,特别是项目建设地的公众利益产生重大不利影响。

(四)核准制下,实行项目申请报告通用文本的必要性

实行核准制以后存在的问题:一方面,业主方对核准制的理解存在偏差,认为只要上报项目申请报告,就不要编制可行性研究报告了,对于项目申请报告的内容深度认识不清。另一方面,工程咨询机构对项目申请报告的编制存在混乱现象,一是编制项目申请报告的内容缺乏统一规范;二是政府主管部门委托咨询公司评估时,工程咨询机构的评估内容和对象存在分歧。

国家发改委规定:2007年9月1日起,报政府主管部门的项目申请报告必须按项目申请报告通用文本上报,否则不予采用。项目申请报告通用文本的框架强调内容上的深度和框架的规范性。项目申请报告应该由具备相应工程咨询资质的机构编制,其中,国务院投资主管部门核准的项目,项目申请报告应由具有甲级工程咨询资质的机构编制。

> **附：项目申请报告的通用文本结构**
>
> 第一章　申报单位及项目概况
>
> 第二章　发展规划、产业政策和行业准入分析
>
> 第三章　资源开发及综合利用分析
>
> 第四章　节能方案分析
>
> 第五章　建设用地、征地拆迁及移民安置分析
>
> 第六章　环境和生态影响分析
>
> 第七章　经济影响分析
>
> 第八章　社会影响分析

项目申请报告要保证内容上的深度和框架的规范性，否则政府部门不予接受。

四、政府投资项目的可行性研究报告

对于采取直接投资和资本金注入方式的，仍实行审批制，审批可行性研究报告。可行性研究报告内容比较广泛，既要从投资主体角度分析投资是否可行，还要从社会视角分析是否符合社会公共利益。

可行性研究报告的深度要求如下。

能满足决策的需要：可行性研究报告是决策的依据，包括投资主体（业主）是否投资的决策和银行是否贷款给该项目的决策。所以，要求数据准确、论证充分、结论明确。

能满足初步设计和订货的需要：工程方案、技术方案和设备方案是初步设计和设备采购的依据。工程技术参数要能满足初步设计的要求，主要设备的规格和技术参数要能满足订货的要求。

能满足框定投资额的需要：投资估算是后续设计概算和施工图预算的基础。投资估算尽可能内容全面、数据准确，估算的误差不得超过投资总额的10%。投资估算采取分项详细估算法。

能满足筹集资金的需要:融资方案要能满足项目资金使用计划里所需资金的要求。

> **附:审批制下可行性研究报告的一般内容**
> 1. 项目建设理由与条件
> 2. 市场分析及预测
> 3. 场址条件与场址选择
> 4. 原材料、燃料、动力供应
> 5. 工程、技术、设备方案
> 6. 总图运输方案
> 7. 环境保护方案
> 8. 劳动安全卫生与消防设施方案
> 9. 组织机构与人力资源配置
> 10. 资源利用分析
> 11. 节能分析
> 12. 环境生态影响分析
> 13. 投资估算
> 14. 融资方案
> 15. 财务分析
> 16. 经济分析
> 17. 经济影响评价
> 18. 社会评价
> 19. 不确定性分析
> 20. 风险分析
> 21. 综合评价及结论和建议

五、报批或报核项目的招标内容的核准

1. 招标内容的核准职责分工原则

按照职责分工,谁审批可行性研究报告或核准项目申请报告或资金申请报告,谁负责对项目招标内容进行核准。

2. 核准招标内容的项目范围

国家发展改革委员会审批或者初审后报国务院审批的中央政府投资项目。

申请中央政府投资补助、转贷或者贷款贴息的地方政府投资项目或者企业投资项目,向国家发展和改革委员会申请 500 万元人民币及以上的。

国家发展和改革委员会核准或者初核后报国务院核准的国家重点项目,具体包括能源项目、交通运输项目等。

3. 招标内容的审查

招标内容的审查包括:

(1)招标范围的审查。

建设项目的勘察、设计、施工、监理以及重要设备、材料等采购活动是全部招标还是部分招标。

(2)招标组织形式的审查。

建设项目的勘察、设计、施工、监理以及重要设备、材料等采购活动拟采用委托招标还是自行招标。拟自行招标的,应按照《工程建设项目自行招标试行办法》规定报告书面材料。

(3)招标方式的审查。

建设项目的勘察、设计、施工、监理以及重要设备、材料等采购活动拟采用公开招标还是邀请招标。国家重点项目拟采用邀请招标的,应对采用邀请招标的理由给出说明。

第三节 环保、节能与资源利用

投资决策时应充分考虑国家的政策导向,保证符合国家的政策要求,保证投资项目能获取行政许可。虽然外聘工程咨询编制可行性研究报告或项目申请报告包括这些方面的评价和论证,但是在决策前期,投资企业应该充分考虑这些因素,如果明显不符合这些要求,应该果断停止投资,不要进一步论证下去,否则前期投入全部变成沉没成本。

一、投资项目符合环境保护规定

投资决策时,要考虑本项目对环境的影响,如果可能带来较大的环境影响,就要付出一定的投资进行污染治理,要把治理污染的投入与获取的收益进行比较,权衡得失,这在一定程度上影响决策。更重要的是,本项目造成环境的污染可能遭到政府环保部门的否决,投资风险加大,决策者应考虑是否进行投资。

1. 了解环境污染因素

包括废气、废水、固体废弃物、噪音、粉尘和其他污染物,以及排放点、排放量、有害成分和浓度、对环境的危害程度。

2. 了解环境治理费用

包括项目所在地的环境现状、项目主要污染源和污染物、项目拟采用的环境保护标准和环境保护治理措施方案。

二、投资项目符合节能政策

如果投资项目是需要消耗大量能源的项目,投资决策者需要慎重,因为国家实施节能、减排的政策,对于不符合国家节能政策的项目可能给予否决,所以在投资决策前期就应该考虑节能因素。

1. 了解节能的本质

是指通过技术进步、合理利用、科学管理和经济结构合理化等,以最小的能源消耗取得最大的经济效益。能源包括一次能源,即未经过加工或转换的能源,如煤、石油、天然气等;二次能源,即在一次能源基础上经过加工转换而来的,如煤气、电力、汽油、煤油、焦炭等。

2. 了解关于节能的强制性措施

从2007年1月1日起,报送我国投资主管部门审批、核准的项目,必须编制节能分析篇,否则将不予受理。咨询评估单位的评估报告必须包括对节能分析篇的评估意见;对未进行节能审查或未通过节能审查的项目一律不得审批、核准,更不得开工建设。

所以,投资决策者研究技术方案、设备方案和工程方案时必须考虑能耗指标和节能措施、考虑投入的费用,这对最终的决策起到一定的影响作用。

3. 明白审核节能方案的技术要求

节能方案应符合相关建设标准、技术标准和《中国节能技术政策大纲》中的节能要求。单位建筑面积能耗指标、工艺和设备的合理用能、主要产品能源单耗指标要以国内先进能耗水平或参照国际先进水平作为设计依据。

三、投资项目符合资源利用政策

资源包括土地资源、水资源、矿产资源、能源资源等,投资项目是否需要消耗土地资源、水资源、能源资源和矿产资源等是要考虑的重要因素。如果投资项目需要消耗大量的土地资源,决策者应考虑获得行政许可的可能性,如果在水资源不丰富地区投资需要消耗大量水资源的项目,决策者也应该考虑获得行政许可的可能性。

对于土地资源来说,投资决策者要了解占用土地的权属类别、性质、占地面积,用地的测算方法、需求规模和成本估算等,并对土地利用进行合理性分析,分析是否符合当地土地利用总体规划、分析是否符合国家供地政策、分析用地指标是否合理。

对水资源来说,决策者要了解分析河流水系、气候特征、水文及水文地质基本情况;分析特定区域的水资源的数量、质量、分布,以及该区域水资源开发利用现状;并进行项目取用水的合理性分析,是否符合国家或地方的水资源管理要求、水资源规划;论证取水的合理性、用水流程、用水指标,论证用水的合理性,分析节水措施;从水资源基本条件、水功能区、水域的纳污能力、水生态及对第三者的影响等方面分析取水和排水的影响,并提出减缓和降低不良影响的补救措施和补偿方案。

第四节 社会评价的可行性

一、社会评价的含义

社会评价是投资项目评价的重要组成部分,它与财务评价、经济评价、环境评价相互补充,共同构成项目评价的方法体系。

二、社会评价的主要内容

首先,是"社会影响"分析:主要是对所在地区居民收入、居民生活水平、就业方面的影响;对所在地区不同利益群体的影响;对所在地区弱势群体利益的影响;对所在地区文化、教育、卫生的影响等。

其次,是"互适性"分析:不同利益群体对项目建设和运营的态度、接受程度以及参与程度;项目所在地区各类组织对项目建设和运营的态度,在哪些方面、多大程度上能给予支持和配合;项目所在地区现有技术、文化状况能否适应项目的建设和发展等。

再次,是"社会风险"分析:移民安置问题;民族矛盾、宗教问题;弱势群体支持问题;受损补偿问题等。

三、需要社会评价的项目

不是所有的投资项目都需要进行社会评价,需要作社会评价的投资项目主要包括:

(1) 需要大量移民搬迁或占用大量农田的项目。如:核电站项目、交通水利项目等;

(2) 具有明确社会发展目标的项目、区域发展项目和社会服务项目。如:兴办大学。

★ 自测题

1. 投资决策者要充分考虑到行政许可,你如何理解?

2. 核准制、审批制和备案制的区别?

3. 如何理解节能和资源利用对投资决策的影响?

4. 为什么要关注社会评价? 在什么情况下需要社会评价?

第六章 投资项目的组织与计划

本章要点

1. 选择合适的项目组织结构:有利于信息传输、有利于组织协调。
2. 选择一位合适的项目经理:知识、能力、经验。
3. 工作任务分解:工作任务分解图。
4. 责任分配:责任分配矩阵。
5. 人力资源配置计划:合适的人放在合适的位置上。
6. 严密计划:资源分配、进度安排、成本预算、质量计划。

第一节 组 织 结 构

一、选择合适的项目组织结构

(一)矩阵型组织结构

1. 矩阵型主要特点

每个项目成员都受到项目经理和职能部门经理的双重领导,项目组可以充分利用各职能部门的资源与信息,降低协商成本,各层次人员各有其独特的重要作用;组织中存在双重评价与控制系统,如果两个系统经理的指令出现冲突,一般来说,项目经理的权力优先于职能部门经理;矩阵型组织结构是一种灵活的项目组织,越来越受到企业重视,但要求组织有较好的管理基础,需要管理者具有较强的管理能力,同时要求被管理者具有较高的素质。

2. 矩阵型组织形式的适用情况

技术较为复杂,涉及多个部门,原来公司实行职能型组织结构,组织协调方面存在难度。

矩阵型组织形式通过对横向职能部门的协调,可以充分利用现有资源,在项目组引导下,相互协作,相对比较容易完成任务。

总经理可以直接领导项目组,一方面保证项目成功,另一方面也体现了领导对该项目的重视程度。

3. 矩阵型组织结构应注意的问题

项目经理对项目的全流程负责:虽然项目牵涉到多个部门,但是起主导作用的还是项目经理,所以,项目经理要注重协调沟通,进行对全流程的管理和控制。

项目经理与各职能部门的经理在制订计划时要协商进行:项目经理主要针对该项目而制订计划,但要牵涉到各个职能部门,项目经理应主动与各职能部门协商制订工作计划,尽可能保持工作的协调性和一致性。

考评应由两个系统的经理综合平衡考虑:因为项目组的队员来自各个职能部门,受到项目部经理和职能部门经理的双重领导,对于员工的考核也是双重考核,可能使被考核员工处于两难境地,如果项目部经理和职能部门经理产生分歧或工作发生冲突,被考核员工可能无所适从,考核结果对被考核方产生不良影响。如图 6-1 所示。

(二)项目团队型组织结构

1. 项目团队的内涵

从各部门抽调合适人选,包括工程、技术、设备、管理等各方面的专业人才,组成独立的项目团队,专门负责对该项目的管理,队员直接从属于项目经理的领导,接受项目经理的考核。

2. 项目团队的优势

项目团队具有相对独立性,容易开展工作,提高工作效率;项目团队组织形式可以发挥团队的整体优势和各类人才紧密合作的优势,可以集中时间和精力做好

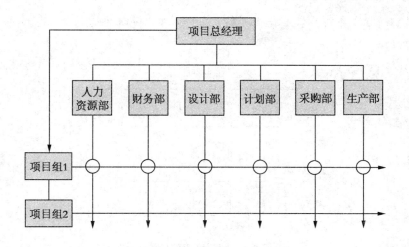

图 6-1 矩阵型组织结构图

一件事。

3. 项目团队的适用情况

在环境变化较大的情况下,或者公司的投资项目较多的情况下,或者项目规模比较大且技术复杂时,选择该组织形式。

4. 项目团队的缺点

项目结束后不久,项目管理团队即解散,解散后,如果出现后续问题,工作可能遇到难题。如图 6-2 所示。

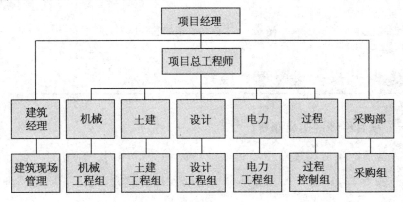

图 6-2 团队式组织结构图

（三）部门控制式组织结构

项目由某一个部门完全负责执行。如图6-3、图6-4所示。

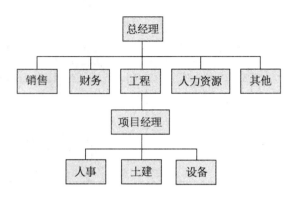

图6-3　部门式组织结构图

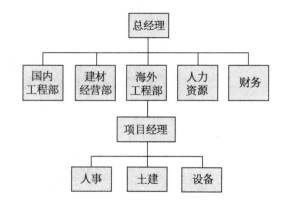

图6-4　事业部式组织结构图

二、选择一位合适的项目经理

（一）项目经理的主要职责

选择合适的项目经理对于项目的成功起到关键作用。合格的项目经理要具有一定的领导力和执行力，还要具有一定的人格魅力，优秀的项目经理是项目

管理成功的关键。在投资建设项目管理中,项目经理的主要职责有以下几点:
- 建立合适的项目组织结构,有效进行人力资源配置,并且保证信息的畅通;
- 组织制定项目管理机构的各种制度,并有效执行,激发团队合作精神,保证团队绩效;
- 组织制订项目成本、进度和质量计划,推进项目实施,同时进行项目的成本、进度和质量控制;
- 严格进行合同管理,协调设计方、建筑商和设备供应商等多方面之间的关系。

(二)项目经理的任职条件之一:应具备较为全面的基本知识

管理学知识——包括项目管理知识:包括项目管理的基本管理理念和管理方法以及整个管理的流程。应该把握成本、进度和质量计划的制订方法,运用管理手段,通过流程控制,达到对项目成本、进度和质量的控制效果。价值工程知识:项目经理应具备价值工程的理念,进行优化管理,通过优化管理降低成本,实现价值增值;同时,通过流程管理创造价值。行为科学知识:项目管理的主体是人,如何发挥人的主观能动性,激发员工的工作热情是项目经理需要具备的能力。因此,项目管理者应该懂得行为科学知识,了解人的行为特性,采取针对性措施,进行人力资源配置,提高员工绩效。系统工程知识:项目管理是一个系统工程,需要全面把握和整体协调,项目管理者应该具有系统概念和全局观念,整体协调进行各种资源的配置,防止出现考虑局部而破坏整体目标的情况发生。信息管理知识:现在是信息时代,信息日趋复杂,时代需要信息管理,面对管理信息化趋势,项目经理应具备信息管理的基本素质。

经济学和工程知识——包括投资学知识:投资包括直接投资和间接投资,直接投资主要方式是投资建厂和兼并收购,间接投资主要是证券投资。对投资项目的管理是企业项目管理的重点。可行性研究报告的知识:可行性研究报告是投资决策的重要依据,一般由具备资质的工程咨询公司编制,项目经理应该具备基本的判断能力,包括项目成因、市场前景、投资估算、融资方案、财务评价、经济评价、社会评价、环境评价、资源评价、节能评估、拆迁等因素。成本概预算的知识:投资建设项目经历投资决策、工程设计、项目执行等阶段,其中就成本方面先后进行了投资估算、设计概算和施工图预算,项目部经理应该具有相关基本知识,了解概预算编制方法,具备基本的审核能力。

国际咨询工程师联合会(FIDIC)合同条件知识:FIDIC 合同条件考虑和保障了业主、承包商、设计方等多方面的利益,体现了公平的基本原则,所以,FIDIC 合同条件在全球得到越来越多的认可和接受。我国开始接受和使用 FIDIC 合同条件,目前,我国使用世界银行贷款和亚洲开发银行贷款项目大都采取 FIDIC 合同条件。FIDIC 合同条件系统比较复杂,基于未来发展的需要,项目经理应该了解 FIDIC 合同条件的基本知识,在涉外项目管理工程中可以减少争议和索赔,使中国的项目管理与国际接轨。FIDIC 合同条件包括国际工程承包合同条件,业主与设计单位合同条件,业主与项目咨询单位合同条件。

(三)项目经理的任职条件之二:具有较为丰富的管理经验

经验是项目经理的必备条件,一个合格的项目经理应该从基础工作开始做起,先后应该经历过项目计划工作、现场管理工作、采购工作、项目助理工作、小项目经理工作,然后才可能有资格担任大项目经理工作。一般认为以上每项工作都应该操作两年才能进入更高层级,而且每一项工作都应该独立操作过几个项目以上。同时项目经理应该具备较强的执行力和领导力,既能推动项目的各种计划执行,保证资源的有效配置,又能发挥员工的积极性,为完成项目管理任务提供保证。图 6-5 列示的是项目经理工作年限。

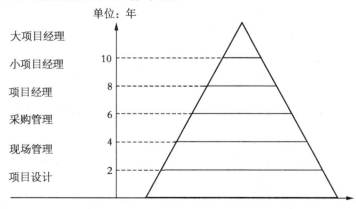

图 6-5 项目经理工作年限

(四)项目经理的任职条件之三:具有较强的领导力和凝聚力,建立和强调团队精神

项目管理牵涉到很多专业知识,特别是大型的投资项目涉及技术、工程、造价、机械、设备、财务、管理、经济和人力资源方面的知识,所以,项目管理团队应该由具有以上各种专业背景的专家组成。

具备了合适的项目经理还不够,毕竟项目管理牵涉到好几类专业知识,单靠项目经理的力量毕竟有限,更重要的是如何发挥团队的合作精神。项目管理团队涉及如何发挥队员潜能,如何促进彼此之间相互协调和配合,发挥协作效应等方面。项目管理必须建立能发挥队员工作积极性的机制,每个队员感受到团队的力量,使每一个队员发挥主观能动性,通过团队合作创造价值。

第二节 工作分解结构

一、工作任务分解

工作分解的工作量比较大,但是非常有必要,是不可或缺的环节。分解后的项目工作,可以用工作分解结构图(WBS)表示。

(一)工作任务分解的原则

- 工作内容不遗漏原则:所有的工作任务在工作分解图中都能得到体现。
- 工作内容不重复原则:每个工作任务都相对独立,彼此不能重叠。

(二)工作任务分解的方法

- 根据工作进程分解:工作进程有先后顺序,对于投资建设项目来说,可以划分为投资决策、工程设计、工程施工、设备采购安装等。按照项目的进程,把整个项目分为几个阶段,对每一阶段分别进行工作分解。
- 根据项目的时段分解:根据项目的时段进行工作分解,如第一期、第二期、第三期,对每一期工作进行工作分解。

- 根据子系统进行分解。把整个项目工作分为几个子系统,各个子系统之间是平行的。

二、工作分解结构图

工作分解结构图可以很复杂,也可以很简单,从上到下可以分为几个层级,对具体某一个层级来说,平行的工作任务划分的依据不一样,可以按照工作进程进行分类,也可以按照子系统进行分类等。这样一层一层分解下去,直到不能或不需要分解为止,最下面一层是某种材料、某种设备或某一任务单元等。在工作分解结构图中,应该设置编码,编码根据层级数来编制。

工作分解结构图样式见图6-6。

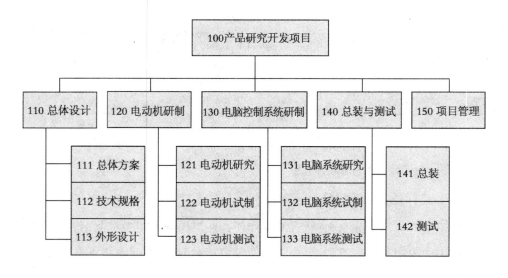

图6-6 工作分解结构图

三、工作分解结构与其他工作的接口

工作分解是确定工作任务范围的重要依据,也是进行资源分配和人力资源配置的主要依据。

- 工作分解结构与成本分配计划的接口:成本分配计划可以按照工作分解结构执行,两者相互衔接。
- 工作分解结构与人力资源配置计划的接口:根据工作任务的分解进行人力资源的配置。

第三节 责任分配矩阵

一、责任分配的表达方式

责任分配的目的是提供一个可视化的管理平台,保证每个项目管理团队的队员明确自己的责任,明确自己应该做哪些工作,同时,每一个项目管理团队的队员也可以清楚地知道自己队友的工作及责任范围,以便彼此的配合和协调。

对于责任分配最好采用明确简单的、让管理者一目了然的表达方式,责任分配矩阵正好满足了这个要求,责任分配矩阵简单易懂,管理者都可以明白自己及同事的工作任务和责任。

责任分配矩阵可以分为以下两种形式。

(一)字母型责任分配矩阵

建立矩阵式图表,图表的纵向表示各个分解后的具体工作任务,同时用编码标注,与工作任务分解的编码相一致。表格的横向表示项目组的各个部门或具体的个人,纵横交叉的地方就是可以填写责任分配的区域,可以用赋予一定含义的字母表示每个部门或者每个人的主要责任。

赋予字母的含义可以有多种方式,常见的是每一个工作责任用其对应的英语单词表示,而取英语单词的第一个字母代表其含义,如 P 计划、D 决策、E 执行、C 检查;也可以用汉语拼音代表含义,如:F 负责、C 参与、S 审批、J 监督等。见表6-1。

(二)符号型责任分配矩阵

用符号表示每个部门或者每个人的主要责任。符号没有统一规定,可以根据

表 6-1 责任分配矩阵

编码	任务名称	项目办	设计部	生产部	计划部	财务部	质量部	项目经理	其他
111	总体方案	C	F		C	C	J	S	
112	技术方案	C	F				J		
113	外部形状	C	F						
121	发动机研究	C	F					S	
122	发动机组装	C	C	F			J		
123	发动机测试	C	F	C			J		
131	内部控制系统研究	C	F					S	
132	内部控制系统组装	C	C	F			J		
133	控制系统测试	C	F	C			J		
141	总组装	C	C	F			J	S	
150	项目管理	C	C	C	C	C	C	F	

注:F 负责;C 参与;S 审批;J 监督。

习惯进行设置。

根据作用效果不同可以分为以下两种形式。

一种是表示每个部门或某个人的具体职责,告知部门或个人在项目中应该承担哪些具体工作和责任;同时也表明了某一项工作由哪一个部门或哪一个人负责、哪一个部门或哪一个人参与、哪一个部门或哪一个人审批、哪一个部门或哪一个人监督,做到责任明确。

另一种是可以表示每个部门或某个人承担责任的大小情况,使部门或个人明白自己在项目中的责任大小,从而在项目进行过程中发挥主观能动作用。多数情况下很多工作需要多个部门的共同合作才能完成,在责任分配矩阵里应该标明主要责任方和次要责任方。见表 6-2。

表 6-2 责任程度大小分配样式

责任任务类型	项目经理	项目工程师	采购部	财务部	生产部	人力资源部	规划部	其他
工作分解责任分配	★	▲	■	■	■	■	■	■
成本预算	■	▲		★		■		
进度计划	■	■	■		■	■	★	
采购	■	■	★		■			
成本控制	★	▲	▲					
进度报告	★	▲	▲		■			
质量保证	★		▲					

注：★主要责任；▲次要责任；■必须了解。

二、责任分配矩阵与其他工作的接口

责任分配矩阵与工作分解结构接口，保证每一项工作有人做。工作分解结构里列举的任务是本项目的全部工作任务，每一项任务都应该有主要负责的部门或个人，在责任分配矩阵中，工作任务名称和编号应该与工作分解结构中保持一致。

责任分配矩阵与人力资源配置计划接口，保证每一个人有事做。人力资源配置计划安排了项目的人才需求状况，这些人才如何进行配置、分别安排什么任务、赋予什么职责，责任分配矩阵可以解决这个问题，两者相互衔接，这个接口要实现完全对接。

第四节 资源计划

企业资源包括物质资源和人力资源,因此这里把物质资源和人力资源放在一个范畴,基于此,资源计划包括物质资源计划和人力资源计划两种方式。资源计划就是需用的人、设备、材料等资源以及每种资源的需要量。资源计划服务于项目进度计划,什么时候需要何种资源是围绕项目进度计划的需要而确定的。

一、物质资源计划的编制

物质资源计划的编制步骤:

1. 资源需求分析

通过分析确定工作分解结构中每一项任务所需的资源数量、质量及其种类。

2. 资源供给分析

资源供给的方式多种多样,可以从项目组织内部解决也可以从项目组织外部获得。资源供给分析要分析资源的可获得性、获得的难易程度以及获得的渠道和方式。

3. 资源分配与计划编制

资源分配是一个系统工程,既要保证各个任务得到合适的资源,又要努力实现资源总量最少、使用平衡。在合理分配资源时所有项目任务都分配到所需资源,而所有资源也在得到充分利用的基础上,编制项目资源计划。如图6-7、图6-8所示。

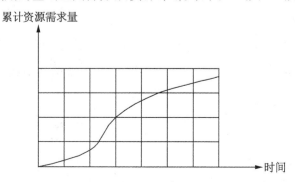

图6-7 资源分配计划

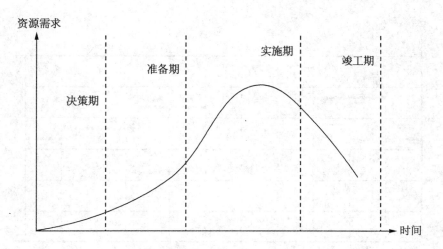

图 6-8　资源需求的分阶段示意图

二、人力资源计划的编制

表 6-3 列示的是一个开发新型汽车的人力资源计划,图 6-9 是人力资源计划图。

表 6-3　开发新型汽车的人力资源计划

编码	任务名称	人力资源种类	工　时	人　数	工期(周)
111	总体方案	工程师	2 000	20	1
112	技术方案	工程师	1 500	10	2
113	外部形状	工程师	1 500	8	2
121	发动机研究	工程师	3 000	15	5
122	发动机试制	工人	5 000	25	6
123	发动机测试	工程师	1 500	8	5
131	内部控制系统研究	工程师	6 000	25	5
132	内部控制系统试制	工人	7 000	20	8
133	内部控制系统测试	工程师	3 000	12	5
141	总组装	工人	3 000	25	3
142	总体测试	工程师	1 500	25	2
150	项目管理	管理人员	3 000	5	26

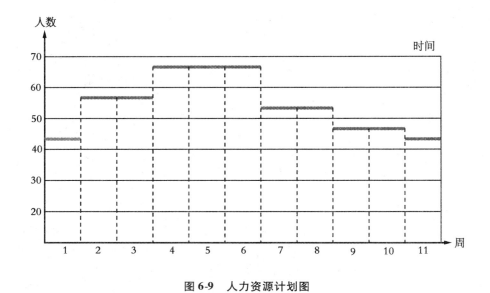

图 6-9 人力资源计划图

第五节 进 度 安 排

一、正确进行工作时间或总工期的估算

工作时间的估算就是要估算项目的每一项工作完成需要的时间,工作时间的估算需要专业人员来完成。在实务中运用最多的是专家估算法,具体有两种方法。

首先,类比估算方法:根据以前类似工作的实际持续时间来估算计划工作的持续时间,这个方法也是专家估算法。

其次,三时估算法:分别对每一项工作估计三种时间,即最乐观时间、最保守时间和最可能时间,然后通过加权平均法,计算出每项任务的估算计划时间。

- 最乐观时间(a):假设一切条件都顺利时,该项工作所需时间;
- 最保守时间(b):假设一切不利条件都出现时,该项工作需要的时间;
- 最可能时间(m):根据以往的经验,这项工作最可能用多少时间完成。

$$\text{估算计划时间 } T_{ij} = \frac{a+4m+b}{6}$$

对于投资建设项目,工作时间的估算就是总工期的估算,总工期估算的准确性非常重要,如果工期过于仓促可能出现质量问题或承包商无法完成建设任务;如果工期偏长,超过实际所需的时间,就会浪费本来可以获取收益的时间。反过来,如果准确估计工期,既不会感到时间仓促,又不会造成浪费。

二、工作顺序的合理安排

(一)项目工作及先后关系列表

工作之间的先后关系可称为逻辑关系,逻辑关系具体包括工艺关系和组织关系,工艺关系是由生产工艺过程或工作程序决定的,而组织关系是由组织安排的需要确定的。见表6-4。

表6-4 工作先后关系表

编码	任务名称	工期(月)	后继工作
110	可行性研究	3	120、130
120	工程设计	2	130
130	施工招标	2	140
140	施工安装	5	160
150	设备采购	6	151
151	设备运输、安装	5	152
152	设备调试	5	160
160	竣工验收、审计	2	170
170	投产运营	2	

（二）网络计划图的编制方法

1. 双代号网络图

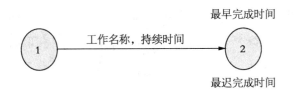

一项工作由唯一的箭头和相应的一对编号组成,故称为双代号网络图。箭头表示工作,既要占用时间,又要消耗资源。箭头始点表示开始,箭尾表示结束。虚箭头表示虚工作,表示前后相邻工作的逻辑关系,既不占用时间,又不消耗资源。

双代号网络图样式见图 6-10。

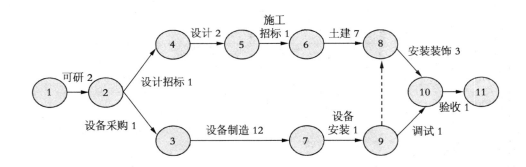

图 6-10 双代号网络图样式

2. 单代号网络计划图

每个节点表示一项工作,一项工作有唯一的一个节点和相应的编号。箭头便是相邻工作之间的逻辑关系,表示工作的进展方向。单代号网络图中不设虚箭头,因为无需用到虚工作。

单代号网络计划图节点的含义:

（三）在网络图中关注关键路径

1. 工程网络计划的时差

时差是指在一定前提下可以机动的时间。

工作总时差：指在不影响总工期的前提下，本工作可以利用的机动时间。

工作自由时差：指在不影响其随后工作的前提下，本工作可以利用的机动时间。

2. 关键路径（Critical Path）的特点

对于一个项目而言，项目网络中最长的或耗时最多的活动路线就叫关键路径，组成关键路径的活动称为关键工作。①关键路径上所有活动的持续时间总和就是项目的工期。②关键路径上的任何一个活动都是关键活动，其中任何一个活动的延迟都会导致整个项目完工时间的延迟。③关键路径上的耗时是可以完工的最短时间量，若缩短关键路径的总耗时，会缩短项目工期；反之，则会延长整个项目的总工期。但是如果缩短非关键路径上的各个活动所需要的时间，也不至于影响工程的完工时间。④关键路径上活动是总时差最小的活动，改变其中某个活动的耗时，可能使关键路径发生变化。⑤可以存在多条关键路径，它们各自的时间总量肯定相等，即可完工的总工期。⑥关键路径是相对的，也可以是变化的。在采取一定的技术组织措施之后，关键路径有可能变为非关键路径，而非关键路径也有可能变为关键路径。

单代号网络计划图样式见图6-11。

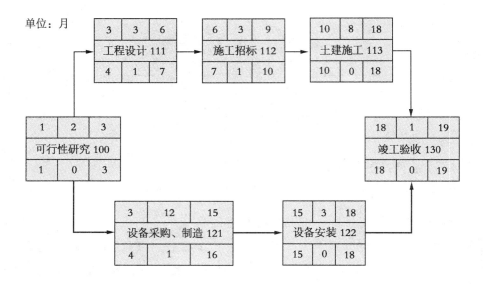

图 6-11 单代号网络图

粗体线代表关键路径,总工期为 18 个月。说明该项目设备的采购、制造和安装是关键性工作,一定要进行供应商管理,保证设备能按期完成,并能提供安装服务。

三、进度计划的编制方法

(一)里程碑计划法

寻找对实施进度有重要影响的关键事件,即里程碑事件,关键性事件不允许推迟,否则工期就会延长。见表 6-5。

表 6-5 里程碑进度表样式

里程碑任务名称	计划完成时间	实际完成时间	备 注
1. 大坝建成	2004 年 1 月 18 日		
2. 发电机组安装成功	2006 年 5 月 18 日		
3. 泄洪系统完成	2008 年 5 月 28 日		
4. 整体运行调试完毕	2009 年 6 月 15 日		

（二）进度横道图法

横道图，又称为甘特图（GANTT 图），是美国的管理学家 GANTT 在 20 世纪 20 年代率先提出的。横道图主要是标明任务名称，并用横道图标示开始时间和完成时间以及工期。见表6-6。

1. **横道图的优点**
- 标示的进度直观、明确，横道图易于编制；
- 工作任务齐全，工作先后顺序一目了然；
- 进度计划可以与资金使用计划和资源配置计划相结合。

2. **横道图的缺点**
- 各工作之间的逻辑关系不能明确表达；
- 关键工作和关键路径不能体现。

3. **横道图的制作方法**

纵向表示各阶段工作任务名称，横向表示时间的安排。比较好的制作方式是使用 Project 软件，可以制作非常精确的横道图。

4. **适用范围**

对于中小投资建设项目比较适用，对于大中型项目，可以供高级管理层了解全局，同时，是基层管理者安排进度的有用工具。

表6-6 投资建设项目进度 GANTT 图样式

工作任务名称及编码	工期(周)	时间	时间	时间	时间	时间	时间	时间	时间	时间
可行性研究 110	12	███	███							
设计招标 120	10			███						
施工招标 130	8				███					
现场准备 140	6				███					
土建施工 141	24					███	███			
设备安装 150	12							███		
设备调试 151	6								███	
生产准备 160	4								███	
交付使用 161	1									██

(三)关键路线法

关键路线法(Critical Path Method,简称CPM)借助建设项目的网络计划图,网络计划图包括单代号网络计划图和双代号网络计划图,在项目网络计划图中最长的或耗时最多的活动路线就叫关键路径。

关键路线的确定:在线路上总的工作持续时间最长的路线,或者总时差为零的路线,或者从头到尾全部由关键工作所组成的路线应该就是关键路线。关键路径可能有多条,但各条关键路径的时间总量一定相等,即可完工的总工期。关键路径是可以变化的,关键路径有可能变为非关键路径,而非关键路径也有可能变为关键路径。

关键路径上所有活动的持续时间总和就是项目的总工期,若缩短关键路径的总耗时,就可以缩短项目总工期;反之,则会延长整个项目的总工期。但是如果延长非关键路径上工作的时间,也不一定影响总工期。

对于一个项目而言,组成关键路径的活动称为关键工作,其中任何一个关键工作的延迟都会导致整个项目完工时间的延迟。

关键路径上的总时间就是可以完工的最短时间量,每一个关键工作之间的进度安排反映了进度计划。

粗线的箭头代表关键路径,关键路径上的工作就是关键工作,关键工作持续的时间就是总工期。见图6-12。

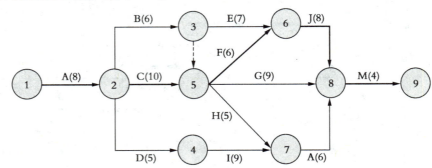

图中字母代表工作,括号内代表该工作持续的时间。

图6-12 双代号网络图

第六节 成本预算

一、成本估算是成本预算的基础

成本估算是成本预算的基础，在成本预算之前要进行成本估算。根据美国项目管理学会（PMI）成本估算的方法，在对项目的建设规模、技术方案、设备方案、工程方案等研究的基础上估算项目的总投资。这种成本估算方法与我国项目投资估算基本相似。

（一）成本估算的方法介绍

1. 专家判断法

专家判断法是组织专家运用其项目管理理论及经验对项目成本进行估算的方法。该方法适用于项目成本估算精度要求不高的情况。这类方法也可以看作自上而下法。

专家判断法有两种组织形式。

一是采取专家集体讨论法。专门成立投资估价专家小组，专家们根据经验提出自己的见解，然后共同讨论，达成一致意见，最终得出投资估算额。

二是采取德尔菲法。专家们互不见面，由一名协调者汇集专家意见并整理，编制项目成本估算。

2. 工料清单法

根据项目的工作分解结构，把较小的相对独立的工作单元的估算成本加总，然后计算出整个项目的估算成本的方法。它通常首先估算各个独立工作的费用，然后再从下往上汇总估算出整个项目费用。

工料清单法的优点：直接参与项目建设的人员更为清楚项目涉及活动所需要的资源量，在子任务级别上对费用的估算更为精确，并能尽可能精确地对整个项目费用加以确定。工料清单法的关键是组织项目最基层的工作单元负责人参加成本估算并正确地对其估算结果加以汇总。

3. 参数估算

参数估算又称参数模型法,是根据项目成本重要影响因素的特性参数建立数学模型来估算项目成本的方法。通常是将项目的特征参数作为预测项目费用数学模型的基本参数,模型可能是简单的,也可能是复杂的。无论费用模型还是参数模型,其形式是各种各样的。如果模型是依赖于历史信息,模型参数容易数量化。

(二) 投资建设项目总投资估算

总投资 = 固定资产投资估算(工程造价) + 流动资金;

固定资产投资估算 = 建筑工程费 + 安装工程费 + 设备及工器具购置费 + 工程建设其他费用 + 基本预备费;

基本预备费 = (建筑安装工程费 + 设备工器具购置费 + 工程建设其他费用) × 基本预备费率。

二、项目成本预算(成本计划)

在做好成本估算的基础上,接下来,最重要的就是要进行成本预算,成本预算就是成本计划,即将项目的总成本分摊到各工作单元或各工作阶段。

(一) 项目成本预算的原则

1. 成本费用实行分解制

根据工作分解结构,项目被分解为多个工作任务单元,形成一种系统结构,项目成本预算就是将投资估算总费用准确地分配到 WBS 的每一个组成部分,从而形成与 WBS 相同的系统结构。

2. 在投资总额的约束条件下,追求资金使用效率最大化

在制定成本预算时尽可能准确,如果对某一个工作单元分配资金过多,会造成浪费;分配资金过少,会造成无法完成预期任务或质量无法保证的结果。因此,项目成本预算应在投资总额的约束条件下合理进行资金的分配。

3. 项目成本预算应当留有余地

编制成本预算,要留有充分的余地,即预算应具有一定的弹性,使预算具有一定的适应条件变化的能力。通常可以在整个项目预算中留出 10% ~ 15% 的不可预见费,以应付项目进行过程中可能出现的意外情况。

(二) 项目成本预算编制方法

1. 自上而下预算

成本预算者根据类似项目的实际成本作为基本依据,通过经验进行调整,把投资总额分摊到各个子工作任务,项目组可以根据工作分解结构进行成本费用分摊,并编制该项目的成本预算表。此方法需要成本预算者具有较为丰富的工作经验。

2. 自下而上预算

将项目任务分解到最小单位工作单元,通过对工作单元的成本预算,然后逐层汇总,累加起来就是项目总成本。项目相关人员都参与项目的预算,通过交流沟通可以避免成本预算争议,而且预算比较准确。

(三) 项目成本预算的步骤

1. 成本的部门化预算

可以通过自上而下预算,根据项目分解结构,把总成本分配到项目各个子工作单元或者各个部门,或者反过来自下而上预算,都可以最终确定项目总成本预算。

2. 成本的阶段化预算

将预算成本按项目进度计划分解到项目的各个阶段,建立每一时段的项目预算成本,并制定累计预算成本,以便在项目实施阶段利用其进行成本控制。

(四) 项目成本费用分解图

在投资总限额范围内,把成本费用分配到各个具体的工作任务,确定每项工作分配多少费用才能完成。

采取 WBS 费用分解样式见图 6-13。

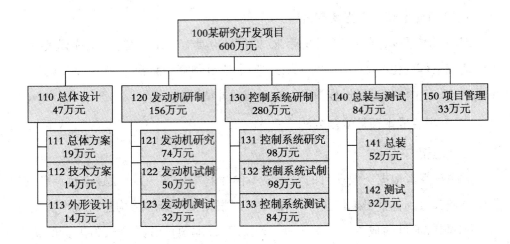

图 6-13 WBS 费用分解图

费用成本分解表样式见表 6-7。

分别确定每项工作的人力费与材料费,然后汇总。假设工时费用为工程师 80 元/小时,管理人员 60 元/小时,工人 40 元/小时。

表 6-7 成本分解表

编码	任务名称	工期(月)	人力资源种类	人力费用(万元)	材料费用(万元)	总费用(万元)
110	可行性研究	3	工程师	16	3	19
120	工程设计	3	工程师	12	8	20
130	施工招标	2	工程师	12	2	14
140	施工安装	5	工人	200	800	1 000
150	设备采购	10	工程师	200	50 000	50 200
151	设备运输、安装	4	工程师、工人	30	100	130
152	设备调试	2	工程师	48	50	98
160	验收、审计	2	工程师、审计	28	70	98
170	投产运营	2	技术员、工人、工程师	24	60	84
180	项目管理	15	管理人员	12	40	52

（五）成本费用预算负荷图

图 6-14 是费用分配图，图 6-15 是累计成本费用曲线。

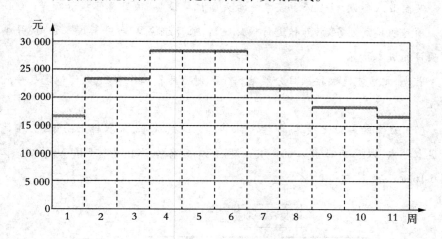

图 6-14　费用分配图

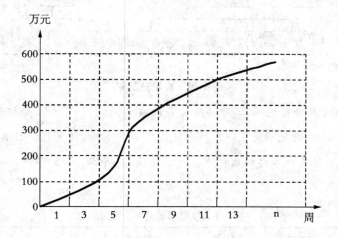

图 6-15　累计成本费用曲线

成本预算编制案例

某企业准备设计、生产并安装一台大型机械设备,项目总体投资额是1 000万元。项目组接到任务后,开始进行项目规划,项目组按WBS分解成本费用,并编制该项目的成本预算。

首先,把成本总额按项目分解结构分配到项目各工作单元,最终确定项目成本预算。

(1)成本的部门化预算:即按工作单元分配总成本,采取自上而下法,在总项目成本之内,以总项目成本的一定比例分摊到各个阶段中,预算总成本分解如图6-16所示。

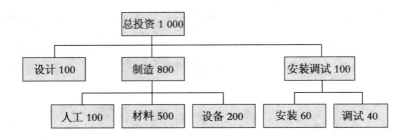

图6-16　费用分解图

(2)成本的阶段化预算:即分阶段分配成本,把总预算成本分摊到投资建设项目的各个阶段,就能确定某一阶段的成本预算。然后,计算累计预算成本,截止到某个阶段的预算成本总和被称作累计预算成本,将作为分析项目成本绩效的基准。见表6-8。

表6-8　项目累计成本预算表　　　　　　　　　　　　　　　单位:万元

阶段＼周	各阶段投资额	1	2	3	4	5	6	7	8	9	10
设计	100	60	20	20	–	–	–	–	–	–	–
制造	800	–	–	–	300	200	200	50	50	–	–
安装调试	100	–	–	–	–	–	–	–	–	60	40
小计	–	60	20	20	300	200	200	50	50	60	40
累计成本		60	80	100	400	600	800	850	900	960	1 000

根据以上整个项目的每期预算成本及其累计预算成本数据,可以给出成本累计曲线,如图6-17所示。

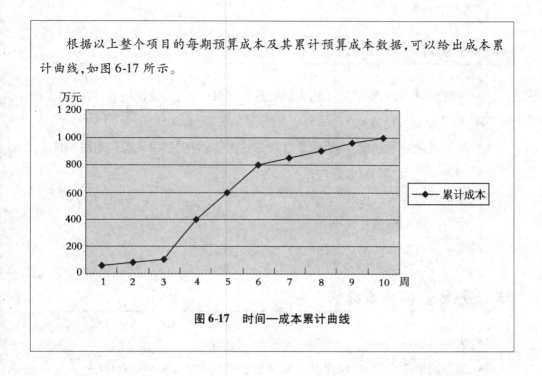

图6-17 时间—成本累计曲线

第七节 质量计划

投资项目质量计划是根据项目特点和要求,专门为项目编制的规定该项目的质量目标、措施、资源和活动顺序的项目管理文件。项目质量计划在项目初始阶段由项目经理组织相关部门进行编制,报决策委员会批准发布。

一、质量计划的作用

- 是投资业主内部在工程设计、采购、施工、开车阶段全过程质量控制的依据。
- 是对外向顾客展示其具体实现质量目标的措施和方法,也是顾客对其质量活动进行监督的依据。

二、质量计划的内容

- 明确质量目标：本项目要达到的质量管理目标,包括设计质量目标、施工质量目标、产品质量目标等；
- 明确质量管理职责：明确质量管理责任主体,为质量保证提供组织保证；
- 确定工艺流程和验收准则；
- 确定过程输入的控制；
- 过程风险和质量控制点；
- 明确对过程和产品进行测试的计划和方法。

三、质量管理体系标准

- 国际质量系列标准：ISO9000:2000 系列标准；
- 国家质量系列标准(国家技术质量监督局)GB/T 19000-2000 系列；
- 国标 GB/T 19000-2000：基础与术语；
- GB/T 19001-2000：要求；
- GB/T 19004-2000：业绩改进指南。

附：项目质量计划样式

1. 概述：概述项目概况、质量计划的对象和适用范围。
2. 质量目标：规定该项目所要达到的质量目标,以保证实现项目的质量要求。
3. 设计阶段质量控制措施：根据项目的具体情况,提出设计要求,并对构建特殊部位提出具体的设计要求。
4. 采购过程的质量控制措施：
- 监督采购方的采购质量控制程序和评价程序,产品标识和可追溯性程序,采购产品的检验和试验程序,产品检验和试验状态程序,检验、测量和试验设备的

控制程序,搬运、贮存、包装、防护和交付程序等;
- 根据项目的具体情况列出对采购过程的特殊要求;
- 参加设备、材料现场检验。

5. 施工过程的质量控制措施:
- 根据项目具体情况列出对施工过程质量控制的特殊要求;
- 对施工承包商以及分承包商进行资格审查,重点审查施工承包方的质量体系;
- 着重监控项目各阶段的控制点,特别是隐蔽工程质量点;
- 当出现不合格产品时,进入不合格控制处理流程,及时分析原因并实施纠正措施;
- 审查施工承包商的施工组织设计、施工方案;
- 检查施工环境;
- 审查有关技术文件、报告和报表以及材料报告文件。

6. 不合格的控制流程。

通常是引用公司质量体系程序文件。

7. 纠正和预防措施。

通常是引用公司质量体系程序文件。

8. 质量记录控制。

通常是引用公司质量体系程序文件。当有特殊要求时,应列入项目质量计划。

★ 自测题

1. 项目管理中计划的重要性体现在何处?

2. 如何制订详细的、切实可行的项目管理计划？

3. 选择合格的项目经理对项目管理成功的重要性？

4. 如何理解合适的组织对项目管理的重要性？

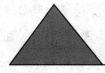

第七章 投资项目的实施与控制

> **本章要点**
> 1. 采购商品或劳务的招标：招标是竞争最为充分的采购方式。
> 2. 项目投资、进度、质量控制：与计划相比较，及时纠错补差。
> 3. 投资控制和进度控制的工具：挣值分析法。
> 4. 项目进度的调整：网络图调整。
> 5. 质量控制的关键：不合格处理流程。
> 6. 合同管理预信息管理：原始记录完整，及时归档。

第一节 采购招标管理

一、采购商品或劳务的招标

（一）采购的内涵：物品和劳务

这里采购是一个广义的概念，包括采购物品和采购劳务。采购是业主所关心的重要问题之一，也是业主进行项目管理的重要内容之一。采购包括建设项目的勘察、设计、施工和监理以及重要设备、材料等采购活动。其中，设备、材料等属于物品采购；寻找合适的勘察、设计、施工和监理单位属于劳务采购。

（二）采购商品或劳务的重要方式：招标

招标是招标人择优中标人的过程，是市场经济条件下的一种有组织的商品交易行为,是竞争最为充分的采购方式。因为招标可以发挥信息广泛传播的功能,通过公开的、广泛的信息传播,让有能力的企业都来投标,通过较为激烈的竞争而达到局部均衡,从而能发现局部均衡价格,通过市场化方式确定交易价格,容易达到均衡价格,达到帕累托最优。通过招标方式,让实力强大、管理先进的企业或具有比较优势的企业参与竞标,可以保证配置资源和整合资源效率最大化。由福利经济学第一定理可知,在不存在外部效应的情况下,任何竞争性的均衡都是帕累托有效的。

《招投标法》规定,凡是采购设计、施工、监理、设备劳务,以及采购与工程建设有关的设备和原材料,必须进行招标的建设项目包括:

- 大型基础设施、公用事业等涉及公共安全的和公共利益的
- 全部或部分使用国有资金的
- 使用国际组织或外国政府贷款、援助资金的
- 施工单项合同估算价在200万元以上的
- 重要设备、材料采购,单项合同估算价在100万元以上的
- 勘察、设计、监理等服务采购,单项合同估算价在50万元以上的
- 项目总投资在3 000万元以上的

(三)选择合适的招投标方式和组织形式

招投标方式包括公开招标和邀请招标。公开招标指以招标公告形式,邀请不特定法人投标。邀请招标指以投标邀请书的方式,邀请特定法人投标。

一般情况下,公开招标是比较得到认可的招标方式,特别是政府投资的大型项目,一般采取公开招标方式。国家重点项目拟采用邀请招标的,应对采用邀请招标的理由作出说明。

招投标的组织形式:包括自主招标和代理招标。招标人自主招标的,需要招标方具有编制招标文件和组织评标的能力和经验。拟自行招标的,应按照《工程建设项目自行招标试行办法》规定报告书面材料。如果企业没有编制招标文件和自主评标的能力,可以采用委托招标机构代理招标的方式。

对于报批或报核项目,按照谁审批(核准)建设项目可行性研究报告、项目申

请报告或资金申请报告,谁负责对招标内容核准的原则对招标内容进行核准。核准招标内容的项目范围:国家发改委审批或者初审后报国务院审批的中央政府投资项目,申请中央政府投资补助、转贷或者贷款贴息的地方政府投资项目或者企业投资项目,向国家发改委申请500万元人民币及以上的。国家发改委核准或者初核后报国务院核准的国家重点项目,具体包括:能源项目、交通运输项目等。

二、自主招标的项目管理

招投标的基本程序由招标、投标、开标、评标、定标、签订合同六大部分组成。

(一) 自主招标的前期工作

首先是组建招标班子,制订招标方案;其次,编制招标文件,包括投标邀请书、投标须知、合同条款、附件等。根据《招投标法》可知,招标文件是招标人最基础、最重要、最完整的法律性文件,是向投标人公开提供的编制投标文件的唯一依据,是评标委员会评标选用的评标标准的根据,也是投标人与中标人签订合同的基础。然后,发布招标公告或投资邀请,发售招标文件。

(二) 投标与开标的管理

首先是资格审查方式:包括资格预审和资格后审,资格预审是在投标前对潜在投标人进行资格审查,这样可以减少不合格投标人的投标,只选择实力较强且信誉较好的投标企业,可以减少评标工作量,缩短评标周期。当投标人过多时,招标人可以从中选择7家以上的投标人参加投标。这是被较多采用的审查方式。资格后审是在开标后评审投标人资格。

投标人制定投标文件,按照招标文件规定的时间进行投标,并缴纳投标保证金,保证金一般不超过投标总价的2%,但最高不得超过80万元。在招标文件规定的截止日期前,投标人可以补充、修改或撤回已提交的投标文件。最后,投标人少于3个的,视为流标,招标人应当依法重新招标。

(三) 评标管理

评标准备:首先进行评标准备工作,选择和确认评标委员会成员身份,评标委员会成员要符合《招投标法》的规定,不得有其主管部门或其他行政部门的代表参加评标委员会,评标委员会成员人数是单数,且在5人以上,其中技术、经济方面的专家占总数的三分之二以上等。

评标过程:符合性检查,主要是投标文件的有效性、完整性、与招标文件的一致性;技术评审,主要审查投标方的技术能力能否满足施工的需要;商务评审,主要是对投标报价的评审,给出最后的评标价;投标文件澄清,主要是对投标文件中有些含义不清的地方,需投标人澄清与说明;综合评价,进行排序,编制评标报告,推荐中标候选人。一般情况下,满足招标文件实质性要求的,经评审后排名第一的中标候选人就是最终选中的中标人,如果排名第一的企业出现不可抗力因素或其他变故不能履行合约的,可以选择第二名的候选人作为中标人。

细微偏差和重大偏差。评标过程中投标文件会出现偏差问题,偏差可以分为细微偏差和重大偏差,细微偏差指投标文件实质上响应招标文件的要求,但是投标文件里个别地方数据或技术信息方面存在不准确或不一致现象。细微偏差不影响投标文件的有效性。在评标过程中,如果出现细微偏差,可以以书面方式要求投标人在评标结束前予以补正。重大偏差指投标文件没有实质上响应招标文件的要求,重大偏差表现为没有项目期限或超过招标文件规定的期限、投标文件中的技术规格和标准明显不符合要求等,重大偏差视为废标处理。

(四) 合同签订管理

中标通知书发出30天内,招标人与中标人签订书面合同,按照招标文件的规定,双方权利义务达成一致,在签订书面合同的过程中,任何一方都不得改变招标文件规定的实质性内容,不得提出其他附加条件。

三、选择合适的招标代理机构

招标代理机构是依法成立的、从事招标代理业务的社会中介机构,应该具有营业场所和相应的资金,具有编制招标文件和评标的专业力量,并建立评标委员会的经济技术方面的专家库。

中央建设项目招标代理机构,其资格分为甲级和乙级,由国家发改委负责其资格认定。甲级资格者可从事中央投资项目的所有招标代理业务,乙级资格者只能从事投资额2亿元以下的中央投资项目的招标代理业务。

机电产品国际招标机构,其资格分为甲级、乙级和预乙级,由商务部负责其资格认定。甲级资格者可以从事机电产品国家招标业务不受委托金额限制,乙级资格者只能从事一次委托金额在4 000万美元以下的机电产品国际招标,预乙级资格者只能从事一次委托金额在2 000万美元以下的机电产品国际招标。

第二节　项目投资、进度、质量控制

一、投资、进度、质量控制的内涵

投资、进度、质量的控制应该实行三全控制,首先是全过程控制,从投资决策到勘察设计,再到建设施工,每一个环节都要进行成本、进度、质量的控制。其次是全员控制,所有参与者都应该具有成本、进度、质量控制意识,并且主动进行成本、进度、质量控制。再次是全面控制,整个投资项目围绕成本、进度、质量控制全面展开。

(一) 控制的内容

首先是"总量控制",即总投资、总工期及总的质量标准达到预期的要求。其中比较容易量化的是总投资和总工期,总投资是投资方的投资总额,实际的投资额不得超过投资的预算;总工期是建设的周期,如果超过工期预算,就会引发一系列问题,给投资方带来损失。

其次是"阶段控制",在每一个阶段进行投资、进度、质量控制。根据国际分法,投资项目可以分为决策阶段、准备阶段、实施阶段和验收阶段。具体可以分为投资决策阶段、初步设计阶段、施工图设计阶段、招投标阶段、施工阶段、竣工验收阶段。

再次是"子项目控制"。每一个项目都可以分解为若干个子项目,子项目具有规模小、容易控制的特点,对每一个子项目分别进行成本、进度、质量控制,可以减小控制范围,提高控制力度,有效达到目的。

(二) 控制的责任主体

项目控制的责任主体是项目法人,可以是企业法人、事业法人,也可以是具有法人资格的行政机关,其中,项目经理代表项目法人,是投资、进度、质量控制的第一责任人。对于建设项目,虽然承包商也进行投资、进度、质量的控制,但是最终的风险承担者是投资方,所以,投资方业主应承担起对投资、进度、质量控制的主要责任,要求和监督设计单位、承包商等单位严格执行投资计划、进度计划和质量要求。

(三) 控制的阶段论

1. 项目投资的全过程控制

投资决策阶段的控制:投资估算要准确,既能满足达到预计功能或生产能力的资金需要,又不超过实际需要,投资估算额误差率不超过10%。

工程设计阶段是成本控制的关键阶段,工程设计投资控制的目标是可行性研究报告的投资估算。设计阶段投资控制的主要措施:

优化设计方案,在初步设计以后,基于价值工程考虑,使方案能满足生产功能需要,不至于设计标准过高,造成投资浪费。推行标准化设计。按照国家相关标准设计,可以降低成本。推行限额设计。在设计前,规定设计概算范围不能超过投资估算。严格审查设计概算和施工图预算。

项目实施阶段投资控制的目标是将工程总造价控制在经审定的施工图总预算之内,也就是控制在工程标价和工程承包合同价范围之内。项目实施阶段投资控制的关键是:一是制度控制,二是资金流控制。

虽然投资、进度和质量要进行全过程控制,但是对项目投资影响最大的是三个阶段:投资决策阶段、工程设计阶段和招标投标阶段,在这三个阶段,投资方业主拥有自主权和决策权,是业主进行投资控制的重点。

2. 项目质量的全过程控制

（1）勘察设计质量控制子系统：保证勘察设计的质量表现在两个方面：一是勘察设计本身工作的质量；二是如果发现问题，必须进行解决才能进入下一工序。如果勘察发现存在土层地质问题，必须把关制订解决方案以后，才能进入建设阶段。

勘察设计质量控制子系统的控制节点：固有特性是工程设计时确定的，所以设计的质量控制至关重要。勘察设计方的资质资格控制是勘察设计阶段质量控制的第一个节点。勘察结果是第二个控制节点，一定要坚持勘察后设计。勘察结果发现地质水文等有问题的，一定要采取措施进行预防，促使设计方给出解决方案。对设计的"工程质量标准"控制的把关，是保证工程质量的重要环节。对设计工作本身的质量把关包括设计成果的正确性、各专业的协调性、设计文件的完备性、符合规定的详细程度等，业主组织有关专家进行深入具有实质性的鉴定和审查。

（2）材料设备采购质量控制子系统：保证采购的原材料和设备符合计划质量要求，具体体现在选择合适的、信誉度较高的供应商，在运输、装卸和保存环节都制订详细的方案，对易变质的原材料，在正式运用之前，还要实施检验，保证原材料的质量。

材料设备采购的质量控制节点：供应方的资质控制；重要设备供应的质量计划；材料的质量检验和保管。

（3）施工安装质量控制子系统：承包商具有质量控制的方案，业主质量控制的主要任务是监督和督促承包商执行质量要求计划，在隐蔽工程环节进行旁站管理，或设置停工监测点，督促并与监理公司一起监管施工质量。

施工安装工程的质量控制节点：

承包方的资质控制是第一关；施工准备工作质量控制是第二关；建设安装过程的全面控制；隐蔽工程的控制；不合格的控制；保持施工过程中的记录完整、及时、真实。

（4）竣工验收、试车调试和生产准备质量控制子系统：最后的验收和试车及生产准备环节是项目质量控制的最后阶段。业主是竣工验收的组织者和协调者。业主组织设计单位、监理单位和承包商等相关单位参与验收。同时,业主又是主要参与者,始终处于主导地位。业主应该发挥积极作用,做好每一个方面的质量验收工作。试车调试由承包商组织进行,并书面提前两天通知业主,包括单机无负荷试车、联动无负荷试车以及投料试车等。

二、选择使用合适的投资、进度、质量控制的方法和工具

投资、进度、质量控制的工具和方法已经普遍存在,而且在某些领域已得到广泛应用,为了保证本书知识系统的完整性,这里介绍一下可以使用的投资、进度、质量控制的工具和方法。

(一) 投资、进度、质量控制的方法

1. 分阶段控制法

投资建设项目可以由几个阶段组成,包括投资决策、初步设计、施工图设计、招标发包、工程施工、竣工阶段,每一个阶段设置控制点。对投资控制来说,投资决策阶段进行投资估算,设计阶段进行设计概算,施工阶段进行施工预算,竣工阶段进行竣工决算。在这几个阶段过程中,要求竣工决算不能超过施工图预算,施工图预算不超过设计概算,设计概算不超过投资估算。同样,进度和质量控制也分阶段控制,每一阶段都保证按计划行事,特别关注接口管理,及时发现问题,保证解决后才能进入下一环节。

2. 要素控制法

将整个项目进行工作分解,形成工作分解结构 WBS。项目工作分解可以按照费用构成分解,包括建筑费用、安装费用、设备费用、工程建设其他费用和预备费等。也可以按照项目组成进行分解,大中型项目由若干个单项工程构成,可以把大型项目分解成具体的单项工程。在此基础上,将总投资、总工期和质量要求按 WBS 进行细化分解,分解成一个个工作单元,对每一个工作单元确定投资额和给定的工作时间,实行投资、进度和质量控制的责任制,每个投资单元的负责人负责

本工作单元的投资控制、进度控制和质量控制。因为建立了良好的控制机制,每一个工作单元实行控制责任制,控制力度加大,容易达到控制的目的。

(二)投资控制和进度控制的工具

1. S型曲线图比较法介绍

投资控制是根据预算的成本累计曲线与实际成本曲线的比对,获取有价值的项目费用的信息,然后采取适当的投资控制策略。见图7-1。

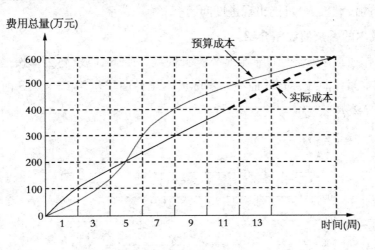

图7-1 预算成本与实际成本比较图

成本累计曲线图上根据实际支出情况的趋势可以对未来的支出进行预测,将预测曲线与理想曲线进行比较,可获得很有价值的成本控制信息。实际支出与成本预算的偏差可以传递一种信号,发现偏差时要查明原因,然后采取措施处理。

在前期编制的成本计划中,成本累计曲线反映了某一个时点需要的累计成本数量,根据该曲线可以掌握和安排预算费用的支出。

S型曲线图的作用:

(1)进行直观比较。整个项目的累计预算成本在项目的任何时期都能与实际成本相对比,如果实际成本超过累计预算成本时,就可以及时采取改正措施。

实际支出与成本预算的偏差可以传递一种信号,发现偏差时要查明原因,然后采取措施处理。

(2)预测工程费用可能的超支情况。成本累计曲线图根据实际支出情况的趋势可以对未来的费用支出进行预测,将预测曲线与理想曲线进行比较,可获得很有价值的成本控制信息。

(3)投资控制。在某一时点,如果实际成本累计超过预算的成本累计,说明出现超支现象,应该查明原因,制订方案进行控制。

如果实际成本累计曲线低于预算的成本累计曲线,说明投资没有有效支出,应该投入的没有投入,可能出现进度问题。

2. 成本的香蕉曲线图介绍

各工作按最早开始时间制定成本累计曲线,即 ES 曲线,各工作按最迟开工时间制定成本累计曲线,即 LS 曲线。实际成本累计曲线位于 ES 和 LS 两个曲线中间。见图 7-2。

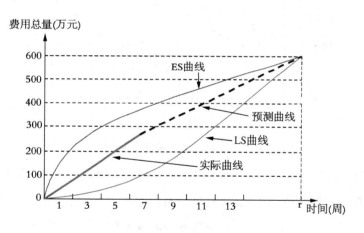

图 7-2 成本的香蕉曲线图

3. 成本与进度的挣值分析法介绍

挣值分析法是工程类专业经常使用的成本和进度分析工具,基本思路是通过引进一个中间变量挣值来分析项目的成本和进度现状,项目进度和投资是否存在偏差,并对项目成本的发展趋势作出科学判断。

挣值分析法有三个关键的参数值:

BCWP(Budgeted Cost of Work Performed):已完成工作的预算成本,按预算价

格所计算的实际已完成作业的成本。挣得值(Earned Value Management,EVM):已完成工作量的预算成本(BCWP) = 当前已完成工作量×工作预算费用率。

BCWS(Budgeted Cost of Work Scheduled):按计划工作的预算成本,符合时间段预算。计划工作的预算成本(BCWS) = 按计划应完成工作量×工作预算费用率。

ACWP(Actual Cost of Work Performed):已完成工作的实际成本,指到某一时刻为止,已完成工作实际花费的费用。已完成工作的实际成本(ACWP) = 已完成工作量×工作实际费用率。

(1)成本的挣值分析法。测量成本是否出现偏差,主要用以下两个指标。

① 费用偏差 CV = BCWP − ACWP

比较已完成工作的预算成本和已完成工作的实际成本。

若 $CV>0$,即已完成工作的预算成本大于已完成工作的实际成本,实际成本低于预算值,成本没有超出预算;

若 $CV<0$,即已完成工作的预算成本小于已完成工作的实际成本,实际费用高于预算费用,即成本超出预算,应该调整成本费用的支出。

② 成本执行指数 CPI = BCWP/ACWP

若 $CPI>1$,即已完成工作的预算成本大于已完成工作的实际成本,所以,实际费用低于预算值,实际成本低于预算成本。

若 $CPI<1$,即已完成工作的预算成本小于已完成工作的实际成本,所以,实际费用高于预算费用,实际成本超出预算成本。

图 7-3 是挣值分析曲线图。

(2)进度的挣值分析法。测量进度是否出现偏差,主要用以下两个指标。

① 项目进度差异 SV(Schedule Variance)

进度偏差 SV = BCWP − BCWS,表明了已完成的工作量的预算费用与计划工作量的预算费用之间的差异。

若 $SV>0$,即已完成工作量的预算成本大于计划工作量的预算成本,表示进度提前;

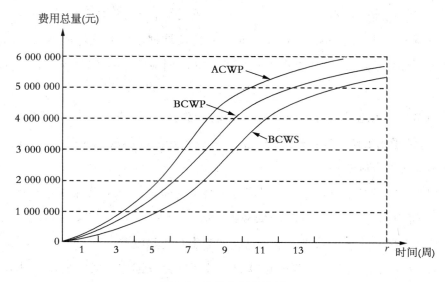

图 7-3　挣值分析曲线图

若 $SV<0$，即已完成工作量的预算成本小于计划工作量的预算成本，表示进度延误。

② 进度执行指数 SPI ＝ BCWP/ BCWS

若 $SPI>1$，即已完成工作量的预算成本大于计划工作量的预算成本，表示进度提前；

若 $SPI<1$，即已完成工作量的预算成本小于计划工作量的预算成本，表示进度延误。

4. 项目进度控制横道图比较法

横道图比较法是项目进度控制经常使用的一种最简单的方法。也就是把实际进度与计划进度相比较，发现进度偏差，采取措施进行补救。具体做法是把实际进度也用横道线标示，与原进度计划的横道线并列，进行直观比较。通过实际进度与计划进度比较，发现实际施工进度与计划进度之间的偏差，如果存在偏差，要搞清楚为什么存在偏差，对总工期产生怎样的影响，如何采取措施进行补救。对项目建设的进度进行监测、检查和比较分析后的结果以书面的形式向项目管理决策层或主管部门提交项目进度报告。见图7-4。

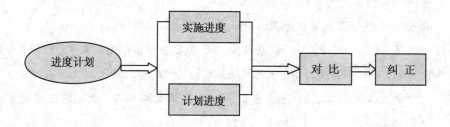

图7-4 进度控制示意图

5．关键路线检查法

进度偏差对总工期和后继工作的影响：判断进度偏差是否在关键路径上，如果在，必定会影响后继工作和工期，需采取措施调整进度计划；如果进度偏差大于总时差，必定影响后继工作和项目工期，需要调整；如果进度偏差大于工作自由时差，必定影响后继工作，需要调整。

> **案例**
>
> 中国杭州湾跨海大桥是由多家民营企业和政府共同投资的大型交通项目，投资方成立项目公司，组建项目管理团队。假设项目的进程是匀速的，跨海大桥全长36公里，总投资是120亿元人民币，项目总工期是5年。
>
> 项目管理组在开工第2年结束时设置一个检查点，在该点对项目的费用和进度进行检查。在该检查点，已知已完成总工作量的40%，实际耗费投资是50亿元。
>
> 假设项目按照现在的条件进行，环境没有重大变化，判断项目在该检查点的进度和投资是否存在偏差？
>
> 解：根据挣值分析法比较实际进度与计划进度、实际成本支出与计划成本支出之间是否存在偏差。
>
> 总工期为：$12 \times 5 = 60$（月）
>
> 每月的预算成本 $= 120 \div 60 = 2$（亿元）

每月的计划工作量 = 36÷60 = 0.6(公里)

每公里大桥的预算成本 = 120÷36 = 3.3(亿元)

开工第 2 年结束时设置一个检查点,在该检查点,分别求已完成工作量的预算成本 BCWP、计划工作的预算成本 BCWS、已完成工作的实际成本 ACWP 三个变量:

已完成工作的预算成本:已完成工作量的预算成本 BCWP = 当前已完成工作量 × 工作预算费用率 = 36×40%×2 = 28.8(亿元);

按计划工作的预算成本:计划工作的预算成本 BCWS = 按计划应完成工作量 × 工作预算费用率 = 2×24 = 48(亿元);

已完成工作的实际成本:已完成工作的实际成本 ACWP = 已完成工作量 × 工作实际费用率 = 50(亿元);

投资偏差状况:

费用偏差 CV = BCWP − ACWP = 28.8 − 50 = −21.2(亿元),

成本执行指数 CPI = BCWP/ACWP = 28.8/50 = 0.58 < 1,

对于已经完成的工作部分,项目的实际费用高于预算费用,说明投资超支。

进度偏差状况:

进度偏差 SV = BCWP − BCWS = 28.8 − 48 = −19.2(亿元),

进度执行指数 SPI = BCWP/BCWS = 28.8/48 = 0.6 < 1,

按预算定额价格计算的实际完成工作量小于计划工作量,表示进度出现延误。

案例

某投资建设项目,项目管理组在项目计划阶段制定了进度双代号网络图。该网络图关键路径的总工期是 100 天。箭头上方表示某一具体工作,箭头下方的数据表示该工作的正常持续时间,括号内表示该工作的最短持续时间。

项目进展到 48 天时,进行进度检查发现,E 工作刚开始,已经延误 8 天,该工作是关键工作,计划工期不变,如何调整进度?

表7-1 每项工作缩短一天增加的费用

工作	A	B	C	D	E	F	G	H	I	J	K
每缩短1天增加的费用(元)	200	300	100	200	600	500	400	500	100	300	50

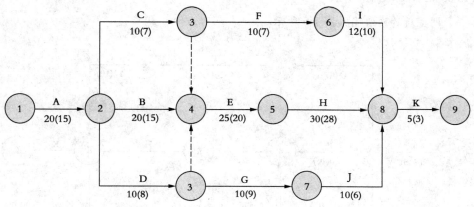

图7-5 某投资项目双代号网络图

网络图关键路径是 A-B-E-H-K,总工期为 100 天。项目进展到 48 天时,进行进度检查发现,E 工作刚开始,已经延误 8 天,如不调整,总工期将延长 8 天。在接下来的工作中,需要对进度进行调整,调整原则:满足工期要求的前提下追求增加费用最小化。

调整步骤:

第一次调整,选择调整对象——在接下来的 E、H、K 三项关键工作中,K 工作费率最低,故选择 K 工作作为调整的对象。调整方法——K 工作有 2 天的调整余地,而且不改变关键路径,所以可以调整 2 天。调整结果——总工期缩短 2 天,变成 106 天了,费用增加 $50 \times 2 = 100$ 元。

第二次调整,选择调整对象——可调整的是 E、H 两个关键工作,工作费率最低的 H 工作,调整方法——H 工作可以调整 2 天,结果——总工期变成 104 天,增加费用 $500 \times 2 = 1\,000$ 元。通过本次调整,关键路线没有发生变化。

第三次调整,选择调整对象——选择 E 工作调整,调整方法——E 工作可以调整 5 天,而这时只要调整 4 天,即可满足总工期 100 天要求,费用增加 $600 \times 4 = 2\,400$ 元,本次调整关键路线也未发生变化。

到此为止,总工期压缩了 8 天,能按计划工期完成项目。增加费用:$100 + 1\,000 + 2\,400 = 3\,500$ 元。

调整后的网络图如图 7-6 所示。

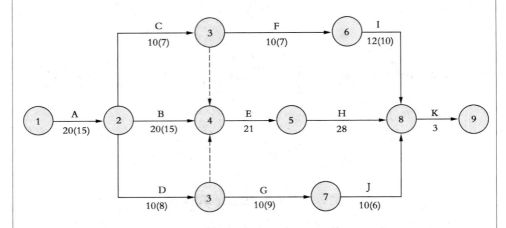

图 7-6 调整后的网络图

在进度调整过程中,如果关键路径发生变化,调整的对象也要发生变化。

(三)质量控制的方法

1. 具有共性的质量控制重点

(1)各参与方资质控制:投资建设项目的参与方包括设计院、施工方、监理方、设备材料供应方等。兼并收购项目的参与方包括投资银行、律师事务所、会计师事务所等。

(2)不合格控制:对于任何环节出现不合格都要进入不合格控制处理流程,保证各个环节的质量控制。

(3)变更控制:设计变更或者其他方案的变更要经过一个流程,设置安排好监督和控制机制,特别是设计变更必须经过严格的程序。不能随意进行设计变更。

(4) 材料保管的控制:对于某些项目,材料的质量是保证项目质量的关键。在材料的保管、运输等环节,保证材料不变质是保证质量的重要环节。

(5) 测试和试验的控制:项目建成后,要进行测试和试验,保证测试和试验的质量,如果存在问题,即使是细小问题,也要认真解决,防患于未然。

2. 特别关注不合格控制的流程

项目中出现的任何不合格都应及时进行处置,项目中的不合格可能在项目全过程中的任何阶段出现。设计可能出现不合格,采购的物资和分包商购买的物资可能出现不合格,施工和安装过程中可能出现不合格,试车阶段也可能出现不合格。总之,任何没有达到规定要求的情况均属不合格,不合格是造成工程质量问题的最主要原因。质量控制的关键在于不合格控制,没有经过处理的不合格不允许进入下一道程序。不合格控制的目的就是杜绝不合格品进入下道工序,造成最终更严重的不合格。

一旦发现不合格品,不论何时何地均应进入不合格控制流程,要求相关部门进行标识、记录、评审、处理和重新检验。

(1) 标识不合格状况,并对不合格状况进行记录。在整个投资建设过程中,项目建设的任何环节一旦出现不合格状况,应立即填写"不合格单",对不合格品进行标识,避免不合格品进入下一道工序。部门经理应对产品的不合格内容、评审、处置意见做好记录,该记录是质量记录的组成部分,处置完毕后应整理报送质量管理员归档备查。

(2) 对不合格状况的评审。项目过程中发现不合格状况,在进行处置之前必须先由分管部门,包括采购部、施工部、生产准备部、控制部等部门经理负责组织评审,评审不合格内容、性质及程度,通过评审,并进行不合格原因的分析,协同项目各部门制定纠正措施,防止发生同样的不合格状况,使其达到项目使用要求或规定要求。如果处理过程对项目和费用影响较大时,还应进行风险识别、评价和研究对策,提出处置方案的建议。评审后填写"不合格品评审和处置记录表",该记录表是质量记录的组成部分。如果评审认为返工或返修均达不到要求时应降级处理移作他用或报废处理,提供新的合格产品。

(3) 对不合格状况的处置。不合格品经过评审和提出处置建议之后,应由技术总监或项目经理批准,必要时应报决策委员会确认。处置的方式可能是:让步接受、进行返工达到规定要求、经返修满足使用要求、降级改作他用、拒收或报废,返工后的产品应按程序重新进行检验。让步接受只有在不会对以后工序或使用过程造成不良影响、不影响最终使用要求时,才可以采用,任何让步接受决定均应慎重评审。

不合格控制涉及设计企业、施工单位、材料设备,业主对不合格控制由相关部门按各自职责组织实施,重要问题报企业投资决策委员会批准。

3. 质量数据和质量记录

(1) 质量数据的作用:质量数据为追溯性提供依据,如果出现质量问题,在进行往前追溯时,以质量数据作为主要的依据。质量数据是投资项目决策的基础,质量与成本、进度是项目管理的核心。质量数据为项目提供质量保证,为质量改进提供依据。

(2) 质量记录的要求:质量记录要真实、及时、完整,尽可能比较全面地反映项目质量的要求和实际达到的质量状况。并且质量记录要作为企业的重要的档案资料,进行长期和完整保存,绝不可丢失或遗弃。

第三节　合同与信息管理

在项目管理过程中,合同管理是核心,业主在合同管理中处于主导地位,因为参与项目的企业很多,各参与方与业主的关系都是通过合同来展开的,业主通过合同管理实现预期的目标。同时,项目涉及大量的信息,信息管理与合同管理相互渗透,信息管理包含了合同管理的内容,合同管理也包含着信息管理的内容。

一、项目合同的地位和作用

在项目管理中处于中心地位，是项目管理的依据和手段、是双方权利和义务的保证、是解决争议的法律依据。在合同管理中，业主是最终风险的承担者，所以，业主在合同管理中发挥主导作用，要加强对合同的管理。

二、工程项目合同是一个复杂的体系，需要专业的管理

项目合同包括工程咨询合同、勘察设计合同、招标代理合同、施工合同、监理合同、材料供应合同、设备采购合同、保险合同、借贷合同等。业主在项目实施阶段的管理主要围绕合同管理展开，督促进度各参与方按照合同规定进行项目推进。因为业主一般缺乏工程项目管理的经验，需要聘请咨询工程师帮助策划合同体系的方案，考虑合同的类型、合同模式的选择和合同之间的协调和配合等。进一步帮助草拟或提供示范合同条款，协助业主谈判签订合同，并帮助业主监督合同实施。

三、合同审查的要点

（1）合同的合法性。包括当事人有无签订、履行该合同的权利和行为能力；合同内容是否符合国家法律、政策规定；当事人的意思表示是否真实一致，权利、义务是否平等；订约程序是否符合法律规定。

（2）合同的严密性。包括合同应具备的条款是否齐全；当事人双方的权利、业务是否具体、明确；文字表述是否确切无误。

（3）合同的可行性。包括当事人双方特别是对方是否具备履行合同的能力和条件；预计取得的经济效益和可能承担的风险；合同非正常履行时可能受到的经济损失。

四、选择适当的承包合同方式

根据项目本身的特点、业主的管理能力和管理经验,以及承包商的管理水平能力,选择适当的合同方式。

工程项目承包合同方式包括:

(1) 工程施工承包合同。承包商只负责建筑工程的施工任务,工程设计、设备材料采购等由业主负责提供。目前该种合同类型是中国比较常见的合同方式。

(2) 设计—采购承包合同。承包商只负责建设项目的设计和设备材料采购,而施工则由业主委托另一家企业实施。采取这种承包方式需要业主有较强的项目管理能力,同时承包商要具有设计和技术方面的较高优势,在设计和采购设备材料方面能提供优质服务。

(3) 交钥匙工程总承包。从设计、设备材料采购和施工,到后期的竣工验收由一家承包商总承包,建成后,交业主生产经营。采取这种承包方式需要承包商具有综合管理的优势并且具有设计、施工或设备制造某一方面为主的强项。

五、FIDIC 合同条件

FIDIC 合同条件是国际咨询工程师联合会制定的规范性合同条件,为世界各国越来越多地接受和采用。

FIDIC 合同条件最主要的特点是公平性,强调权利和义务的统一和平衡,充分考虑业主、承包商等双方主体的利益。

我国凡是世界银行贷款或亚洲开发银行贷款的项目,一般都采取 FIDIC 合同条件签订建筑承包合同。

六、信息管理

1. 信息管理部门的职能

- 负责拟定、报批项目部的网络、信息共享、传递方案。

- 负责组织实施项目部的网络及信息系统建设方案。
- 负责项目部的网络以及电子信息的归档管理,保证网络及信息交流的正常运行,从而确保通信及信息交换的畅通。
- 负责对项目部的信息设备、仪器进行登记造册和维护、保养、维修;对设备、仪器的更新、采购提出专业意见,上报项目经理批准。
- 负责完善项目部的网络的安全措施,维护网络运行安全及数据安全,防止病毒侵入。
- 负责组织项目部的计算机应用技术的培训、管理工作。

2. 信息收集、整理、传递

- 对施工、安装单位以及监理单位层信息的收集、整理、共享、传递;
- 对设计信息的收集、整理、共享、传递;
- 对采购信息的收集、整理、共享、传递;
- 对财务部信息的收集、整理、共享、传递。

★ 自测题

1. 为什么要关注项目的过程控制?

2. 质量、进度和成本控制的意义?

3. 如何运用挣值法进行成本和进度的控制?

4. 为什么要关注不合格控制的流程?

# 第八章　投资建设项目管理

> **本章要点**
> 1. 投资建设项目管理：计划、组织、实施、控制和验收，包括成本管理、进度管理、质量管理、采购管理、施工招标管理、投资生产准备等。
> 2. 投资建厂项目管理框架：工作任务分解、责任分配、资源分配、人力资源配置、生产准备、内部控制。
> 3. 投资建设项目的流程管理：按流程办事，流程是规范，流程是保证，流程为项目管理创造价值。
> 4. 投资建设项目的流程界面管理：技术界面和工程界面。

第一节　投资建设项目可行性研究报告的审查

投资建设项目是投资项目的一种类型，主要指以形成固定资产为目标，进行决策、规划、设计、施工、投产运营的固定资产投资。投资建设项目管理是投资项目管理的主要内容。

一、市场分析与市场战略的重要审查点

- 数据来源的真实性
- 获取数据所采用方法的科学性

- 数据作为决策依据的合理性

重点审查：数据来源属于市场调查，还是市场预测；市场调查或市场预测运用什么方法；所得数据作为决策依据的可靠性与合理性。

（1）如果数据来源于"市场调查"，重点审查：市场调查方法的合理性？市场调查数据的可靠性？市场调查可以包括市场需求的调查、市场供给的调查、消费者调查和竞争者调查等，根据需要可以进行其中某一方面的调查，也可能是全面调查。调查的方法：问卷调查、实地考察、文献调查、实验调查等。

（2）如果数据来源于"市场预测"，重点审查：市场预测方法的合理性？市场预测数据的可靠性？市场预测包括市场需求总量、产品价格、出口等。市场预测的方法可以是定性预测，也可以是定量预测。定性预测是根据掌握的信息，凭借专家的经验，运用一定的方法，对市场的发展作出主观判断和描述。如专家会议法、德尔菲法。定量预测是根据统计数据，建立数学模型，对未来市场进行预测。如回归分析法、加权移动平均法。

二、建设方案的重要审查点

1. 产品方案和建设规模

产品方案包括主导产品、辅助产品的品种、产量、规格、质量标准及生产能力的组合。建设规模指建设项目达产后的生产能力或服务能力。重要审查产品方案是否与技术、设备、原材料供应等方案协调一致；建设规模是否合理，表现为投入产出是否合理。

2. 技术方案和设备方案

重点审查先进性、适用性、可靠性、安全性、经济合理性。

3. 工程方案

主要建筑物的建造方案能否满足使用功能、经济合理、符合工程标准规范。

三、投资估算的重要审查点

1. 投资估算的依据

投资估算包括固定资产估算和流动资金估算。估算的主要依据是:专门机构规定的建设项目费用构成、估算定额、计算方法等;拟建项目所需的设备、材料的市场价格;建设方案确定的建设内容与工程量。

2. 投资估算的准确性

重点审查:费用种类是否齐全、依据是否充分、计算是否合理、方法是否科学。最终的投资估算误差率不得超过±10%,否则投资估算不准确,需要重新进行投资估算。

3. 投资估算的合理性

项目管理部根据投资项目工程量的大小以及专家的知识和经验作出判断,投资估算与项目的实需资金是否匹配以及匹配程度。

四、财务分析的重要审查点

1. 财务数据的预测依据和预测方法的合理性

财务数据是财务分析的基础,正确的财务数据的预测是得出正确的财务评价指标的关键。

重点审查:财务数据的计算过程及数据的准确性及合理性。

2. 财务指标选择的合理性及财务指标计算的正确性

主要包括盈利能力、偿债能力、财务生存能力。财务生存能力较强的标志:有足够的净现金流维持项目的正常运营,各年累计盈余资金不出现负值。

3. 从财务指标视角把握投资项目的可行性

财务上是否可行的依据:净现值(NPV)大于0;内部报酬率大于基准报酬率;静态和动态的投资回收期基本接近预期;具有较强的财务生存能力。

4. 预测的财务报表的完整性

包括损益表、资产负债表、现金流量表（经营、投资、融资），以及相对应的附表，如经营收入表、总成本费用估算表、应纳税及附加估算表、借款还本付息计划表等。

五、不确定性分析和风险量化评估时的重要审查点

1. 盈亏平衡点的高低

重点审查不确定性程度，权衡对投资建设项目的影响程度。

2. 敏感性因素分析结果

重点审查对敏感性因素变化的应对措施，以及控制不确定性措施的有效性。

3. 风险因素的识别

重点审查是否准确把握风险因素，是否抓住了"关键风险"因素。

4. 风险发生的可能性评估，通过内外部专家打分确定

重点审查内外部专家打分的合理性与科学性。

5. 风险发生的影响程度评估，通过内外部专家打分确定

重点审查内外部专家打分的合理性与科学性。

其中，审查内外部专家打分的合理性与科学性的具体审查点：

（1）打分人的资格。主要审查：打分人是否能满足或符合对打分人的要求。具体表现在：打分人是否具备相关的知识，是否具备相关的经验，是否熟悉本行业，是否熟悉评估的风险因素等。

（2）打分的依据是否合理。重点审查：是否制定合理的打分依据，打分人是否按照打分依据来执行打分。

（3）打分的合理性。重点审查：打分人的打分是否具有随意性，打分人的打分是否具有明显的不合理性。

（4）分值的计算方法。重点审查：打分是如何计算出来的，如果采取加权平均法计算，权重设置是否合理。

6. 风险控制措施的有效性

重点评估针对投资项目的风险,是否采取有效的应对措施,能否有效降低风险。

第二节 投资建设项目管理基本框架:一个案例

项目管理计划(Project Management Plan,PMP)是指导项目管理工作的纲要性文件,基于投资建设项目的规模和重要性,应该编制完整的投资建设项目管理计划。见表8-1。

表8-1 投资项目管理的主要内容

编号	主要内容	备注
1	确定总目标	
2	确立项目管理的组织机构	
3	工作任务分解	
4	责任和职能的分配	
5	设备采购与材料采购	
6	设计过程的管理	
7	招标和发包程序	
8	成本计划与控制	
9	进度计划与控制	
10	质量计划与控制	
11	安全管理	
12	合同管理	
13	投资生产准备	
14	内部控制和内部审计	

一、投资项目总目标

总投资额为75 339万元,总工期为30个月,即2007年6月~2009年12月,在总投资和总工期范围内,保质保量完成符合生产功能要求的现代化的生产厂房建设,完成一切生产设备安装调试并试运行,并为全面投入生产做好充分准备。

二、工作任务分解结构(WBS)

(一) 项目组主要任务

- 组织编制初步的技术方案、设备选型方案,进一步组织编制可行性研究报告,报企业决策委员会审查,为项目决策提供依据;
- 寻找、评估、筛选工程类咨询公司,包括可行性研究报告、环境评估、勘察设计公司、监理公司、建筑承包商、招标代理等单位,并拟定咨询服务合同,报决策委员会审查、批准后开展工作;
- 协同工程咨询公司编制项目集成计划、项目管理文件体系,报决策委员会审查、批准后执行;
- 协同咨询公司编制可行性研究报告或者项目申请报告、环境评估等;组织开展项目立项、报审批、报核准或者备案;
- 组织协调设计院进行方案设计、初步设计、技术设计、施工图设计等,并报决策委员会审查、批准;
- 组织开展项目施工前各项准备工作,包括项目选址,购置土地,办理土地证、建设用地规划许可证、建筑工程规划许可证、施工许可证,地质勘察,临时用电、用水工程等;
- 组织开展设备、物资供应商的考察、洽谈、筛选,编写项目采购规范书;
- 组织开展项目各类招标工作,包括招标方案设计报备、报批,招标文件编制、发标、开标、评标、定标,合同起草、报批、签订、执行等;
- 组织编制非招标设备、物资的采购方案,包括供应商的选择、采购价格、进度控制、质量控制、采购合同等,报决策委员会审查、批准后实施;
- 合理进行项目的各类资源配置,协调项目建设各相关单位的关系,包括业主、设计单位、施工单位、监理、咨询、供应商、各主管部门等;
- 按照项目管理文件体系的规定,组织开展项目施工,进行进度、质量、成本、

风险控制,以及安全、环保监督管理等;

● 审核、评估项目设计、费用变更方案,提出处理意见后报决策委员会审查、批准后执行;

● 组织进行各类设备、物资采购进场后的开箱检验和仓储保管,组织各类装备的安装、调试、验收;

● 组织各施工项目的阶段性验收,组织项目竣工验收工作,组织项目生产准备工作,组织开展项目试生产;

● 配合决策委员会安排的各项审计工作,组织编写项目建设总结评价报告,报决策委员会审查。

（二）工作任务分解

根据不同的标准,工作任务分解有不同的分解方法:

● 按照"工作进程"进行分解,如准备、计划、实施、控制和竣工验收等,见图8-1。

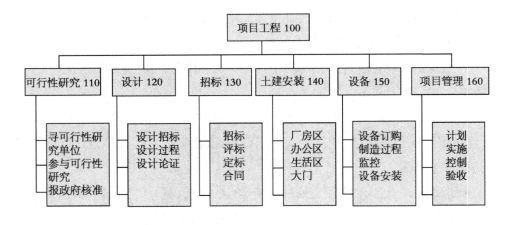

图8-1　按工作进程项目任务分解结构

● 按照"建设时段"进行分解,如第一期、第二期、第三期等。

● 按照"生产子系统的构成"进行逐层分解。

在项目任务分解时,根据投资建设项目的特点,可以考虑采用合适的任务分解方式,便于组织和管理。见图8-2。

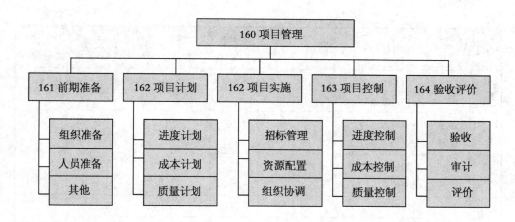

图 8-2 项目管理子结构分解

三、责任和管理职能的分配

表 8-2、表 8-3 列示了责任和管理职能的分配及责任分配矩阵。

表 8-2 责任和管理职能的分配

序号	工作类别	任务名称	项目经理	总工程师	成本管理组长	进度管理组长	质量管理组长	专业工程师	专家顾问组
1	项目计划	项目目标	PDC	PC	DE	DE	DE	EC	P'D'
2		进度计划	PDC	PC	—	PDE	—	PEC	P'D'
3		成本计划	PDC	PC	PDE	—	—	PEC	P'D'
4		质量计划	PDC	PC	—	—	PDE	PEC	P'D'
5		招标计划	PEC	PC	C	—	C	E	P'D'
6		采购计划	PEC	PC	PEC	—	PEC	E	—
7	进度控制	设计进度监控	PEC	PC	—	EC	—	E	—
8		施工进度监控	PEC	PC	—	EC	—	E	—
9		利用流程进行控制	PEC	PC	EC	PEC	—	E	D'

续表

序号	工作类别	任务名称	项目经理	总工程师	成本管理组长	进度管理组长	质量管理组长	专业工程师	专家顾问组
10	成本控制	费用分解	PD	P	EC	–	–	E	D'
11		参与付款审核	PC	PC	PC	–	–	E	–
12		全程成本监控与纠偏	PDC	PC	PDE	–	–	E	–
13		利用流程进行成本控制	PDC	PC	PEC	–	–	E	D'
14	质量控制	材料验收	C	C	–	–	PEC	E	D'
15		设备验收	C	C	–	–	PEC	E	D'
16		施工过程监督	C	C	–	–	PEC	E	–
17		流程监督	C	C	–	–	PEC	E	D'
18		竣工验收	C	C	–	–	PEC	E	–
19	招标合同管理	参与评标	PEC	PC	PE	PE	PE	E	D'
20		参与合同谈判	–	PE	E	–	E	E	D'
21		合同管理	–	–	EC	EC	EC	E	–
22	信息管理	信息编码	PDC	–	EC	EC	EC	–	–
23		信息收集整理	PDC	–	PDEC	PDEC	PDEC	E	–
24		信息电子化	PC	–	EC	EC	EC	–	–
25		网络平台的信息管理	PE	–	P	–	–	–	–
26	项目管理成果	各专业工作月度报告	PC	C	PDE	PDE	PDE	E	–
27		管理工作总结	PDC	–	PDE	PDE	PDE	E	–
28		重大技术咨询与报告	PE	P	–	–	–	E	–
29		竣工总结	EC	C	E	E	E	E	–
30		竣工以后项目管理资料的归档	PC	PC	EC	EC	EC	E	–

注：字母含义：P 计划；D 决策；E 执行；C 检查；P' 参与计划；D' 参与决策。

表 8-3　责任分配矩阵

编码	任务名称	项目经理	总工程师	成本管理组组长	进度控制组组长	质量控制组组长	信息组组长	专家顾问
110	确定项目目标	F	C	C	C	C	C	C
121	成本计划	S	S	F				C
122	进度计划	S	S		F			C
123	质量计划	S	S			F		C
131	成本控制	F		Z				C
132	进度控制	F			Z			C
133	质量控制	F				Z		C
140	信息管理	F		C	C	C	Z	C
150	合同管理	F		C	C	C	Z	C
160	项目成果管理	F	Z	C	C	C		C

注：F 负责；Z 执行；C 参与；S 审批。

四、项目管理组织

（一）项目管理组织结构

项目管理组织结构见图 8-3。

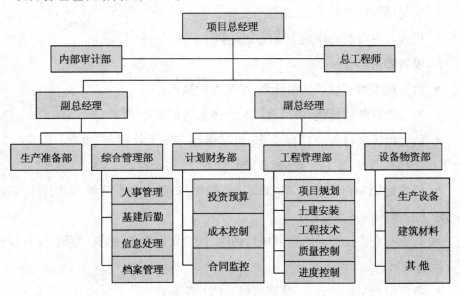

图 8-3　项目管理组织结构图

（二）项目管理组织部门及其职责

1. 工程管理部

- 负责项目施工前各项准备工作，包括项目选址、购置土地、办理土地证、建设用地规划许可证、建筑工程规划许可证、施工许可证、地质勘察、临时用电、用水工程等；
- 管理施工现场工作人员，协调施工单位、监理单位现场工作关系；
- 负责施工单位质量体系评审及施工与材料质量、进度控制、成本控制事项；
- 负责组织编制项目控制进度、质量、成本、风险等计划，经批准后组织实施；
- 负责项目的总体进度、质量、风险控制，监督、协调各部门、各专业的进度、质量、风险管理和控制工作；
- 负责项目的成本控制，组织对设计变更、索赔事项进行协调和控制，并提出处理意见报上级审查、批准；
- 在项目实施过程中，审查项目进度、质量、费用计划执行情况报告，进行偏差分析和趋势预测，必要时提出整改意见和措施，并报请上级批准后监督实施；
- 参与项目竣工验收、总结评价工作；
- 代表业主负责处理施工现场突发事件。

2. 设备物资部

- 负责组织编制项目采购计划，经批准后执行；
- 参与项目集成计划、项目管理文件体系的编制；
- 负责组织项目各类招标工作，包括招标方案设计报备、报批，招标文件编制，发标、开标、评标、定标，合同起草、报批、签订、执行等；
- 负责组织非招标设备、物资供应商的评估，商务技术洽谈，采购合同起草，执行经上报批准的采购合同；
- 负责监督供应商采购合同执行情况，催交到期设备、物资，协调、安排设备、物资运输事项；
- 负责组织采购的设备、物资进场后的开箱验收工作；
- 负责采购的设备、物资的仓储保管工作；

- 负责供应商质量体系评审及采购质量的控制,配合控制部协调进度、成本控制事项;
- 参与项目竣工验收、总结评价工作;
- 项目其他采购管理工作。

3. 生产准备部

- 参与项目计划的制订,参与项目设计、招标、施工等各个阶段工作,并提出建议;
- 负责编制、上报设备开车调试、试生产计划,经批准后执行;
- 负责组织设备开车调试、试生产,设备调试、试生产合格后的验收;
- 负责编写工艺技术文件、生产操作规程、质量标准、检验标准等;
- 负责编写其他企业管理制度,包括生产、质量、技术、人事、财务、营销等,筹建运营管理系统;
- 负责生产技术人员的培训;
- 参与项目竣工验收、总结评价工作;
- 生产准备的其他工作。

4. 计划财务部

- 负责编制、上报项目成本管理计划,并监督执行情况;
- 参与项目集成计划、项目管理文件体系的编制;
- 参与各类招标、主要设备、物资采购工作;
- 负责项目会计、出纳业务;
- 负责编制、提供项目各项费用开支报表;
- 负责按合同规定支付、结算土地出让金、项目工程款、咨询服务费、设备材料款等;
- 负责编制、上报项目内控制度,并监督、检查制度执行情况;
- 负责管理、缴纳各项税费;
- 参与项目的竣工验收、总结评价;
- 项目财务管理的其他工作。

5. 综合管理部
- 负责与项目管理咨询公司协同编制、上报项目集成计划、项目管理文件体系,经批准后组织执行并监督检查;
- 负责项目的综合计划、统计工作;
- 负责项目的合同管理,包括组织起草、报批、签订,合同履约情况的监督等。
- 负责项目的人力资源管理工作;
- 负责项目的文件资料管理工作;
- 负责项目IT系统建立、维护工作;
- 负责项目非生产设备、物资采购计划的编制、报批、验收;
- 负责项目的后勤保障工作;
- 负责组织项目的竣工验收、总结评价工作;
- 项目综合管理的其他工作。

五、项目管理承包商管理的模式

项目管理承包商管理(Project Management Contractor,PMC)指项目管理承包商运用其工程技术和管理经验,对项目进行计划、组织、协调和控制,代表业主对勘察单位、设计单位、施工企业、供货商等进行管理,以实现建设目标。

(一) PMC 单位与业主关系

PMC 单位受雇于业主单位,是业主机构的延伸,全过程为业主服务,目标和利益与业主一致。

但项目管理公司属于非决策机构,重大方案仍然由业主决策。因为最终的决策者和最终的风险承担者都是业主,业主要充分利用社会上各种专家的知识,及时咨询,获取有价值的建议。

(二) PMC 的主要服务内容

前期策划阶段,主持或参与可行性论证,编制项目管理总体方案。

项目设计阶段,代表或协助业主提出设计要求和规范,完成项目总体设计,对设计过程和设计成果进行管理;一般情况下,业主与设计方之间没有合同关系,项目管理公司独立负责组织设计方,按照业主要求完成设计。

项目招标阶段,代表或协助业主制定设备采购和工程发包策略,对供货方和承包商进行资格预审,制定招标文件,主持或参与招投标组织工作,协助业主与供货方和承包商合同谈判。

项目实施阶段,代表或协助业主编制管理制度、工作流程、信息流程,对承包商、供货商进行全面管理。参加设备调试和竣工验收,向业主移交全部文件资料。

(三) PMC 模式的合同计价方式

PMC 模式一般采取"成本+固定报酬+奖励或罚款"合同计价方式。

成本:主要指 PMC 单位投入的人力成本和其他费用,包括工资、管理费用、税金、生活补助、差旅费、会务费、招待费等。

固定报酬:业主设置一些里程碑进度要求,PMC 单位逐一完成这些里程碑时,便可以取得相应的报酬。

(四) 对 PMC 单位的管理模式

对项目管理公司应该加强控制和监督,业主设置进度控制、投资控制和质量控制目标,设置考核原则,建立考评体系,对项目管理承包商进行监控。把每个目标细分,每个目标占有一定的比例,通过合同规定,PMC 单位如果通过考核,完成这些目标时,便可以取得相应的奖励,同时,可以设置罚款,如果进度、成本、质量出现问题要罚款。

六、投资估算、资金使用计划与投资控制

(一) 项目总投资的构成

项目总投资的构成见图 8-4。

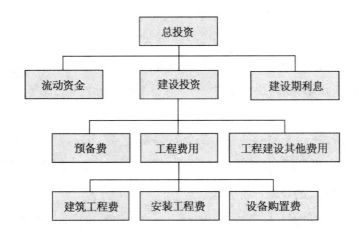

图 8-4　项目总投资的构成

（二）项目投资估算

表 8-4 是本项目的投资估算。

表 8-4　项目投资估算表

序号	工程和费用名称	投资估算					含外汇
		建筑工程	设备	安装工程	工器具费	其他费用	总值	万美元
一	工程费用	10 015	45 119	3 755	306	—	59 195	4 104
1	厂房工程费	10 015	2 940	—	—	—	12 955	—
1.1	建安工程费	10 015	—	—	—	—	10 015	—
1.2	厂房动力设施费	—	2 940	—	—	—	2 940	—
2	设备购置费	—	42 179	—	—	—	42 179	4 104
2.1	进口设备	—	33 002	—	—	—	33 002	—
	设备货价	—	31 810	—	—	—	31 810	4 104
	公司手续费	—	477	—	—	—	477	—
	银行手续费	—	127	—	—	—	127	—
	国内保险费	—	111	—	—	—	111	—
	海关监管费	—	159	—	—	—	159	—
	国内运杂费	—	318	—	—	—	318	—

续表

序号	工程和费用名称	投资估算					含外汇
		建筑工程	设备	安装工程	工器具费	其他费用	总值	万美元
2.2	国内配套设备	-	9 177	-	-	-	9 177	-
	国内工艺设备费	-	6 500	-	-	-	6 500	-
	设备运杂费	-	195	-	-	-	195	-
	水处理设备费	-	1 900	-	-	-	1 900	-
	运输设备费	-	410	-	-	-	410	-
	实验室设备仪器费	-	172	-	-	-	172	-
3	设备安装费	-	-	3 755	-	-	3 755	-
	引进工艺设备安装费	-	-	795	-	-	795	-
	国内工艺设备安装费	-	-	260	-	-	260	-
	工艺配管配线	-	-	2 700	-	-	2 700	-
4	工具及器具购置费	-	-	-	306	-	306	-
二	其他工程和费用	-	-	-	-	2 765	2 765	-
1	无形资产	-	-	-	-	1 535	1 535	-
	地勘费	-	-	-	-	15	15	-
	环境安全卫生评价费	-	-	-	-	60	60	-
	咨询费、设计费	-	-	-	-	600	600	-
	方案审查等有关费用	-	-	-	-	100	100	-
	土地使用费	-	-	-	-	960	960	-
2	递延资产	-	-	-	-	1 030	1 030	-
	建设单位管理费、前期开办费	-	-	-	-	296	296	-
	生产人员培训费	-	-	-	-	74	74	-
	联合试运转费(试车材料)	-	-	-	-	500	500	-
	工程监理费	-	-	-	-	130	130	-
	办公家具购置费	-	-	-	-	30	30	-
三	预备费	-	-	-	-	4 957	4 957	328.36

续表

序号	工程和费用名称	投资估算						含外汇
		建筑工程	设备	安装工程	工器具费	其他费用	总值	万美元
	基本预备费	—	—	—	—	4 957	4 957	328.36
	固定资产投资合计（一——三）	10 015	45 119	3 755	306	7 722	66 917	4 432.82
四	铺底流动资金						8 422	
	项目总投资（一——四）	—	—	—	—	—	75 339	—

注：
(1) 工程建设其他费用：①土地征用费；②拆迁补偿和安置费；③建设单位管理费；④研究实验费；⑤员工培训费；⑥办公费及生活家具购置费；⑦联合试运转费；⑧勘察设计费；⑨供电贴费；⑩厂区绿化费；⑪评估费。

(2) 设备及工器具购置费：①设备及工器具原价；②设备及工器具运杂费；③设备及工器具采购保管费，设备及工器具购置费估算。设备购置费＝设备出厂价＋运杂费，进口设备到岸价＝离岸价＋国外运费＋国外运输保险费。

(3) 基本预备费＝（建筑安装工程费＋设备技工器具购置费＋工程建设其他费用）×基本预备费率。

我国资本金制度规定：项目建成投产后正常运营所需的全部流动资金的30%作为铺底流动资金，并计入建设项目总投资。项目竣工后，按被批准的铺底流动资金数额，作为流动资产全部移交给生产经营部门。

（三）项目的投资总预算计划和年度、季度预算计划

投资预算主要目的：明确责任，归口管理，实行有效的预算管理。

投资预算编制的基本依据：设计概算、施工预算、施工承包合同和设备采购合同、进度计划安排。

建设项目投资预算计划分类：一般分为总预算计划和年度、季度预算计划。投资总预算计划是进行投资控制的主要依据；年度、季度预算计划是投资预算的深化和细化，是资金筹措和核准资金计划的依据。

投资预算编制方法：经验数据法，利用相同或相类似的工程投资曲线作为资金流量预测的主要依据。关键路线法，根据关键路线安排资金流量。关键路线法适用于总投资预算的编制。

（四）投资使用计划和资金筹措表

表 8-5 是投资使用计划和资金筹措表。

表 8-5　投资使用计划和资金筹措表　　　　　单位：万元

序号	项 目	建设期		投产期		达到设计能力生产期			合计
		1	2	3	4	5	6	7	
1	总投资	20 075	46 842	10 743	4 124	6 187	—	—	87 971
1.1	固定资产投资	20 075	46 842	—	—	—	—	—	66 917
1.2	流动资金	—	—	10 743	4 124	6 187	—	—	21 054
2	资金筹措	20 075	46 842	10 743	4 124	6 187	—	—	87 971
2.1	自有资金	20 075	46 842	4 297	1 650	2 475	—	—	75 339
	其中：流动资金	—	—	4 297	1 650	2 475	—	—	8 422
2.3	贷款	—	—	6 446	2 475	3 712	—	—	12 632
2.3.1	长期贷款	—	—	—	—	—	—	—	0
2.3.2	其中：贷款利息	—	—	—	—	—	—	—	0
2.3.2	流动资金贷款	—	—	6 446	2 475	3 712	—	—	12 632

（五）投资控制

投资控制方法：采取"分阶段控制法"与"要素控制法"相结合的综合控制方法。

1. 分阶段控制法

决策阶段：进行投资估算，估计本项目需要投资的总额，投资估算的误差率上下不得超过 10%。

初步设计阶段：设计院进行设计概算，设计概算的控制目标：控制在投资估算范围之内。

施工图设计阶段：设计院进行施工图预算，施工图预算的控制目标：控制在设计概算范围之内。

竣工阶段：建设项目竣工决算是施工单位通过企业内部工程竣工成本决算，进行实际成本分析，反映经营效果。它是反映工程建设项目实际造价和投资效果的文件，是工程建设经济效果的全面反映。竣工决算采用实物数量、货币指标、建设工期和各种技术经济指标，全面地反映项目从筹建到竣工为止的全部建设成果和财务状况；建设项目竣工决算是竣工验收报告的重要组成部分。

2. 要素控制法

要素控制法的控制要点在于将设备工具购置费、建筑安装工程费、工程建设其他费用等细化分解,确定各项费用的数量和价格,分给归口管理的部门实行专业控制。见图 8-5。

单位:万元

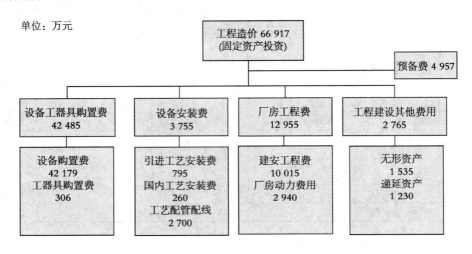

图 8-5　工程造价分解图

七、进度计划与进度控制

表 8-6、表 8-7 列示了本例中的相关计划进度安排。

表 8-6　进度计划表

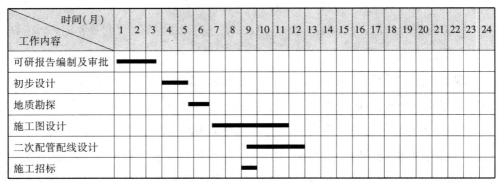

续表

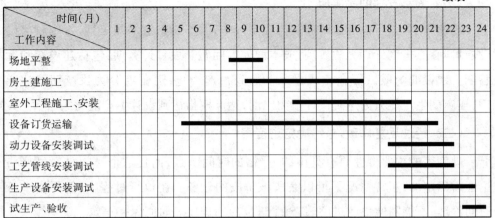

注：

初步设计满足以下要求：
1. 多方案比较；
2. 单项工程齐全，有详细的工程量清单；
3. 主要设备和材料明细表；
4. 满足施工图示设计的准备工作要求。

施工图设计深度：
1. 满足土建施工的要求；
2. 满足设备材料的安排；
3. 满足施工质量检验和验收的要求。

表8-7 项目里程碑进度计划表

任务名称	计划完成日期	备 注
增资计划完成	2007.10.30	—
设备采购规范全部完成	2007.12.30	—
主要设备采购合同签订	2007.10.30	—
监理单位选定	2007.11.30	—
土建施工图设计审核完成	2008.02.28	—
工艺二次管线设计审核完成	2008.05.30	—
建筑承包商选定	2008.03.10	—
设备、管线安装承包商选定	2008.06.10	—
拿到土建施工许可证	2008.02.28	—
主厂房施工完成	2008.08.31	—
第一套生产设备、管线安装完毕	2009.02.28	—
试车方案完成	2009.03.15	—
员工培训完成	2009.03.25	—
试生产	2009.08.31	—
工程验收	2010.06.30	—

(一)确定合理的总工期

欲速则不达,可以通过时间安排提高效率,但不能刻意缩短工期,否则就会出现质量问题、进度计划无法实现、成本增加等问题。项目计算期:包括建设期和运营期。建设期为项目资金正式投入开始到投产为止,运营期分为投产期与达产期,投产期生产能力为达到设计能力之前,达产期指达到设计生产能力之后。

(二)经过反复修改,最终确定进度表

进度表的重要事件要有具体的、严格的时间节点,而且这个时间是经过严格论证后确定的,正常情况下可以完成该阶段的任务。在执行过程中,要严格进行时间管理,不能随便更改进度表,整个进度应与进度表时间保持一致。

(三)进度控制的关键

(1)各个里程碑事件要有明确的时间节点以及最后的截止日期。里程碑事件一天都不能推迟,如果关键路径上的关键工作拖一天,必须明确相关方的责任,并在以后的时间内补回延迟的这一天。

(2)加强各子系统之间的接口管理,保证子系统之间相互衔接。接口管理是进度控制的关键,接口没有管理好,单位之间没有较好地沟通和协商,可能导致工期的延误。

(3)统筹安排,协调进行。很多业务是同时进行的,如设备采购、土建、生产准备贯穿于整个项目建设过程中,系统化思想和系统化规划是进度控制的保证。

八、质量计划与质量控制

1. 质量计划

- 识别投资项目所包括的各过程,各过程的控制措施,关键质量问题的控制点。包括可行性研究、招投标、施工、设备安装和竣工验收等。
- 明确质量目标和分解目标;质量目标可以分解为设计质量、设备质量、材料质量、工程质量、施工质量、安装质量。明确整个投资项目的质量要求和各个环节的质量要求。

- 明确质量控制组织结构以及各部门之间的职责权限,每一个环节的质量控制都有专门负责者。
- 确定关键环节的验收准则以及各个子环节的验收流程。

2. 质量控制的关键

- 流程控制:在设计、设备采购、材料采购与保存、设计变更、施工安装等过程中,注重流程管理,寻找各阶段的控制点,在重要节点进行质量控制。
- 界面控制:在科研、设计、施工、设备、调试运营各子系统之间进行界面管理,保证在技术、管理等方面进行全面交底。

3. 投资建设项目关键质量评审点

- 合同评审;
- 项目开工报告评审;
- 工艺技术方案评审;
- 设计开工报告评审;
- 带控制点工艺管道流程图的评审;
- 初步设计评审;
- 采购计划审查;
- 关键设备合格供应商审批;
- 关键设备验证结果的审查;
- 施工单位的评标;
- 施工计划审查;
- 关键设备竣工;
- 联动试车;
- 投料试车;
- 竣工验收。

4. 设计环节的质量控制

首先,对设计院的设计人员资格控制:设计院提供设计、校审人员资格证书,交由业主项目管理部认可。

其次,设计输入的控制:设计输入包括设计数据的控制、设计标准规范的控制等,含合同及其附件、业主要求、项目基础资料、设备供货商提供设备信息、项目适用的最新规范、上级批文、各专业间的资料等。

再次,设计的组织接口与技术接口的控制:包括设计与采购、设计与施工的接口以及设计各专业间的接口。

接下来,设计技术方案评审:工艺流程设计方案、主要设备选型方案必须由项目经理、技术总监组织专业技术人员进行评审。

最后,设计文件的输出的控制:可行性研究报告、初步设计、施工图设计文件的输出须经校对、审核、审定,并经过相关专业图纸会签后形成正式文件。

5. 设备、原材料采购质量的控制

设备、原材料的采购是项目建设中极为重要的质量控制环节,业主要把握采购过程的质量控制,严格执行采购过程中的不合格控制。对采购的设备、物资进行质量控制,一旦发现不合格品,按相应规定标识、记录、评价、隔离和处置,防止不合格品的误用。

(1)在设备、物资开箱检验过程中被确定为"不合格品"的设备、物资,应作出明显标记并隔离存放,由仓储保管员签字,并报采购部经理。

(2)采买工程师应立即通知供货厂商进行调换和处理,同时发出书面通知,以作为日后索赔的依据。对外商的供货必要时应请商检部门出具相关的商检证明。

(3)对无法及时调换的不合格品,由采购部经理负责召集有关专业技术人员根据不合格检验记录以及产品的可靠性、相容性、可换性、安全性及合同规定进行评定,并提出处置意见。

(4)对不合格品的处置。一般采取拒收措施,要求供应商调换或索赔。特殊情况下,采取让步接受、修复使用、降级使用的,必须报技术总监审定、项目经理审批。

6. 施工质量的控制

● 对工程的可靠性、安全性有严重影响的关键质量特性,关键部位或重要影响因素应设置控制点。

- 对施工工艺有严格要求,并对下一道工序的工作有严重影响的关键部位应设置控制点。
- 对隐蔽工程交接点、对质量不易稳定的工序应设置控制点。

以上质量控制点按工程受影响的严重程度可分为几个不同等级,对不同控制点采取不同的应对措施,施工质量控制点应写入施工合同。

九、投资建设项目生产准备

生产性投资建设项目的生产准备环节非常重要,贯穿于投资建设项目的全过程,生产准备与项目建设进度同步进行,在项目竣工前全部完成。见图8-6。

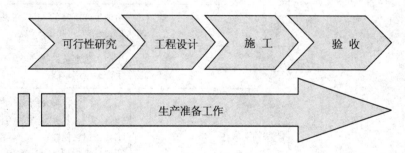

图8-6 生产准备与各阶段并行示意图

在可行性研究和设计阶段组建"生产准备组",在项目实施中后期,适时组建"生产运营管理机构",负责投产准备和投产后的生产运营管理。

生产准备组组长或生产运营管理机构负责人必须熟悉该项目的生产过程并了解设备需求情况,具有较强的管理协调能力。生产准备组在项目经理统一领导下开展工作。

生产准备工作做得周全,可以在竣工后在较短时间内进入正常运行生产,能节省开支,减少等待成本。

在各阶段生产准备的主要内容见表8-8。

表 8-8　投资各阶段生产准备内容表

阶　　段	准备内容	具体表现
可行性研究阶段	参与可行性研究,保证工程技术设备方案符合生产运营需要	生产规模; 工艺技术; 产品方案; 关键设备的选型。
工程设计阶段	设计满足生产的需要	参与设计招标文件编制; 设计合同谈判; 设计方案比选和工艺技术参数确定; 及时发现问题,使设计改进。
施工阶段	生产管理准备	生产运营目标体系; 产品质量管理体系; 安全生产管理体系。
施工阶段	生产人员准备	培训生产所需的人员,包括管理人员、技术人员和工人等。
施工阶段	生产技术准备	生产工艺准备; 生产运营规章制度。
施工阶段	生产物资准备	生产所需的原料、材料、燃料、辅料; 工具、器具、仪器; 在项目进行前期确定货源,竣工前落实供货渠道,签订供货合同。
施工阶段	生产配套条件准备	水、电、气、职工后勤和生活物资服务等。
施工阶段	产品市场营销准备	营销策略; 营销网络; 售后服务; 新产品研发机构。

十、建设项目内部控制与内部审计

1. 内部控制

项目内部控制的目的:监督、支持、服务项目管理组各职能部门,协助实现建设项目的总目标。

项目内部控制的主体：项目业主，业主应尽早设计并建立内部控制系统。

项目内部控制的主要类型：

- 管理控制：制定总目标，制订计划，建立项目组织，权责分配，建立规则与程序等。
- 运作控制：采购控制，人才配置，信息管理，具体业务计划，业务运作监控等。
- 财务控制：财务会计制度，现金管理，支付控制，固定资产管理等。
- 行为控制：员工行为准则，遵守法规，企业形象，商业道德等。

2. 内部审计

新设法人，尽早建立内部审计机构，在建设项目法人权力机构或最高负责人的领导下，对整个项目开展内部审计。设计权限由建设项目法人权力机构或最高负责人确定。审计内容包括内部控制审计和财务内部审计。

内部审计的作用主要是监督，内部审计组对于项目管理设置必要的监控点，对于项目管理控制、运作控制、财务控制、行为控制的制度完善性和执行情况进行审计，对于进度、投资、质量计划制订及执行状况进行审计。财务审计主要检查工程款、材料设备及其他费用的支付是否符合制度和合同的要求。对于不符合规章的行为要求其纠正，或给出处罚建议。监督是内部审计的基本功能。同时为各管理层建立和完善内部控制体系提供建议性和专业性的支持，对内部管理制度和控制体系存在的薄弱环节或缺陷进行纠正。另外，在完善内部控制系统方面为各级管理层提供服务。

必要时可以授予内部审计部门一定的处罚权，对于审计不合格或者问题比较突出的部门和负责人提出处罚意见，与被处罚部门的绩效工资挂钩。

内部审计可以请内外部专家定量评分，作为评价的依据。见表 8-9、表 8-10、表 8-11、表 8-12。

表 8-9 项目管理的计划与组织评分表

一级指标	二级指标	编码	权重	评分 5分	4分	3分	2分	1分	加权分数
项目管理计划与组织	工作任务分解	1	0.1	●					0.5
	责任分配情况	2	0.1		●				0.4
	设备采购计划	3	0.1		●				0.4
	成本计划	5	0.1		●				0.4
	进度计划	6	0.1		●				0.4
	质量计划	7	0.1		●				0.4
	风险控制计划	8	0.1	●					0.5
	生产准备计划	9	0.05			●			0.15
	内部控制计划	10	0.05	●					0.25
	招投标计划	11	0.05		●				0.2
	项目总目标	12	0.05	●					0.25
	项目经理	13	0.05		●				0.2
	有效团队	14	0.05		●				0.2
			1						4.25

综合总分	4.25
存在的问题:	
评议专家签名:	

注:5 分表示"优",完全符合项目管理的要件,完全能满足项目管理需要;
  4 分表示"良",基本符合项目管理的要件,基本能满足项目管理需要;
  3 分表示"中",有些不符合项目管理的要件,但是肯定能完成任务;
  2 分表示"及格",有些不符合项目管理的要件,但是基本能完成任务;
  1 分表示"不及格",较多地不符合项目管理的要件,完成任务存在较大风险。
  其中:平均分为 3 分,3 分以下的指标要素,要进行整改。

表 8-10 项目管理的执行与控制评分表

一级指标	二级指标	编码	权重	评分					加权分数
				5分	4分	3分	2分	1分	
项目管理执行与控制	实际费用与计划比较	1	0.1			●			0.3
	实际进度与计划比较	2	0.1		●				0.4
	质量控制及整改状况	3	0.1	●					0.5
	不合格控制执行状况	4	0.1	●					0.5
	设备采购计划执行状况	5	0.1			●			0.3
	进度偏差及纠正	6	0.1			●			0.3
	费用偏差及纠正	7	0.1				●		0.2
	施工过程监督	8	0.1		●				0.4
	合同管理状况	9	0.1			●			0.3
	信息档案管理	10	0.05		●				0.2
	危机管理预案	11	0.05			●			0.15
			1						3.55

综合总分	3.55

存在的问题:
1. 设备方案发生了较大的变化,设备采购计划进行了较大调整。
2. 实际进度与计划进度发生了部分偏差。

评议专家签名:

注:5 分表示"优",完全符合项目管理的要件,完全能满足项目管理需要;
  4 分表示"良",基本符合项目管理的要件,基本能满足项目管理需要;
  3 分表示"中",有些不符合项目管理的要件,但是肯定能完成任务;
  2 分表示"及格",有些不符合项目管理的要件,但是基本能完成任务;
  1 分表示"不及格",较多地不符合项目管理的要件,完成任务存在较大风险。
  其中:平均分为 3 分,3 分以下的指标要素,要进行整改。

表 8-11 项目管理的关键工作流程及执行评分表

一级指标	二级指标	编码	权重	评分 5分	4分	3分	2分	1分	加权分数
项目管理关键工作流程与执行	设计变更流程	1	0.1		●				0.4
	不合格控制流程	2	0.1	●					0.5
	设备采购流程	3	0.1			●			0.3
	工程质量控制流程	5	0.1	●					0.5
	施工招标流程	6	0.1	●					0.5
	监理招标流程	7	0.1		●				0.4
	费用支出流程	8	0.1		●				0.4
	投资决策流程	9	0.1			●			0.3
	设计流程	10	0.05			●			0.15
	危机管理流程	11	0.05			●			0.15
	索赔流程	12	0.05			●			0.15
	工程验收流程	13	0.05		●				0.20
	设计招标流程	14	0.05			●			0.15
			1						4.10

综合总分 4.10

存在的问题：

评议专家签名：

注：5分表示"优"，完全符合项目管理的要件，完全能满足项目管理需要；
4分表示"良"，基本符合项目管理的要件，基本能满足项目管理需要；
3分表示"中"，有些不符合项目管理的要件，但是肯定能完成任务；
2分表示"及格"，有些不符合项目管理的要件，但是基本能完成任务；
1分表示"不及格"，较多地不符合项目管理的要件，完成任务存在较大风险。
其中：平均分为3分，3分以下的指标要素，要进行整改。

表 8-12　项目管理的界面管理评分表

一级指标	二级指标	编码	权重	评分 5分	4分	3分	2分	1分	加权分数
项目管理的界面管理	技术界面设计要求是否匹配	1	0.1			●			0.3
	技术界面技术参数是否匹配	2	0.1			●			0.3
	工程界面空间上相容	3	0.1		●				0.4
	工程界面时间上衔接	4	0.1		●				0.4
	决策与设计界面	5	0.1		●				0.4
	设计与施工界面	6	0.1			●			0.3
	施工与设备界面	7	0.1			●			0.3
	成本、进度控制之间的界面	8	0.1			●			0.3
	进度、质量控制之间的界面	9	0.1		●				0.4
	成本与质量控制之间的界面	10	0.1			●			0.3
综合总分	3.40		1						3.40

存在的问题：

评议专家签名：

注：5分表示"优"，完全符合项目管理的要件，完全能满足项目管理需要；
4分表示"良"，基本符合项目管理的要件，基本能满足项目管理需要；
3分表示"中"，有些不符合项目管理的要件，但是肯定能完成任务；
2分表示"及格"，有些不符合项目管理的要件，但是基本能完成任务；
1分表示"不及格"，较多地不符合项目管理的要件，完成任务存在较大风险。
其中：平均分为3分，3分以下的指标要素，要进行整改。

附：项目内部控制制度样式

第一章 总则

第一条 为了加强对工程项目的系统管理,强化项目管理的内部控制,防范工程项目管理中的差错、失误和道德风险,降低项目风险和项目成本,提高项目的管理与财务效益,保证项目的顺利实施。

第二条 本制度的制定原则是:权责明确、相互制衡原则——合理设计相关工作岗位,明确职责权限,形成相互制衡机制;授权批准原则——项目组成员在办理各项业务活动中必须经过规定程序的授权批准;内部报告原则——给决策层和管理层及时、准确、全面地反映与项目相关的信息。

第二章 岗位分工与授权批准

第三条 根据工程项目业务的岗位责任制,明确相关部门和岗位的职责、权限,确保办理工程项目业务的不相容岗位相互分离、制约和监督。

工程项目业务不相容岗位主要包括:

（一）项目建议、可行性研究和项目决策。项目建议由投资及相关部门负责编制,可行性研究由第三方中介机构编制,而项目决策由集团决策委员会作出。

（二）项目的投资估算、设计概算、施工图预算和竣工决算的编制与审核。项目的投资估算由集团的投资部提出,概算、预算由工程设计单位做出,决算由审计公司配合项目业主和施工方一起进行。投资估算、概算、预算和决算的审核由集团决策委员会组织内外部专家和专业中介机构审核。

（三）项目实施和工程价款的支付。项目实施由业主单位按照有关规定组织招投标,遴选施工单位组织实施项目施工,项目控制部和项目咨询公司控制成本和进度,财务部根据工程合同和项目控制部的付款申请书按进度支付工程价款。

（四）设备采购方案设计、招投标、采购实施和价款支付。设备采购方案和采购规范书由项目设计部负责，招投标及最后确定设备供应商按招投标结果或采购程序确定，商务谈判合同签订由采购部负责，技术部配合，财务部全程跟踪并根据采购部提供（采购工程师、运输工程师、检验工程师和仓库保管共同签署）的付款申请书及采购合同按到货进度支付价款。

（五）竣工决算与竣工审计。竣工决算由工程部组织相关部门（技术、财务、控制部和咨询公司等）和施工方共同进行，竣工审计由集团审计部组织内外部专家或专业中介机构进行。

第四条　公司已对工程项目相关业务建立了严格的授权批准制度，明确了审批人的授权批准方式、权限、程序、责任及相关控制措施，规定了经办人的职责范围和工作要求。

（一）董事长、副董事长、项目经理的授权批准可见公司章程和董事会决议。

（二）其他业务人员的授权批准可见项目职责分工和相关的行政财务管理制度。

第五条　审批人应当根据工程项目相关业务授权批准制度的规定，在授权范围内进行审批，不得超越审批权限。经办人应当在职责范围内，按照审批人的批准意见办理工程项目业务。对于审批人超越授权范围审批的工程项目业务，经办人有权拒绝办理，并有权向审批人的上级授权部门报告。

第六条　严禁未经授权的机构或人员办理工程项目业务。

第七条　公司各相关部门应当制定工程项目业务流程，明确项目决策、概预算编制、价款支付、竣工决算等环节的控制要求，并设置相应的记录或凭证，如实记载各环节业务的开展情况，确保工程项目全过程得到有效控制，上述制度和流程均应属于项目管理内部控制制度的内容构成。

第三章　项目决策控制

第八条　建立和完善工程项目决策环节的控制流程，对项目建议书和可行性研究报告的编制、项目决策程序等给出明确规定,确保项目决策科学、合理。

第九条　组织工程、技术、财会等部门的相关专业人员对项目建议书和可行性研究报告的完整性、客观性进行技术经济分析和评审,出具评审意见。

第十条　建立和完善工程项目的集体决策制度流程,讨论和决策过程应有完整的书面记录。严禁任何个人单独决策工程项目或者擅自改变集体决策意见。

第十一条　建立和完善工程项目决策及实施的责任制度,明确相关部门及人员的责任,定期或不定期地进行检查。

第四章　概预算控制

第十二条　建立和完善工程项目概预算环节的控制流程,对概预算的编制、审核等给出明确规定,确保概预算编制科学合理。

第十三条　公司专门组织工程、技术、财会等部门的相关专业人员对编制的概预算进行审核,重点审查编制依据、项目内容、工程量的计算、定额套用等是否真实、完整、准确。

第十四条　经过审核的概预算将作为控制部和财务部控制成本、进度以及项目付款的重要依据。

第五章　工程价款支付及采购流程控制

第十五条　公司应当建立工程进度价款支付环节的控制制度,对价款支付的条件、方式以及会计核算程序给出明确规定,确保价款支付及时、正确。

第十六条　公司会计人员应对工程合同约定的价款支付方式、有关部门提交的价款支付申请及凭证、审批人的批准意见等进行审查和复核。复核无误后,方可办理价款支付手续。公司会计人员在办理价款支付业务过程中发现拟支付的价款与合同约定的价款支付方式及金额不符,或与工程实际完工情况不符等异常情况,应当及时报告。

第十七条　公司因工程变更等原因造成价款支付方式及金额发生变动的,应提供完整的书面文件与其他相关资料。单位会计人员应对工程变更价款支付业务进行审核。

第十八条　公司办理工程项目采购业务应由工程部或设计部出具采购规范和采购申请书,由控制部审核后交采购部按采购流程签署合同实施采购,财务部根据仓库或使用部门入库单、采购合同、控制部质量鉴定报告按资金管理流程支付货款。

第十九条　公司应当加强对工程项目资金筹集与运用、物资采购与使用、财产清理与变动等业务的会计核算,真实、完整地反映工程项目资金流入流出情况及财产物资的增减变动情况。

第六章　竣工决算控制

第二十条　公司应当建立竣工决算环节的控制制度,对竣工清理、竣工决算、竣工审计、竣工验收等给出明确规定,确保竣工决算真实、完整、及时。公司应当建立竣工清理制度,明确竣工清理的范围、内容和方法,如实填写并妥善保管竣工清理清单。

第二十一条　公司应当依据国家法律法规的规定及时编制竣工决算。由集团组织有关部门及人员对竣工决算进行审核,重点审查决算依据是否完备,相关文件资料是否齐全,竣工清理是否完成,决算编制是否正确。

第二十二条　集团应当建立竣工决算审计制度,及时组织竣工决算审计。未实施竣工决算审计的工程项目,不得办理竣工验收手续。

第二十三条　公司应当及时组织工程项目竣工验收,确保工程质量符合设计要求。公司应该对竣工验收进行审核,重点审查验收人员、验收范围、验收依据、验收程序等是否符合国家有关规定。

第二十四条　验收合格的工程项目,应当及时编制财产清单,办理资产移交手续,并加强对资产的管理。

第七章 项目报告制度

第二十五条 项目管理的各责任部门应定期向项目经理和股东以书面报告的形式报告项目的质量、进度、成本、费用和风险状况，及时报告项目的突发情况、风险隐患、项目变更等需及时报告的任何情况。

第八章 项目监督检查

第二十六条 公司应当建立对工程项目内部控制的监督检查制度，由项目经理牵头组成项目监督检查领导小组，明确检查小组人员的职责权限，定期或不定期地进行检查。

第二十七条 工程项目内部控制监督检查的内容：

（一）工程项目业务相关岗位及人员的设置情况。公司综合管理部应经常检查各部门或岗位是否存在不相容职务混岗的现象。

（二）工程项目业务授权批准制度的执行情况。项目经理和财务部门应重点检查重要业务的授权批准手续是否健全，是否存在越权审批行为。

（三）工程项目决策责任制的建立及执行情况。项目决策组应重点检查责任制度是否健全，奖惩措施是否落实到位。

（四）概预算控制制度的执行情况。项目经理和财务部应重点检查概预算编制的依据是否真实，是否按规定对概预算进行审核。

（五）各类款项支付制度的执行情况。财务部应重点检查工程款、材料设备及其他费用的支付是否符合相关法规、制度和合同的要求。

（六）竣工决算制度的执行情况。集团审计部应重点检查项目是否按规定办理竣工决算、实施决算审计。

第二十八条 对监督检查过程中发现的工程项目内部控制中的问题和薄弱环节，公司及相关部门应当采取报告措施，并及时加以纠正和完善。

第九章 项目内外部审计安排

第二十九条 项目的整体内部审计由集团公司审计部安排定期或不定期的跟踪审计，以保证内部审计的独立性和权威性。项目的外部审计由集团或董事会聘请中介机构实施。

第三节 投资建设项目的流程管理

一、投资建设项目流程管理的价值

对于项目管理人员来说,把握流程图的管理内涵,把抽象的流程实现具体化和实际操作化,这种能力是每一个项目管理人员必备的素质。

通过流程控制可以避免或减少在项目执行过程中的随意变更行为,保证在可控制范围内进行成本费用变更、设计变更、进度变更或质量标准变更,从而达到对项目的成本、进度和质量控制。

对项目管理流程来说,因为整个过程比较复杂,不可能面面俱到,也不可能非常详细,但是必须把握关键性流程,所谓关键流程就是对项目执行能起到重要影响作用的流程。

二、投资决策流程

图8-7列示了完整的投资决策流程。

(一)投资决策的过程

(1)投资机会研究主要是寻找市场机会,发现有价值的可以投资的机会。可以以投资机会研究报告的形式报投资部门领导。

(2)初步可行性研究主要是在投资机会研究的基础上,对比较感兴趣的项目进一步进行研究,初步论证投资可行性。初步可行性研究的成果以项目建议书的形式上报企业决策层。

(3)对于基本确定有投资意向的项目,投资方委托有资质的工程咨询公司进行可行性研究,投资方与工程咨询公司一起编制可行性研究报告。

(4)投资者为了保证可行性研究报告的可靠性,可以再聘请独立的第三方工程咨询公司对项目建议书和可行性研究报告进行评估,给出评估报告。

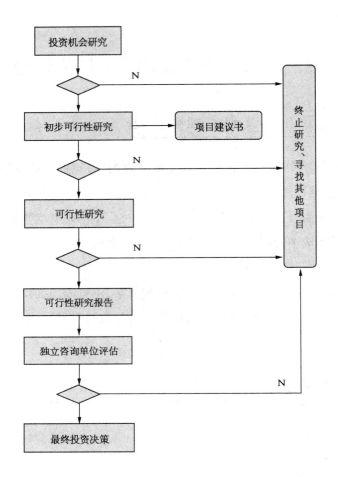

图 8-7 投资决策流程图

(二) 投资决策的主要控制点

（1）投资机会研究：关键在于筛选，以及筛选出来的项目是否有投资价值，包括市场前景、投资环境、资源条件、项目本身的投入产出情况等。

（2）初步可行性研究：关键在于筛选出来的项目是否符合宏观经济发展规划和产业政策等，是否值得投资等。

（3）可行性研究：从投资主体角度论证该项目是否可行，可以作为投资决策的依据，申请贷款的依据，初步设计的依据，政府投资的项目作为获得审批的依据。

（4）项目初评估：项目本身是否可行，可行性研究报告是否可靠等。评估报告作为最后投资决策的依据之一。政府投资的项目第三方的评估报告是投资立项的依据，是政府投资决策的依据。

三、设计工作流程

图 8-8 是一个完整的设计工作流程。

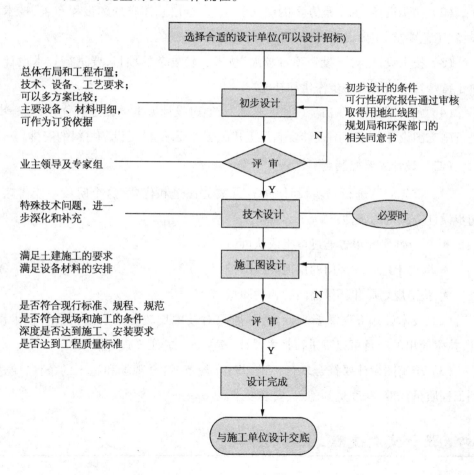

图 8-8　设计工作流程图

（一）设计工作流程

（1）选择合适的设计单位：选择设计单位可以公开招标或邀请招标的方式，也可以采取直接联系有关设计院。招标的选择面比较大，选择余地大，可以选择到合适的设计单位。如果对某一设计院比较了解和信任，也可以直接确定某一家设计院作为本项目选中的设计单位。

（2）初步设计：主要是方案的优化和比选，给出总体布局和工程布置、技术、设备、工艺要求、主要设备、材料明细，可作为订货依据。

（3）技术设计：对于投资项目较大、技术比较复杂的项目，要进行技术设计，对于特殊技术问题进一步深化和补充。

（4）施工图设计：在初步设计的基础上，通过设计方案的比选和优化，进一步进行施工图设计。施工图设计要满足土建施工的要求，满足设备材料的安排。

（二）设计主要控制点

（1）首先应该进行初步设计，进行方案的比选和优化，这个阶段不能省略。初步设计应满足的条件：

- 可行性研究报告通过审批或认可；
- 取得土地管理部门的用地红线图；
- 获得规划局和环保部门的相关同意书。

（2）技术设计根据需要来确定，一般只对技术比较复杂的项目进行技术设计，技术简单的项目可以不进行技术设计，直接进入施工图设计阶段。

（3）施工图设计要符合现行标准、规程、规范，符合现场和施工的条件，要达到工程质量标准，深度达到施工、安装要求。

四、设计变更流程

图 8-9 是一个完整的设计变更流程图。

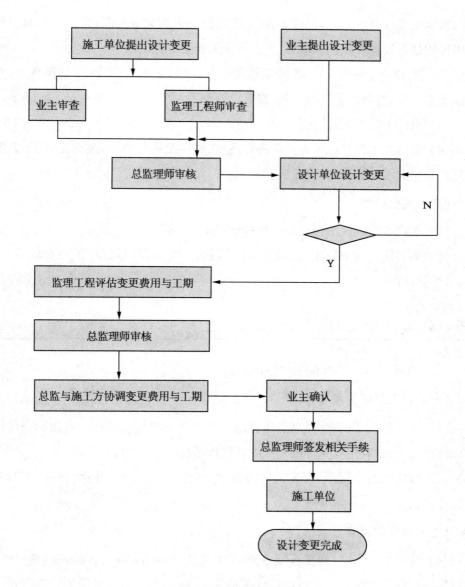

图 8-9　设计变更流程图

（一）设计变更流程

（1）设计变更可能是业主提出，也有可能是施工方或设计方提出。业主提出主要原因可能改变或增加建筑功能，或者满足其他需要；施工方提出设计变更主要因为施工遇到问题,无法进行下去,或者进行下去的成本很高;设计方提出主要原因可能是原设计存在重大缺陷,可能带来工程的危险。

(2) 提出设计变更以后,监理工程师审查,并与业主协商,给出具体意见,并报监理总工程,监理总工程批准后,签署设计变更手续。

(3) 设计单位进行设计变更。

(4) 监理总工程与施工方协调进行进度、成本变更的测算,报业主认可,总监理师签发相关手续,设计变更完成。

(二)主要控制点

(1) 在设计阶段应加强设计质量控制,尽可能避免设计变更。

(2) 如果设计变更发生,应遵循以上流程,业主方及时调整,保证对成本、进度、质量的控制。

五、施工招标流程

图 8-10 是一个完整的施工招标流程图。

(一)施工招标流程

(1) 施工招标可以自行招标,也可以委托招标公司代理招标。有招标条件的可以自行招标,没有招标条件的可以委托代理招标。

(2) 招标的基本程序:招标文件的制定,招标公告,投标,开标,评标,定标和签订合同。

(二)主要控制点

(1) 确定中标人时,选择合适的承包商,标价并非第一位,评标价最低,而不是投标价最低。中标候选人可以设置 2 至 3 人,如果第一中标候选人因不可抗力或其他因素不能履约,确定第二候选人为中标人。

(2) 签订施工合同时,业主与施工单位之间不得变更招标文件规定的实质性内容,不得增加其他的违反实质性内容的合同条款。

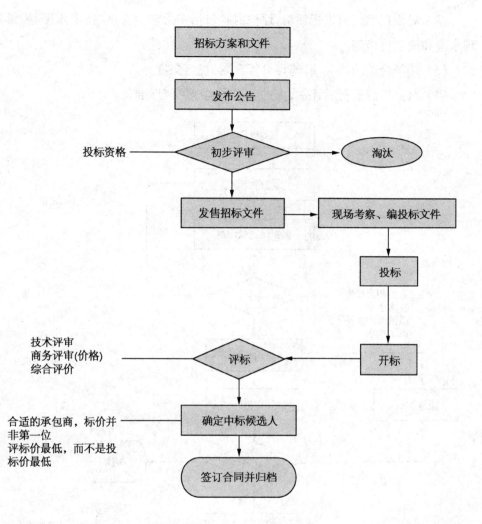

图 8-10 施工招标流程图

六、设备与材料供应商选择流程

图 8-11 是设备与材料供应商选择流程图。

（一）设备和供应商选择流程

（1）搜寻供应商信息，对相关供应商进行选择性考察，确定候选供应商。

（2）对候选供应商进行评估,评估内容包括实力和信誉度、技术水平、质量管理水平和成本价格等。

（3）选择合适的供应商,签订订货合同,直至交货。

（4）对供应商进行后评估,为进一步采购提供信息准备。

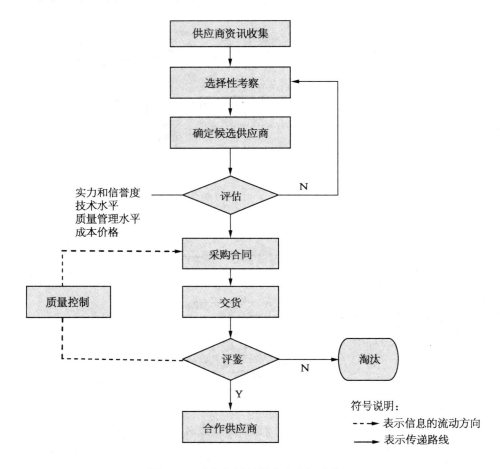

图 8-11　设备与材料供应商选择流程图

（二）主要控制点

（1）供应商选择由采购组具体负责,也可以采取招标方式进行设备和材料的采购。保证选择实力强大、信誉好、技术质量管理水平较高、成本价格比较合理的供应商。

（2）采购的设备和材料要满足质量要求，确保在运输、装卸、安装、调试等环节保证质量。

（3）在采购合同签订后，要对供应商情况进行反馈，积累供应商信息。

七、进口设备合同价款的支付流程

图 8-12 是一个完整的进口设备合同价款支付的流程图。

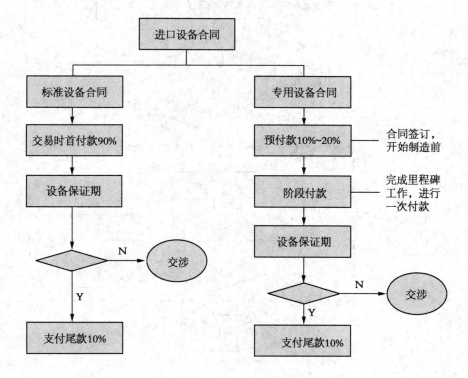

图 8-12　进口设备合同价款支付流程图

进口设备付款主要控制点：

设备可以分为标准设备和专用设备，对于标准设备，交易时首付款 90%，其余 10% 为尾款，等设备安装调试保证期到之后支付。对于专用设备，在合同签订到开始制造前，预付 10%～20% 的款项，每完成一个里程碑工作进行一次付款。等设备安装调试保证期到之后支付尾款 10%。

八、新产品开发项目流程(生产准备组)

图 8-13 是新产品开发项目流程图。

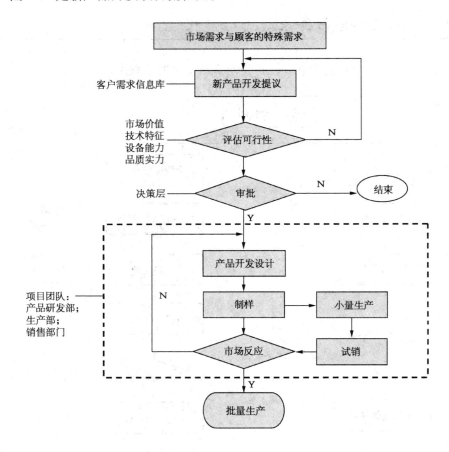

图 8-13 新产品开发项目流程图

(一)新产品开发项目的主要流程

(1)调研市场需求与顾客的特殊需求,提出新产品开发提议。

(2)评估可行性,组成可行性研究小组,对拟开发的新产品的市场价值、技术特征、设备能力、品质实力等进行论证,认定切实可行。

(3)企业决策层对可行性研究报告进行审批。如果被否决,项目结束;如果被批准,进入新产品的开发设计和制样阶段,由产品研发部、生产部、销售部门组成专业产品开发团队,集中进行攻关。开发出来的产品首先进入中试阶段,然后小量生产,试销,考察市场反应,如果市场反应良好,进入批量生产。

（二）新产品开发项目流程的主要控制点

（1）建立工作团队,进行市场信息的搜集,强调市场部、技术研发部、产品开发部的团队协作,并建立市场需求信息数据库,市场需求信息的及时性和全面性,即客户需求信息数据库的好坏,关系到项目开发的成败。

（2）生产部门、销售部门与产品开发部组成项目团队,邀请外来专家,针对技术、市场需求等方面,进行产品开发可行性研究,通过评审以后,进行产品开发设计、制样和试销,缩短开发周期和开发成本。

九、危机管理流程

图8-14是危机管理流程图。

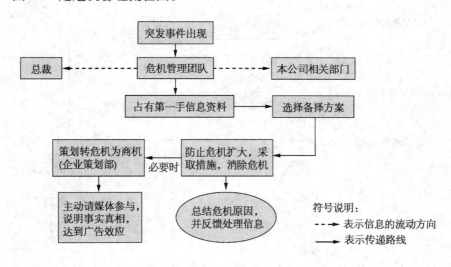

图8-14 危机管理流程图

危机管理流程及主要控制点：

（1）危机管理团队平时是虚拟的,由总裁办公室、技术部门、生产部门等人员组成，定期开会，进行风险危机分析，并制订一些备择方案。

（2）突发事件出现，危机管理团队介入，首要任务是防止给公司带来名誉损害，尽可能减少经济损失。其次，及时向公司领导汇报并征求建议和指导。

（3）做好事后处理工作，及时向公众反馈处理信息，赢得公众的原谅和理解，可能时转危机为商机。

十、人力资源配置流程

图8-15是人力资源配置流程图。

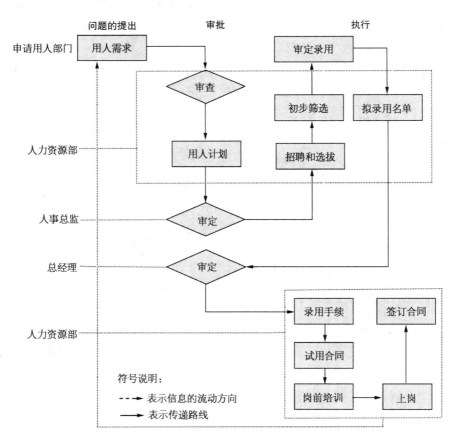

图8-15　人力资源配置流程图

（一）人力资源配置流程

（1）按岗位明确用人需求，制订用人计划。

（2）采取内部录用和外部招聘的方式获取合适的人力资源。

（3）经总经理确认后，人力资源部进行录用、试用、培训、签订合同等工作。

（二）人员招聘流程的关键点

（1）在招聘计划内才能招聘，避免造成人才浪费，同时企业应该保持适量的人才储备。

（2）对各部门的用人需求，人力资源部门首先审核把关，与公司的人才规划和人才政策相一致。

（3）公司人才招聘须经过人事总监批准，并通报总裁核定。所谓人才指具有大专以上学历的人。其他劳务人员的招聘与人才招聘分开进行，流程与人才招聘流程基本相同。

十一、项目绩效管理流程

图 8-16 列示的是绩效管理流程图。

（一）项目绩效管理流程

（1）根据工作分解，明确岗位职责和责任，做到权责统一。

（2）制订绩效计划，制定考核标准，确定新绩效期间。

（3）绩效实施与管理，观察、记录、总结绩效。

（4）绩效评估，评估员工的绩效，在绩效期间结束时评估。

（5）结论反馈面谈，主管人员就考评后结果与员工交流，在绩效期间结束时反馈面谈。

（6）评估结果使用，根据绩效状况，确定员工发展计划，进行报酬调整和人事变动。

（二）项目绩效管理流程关键点

（1）管理层实行岗位聘任制，每期聘任期限为 1 年，1 年后可续聘，不合适可解聘。

（2）考评的目的是激发人才的潜力，用活人才，保持适当的人才流动，发挥每一个人的潜能和专长。

（3）关注反馈面谈，考评目的是提高员工的绩效，通过反馈面谈，及时指出员工的不足之处，并帮助其改进，可以有效提高员工的绩效。

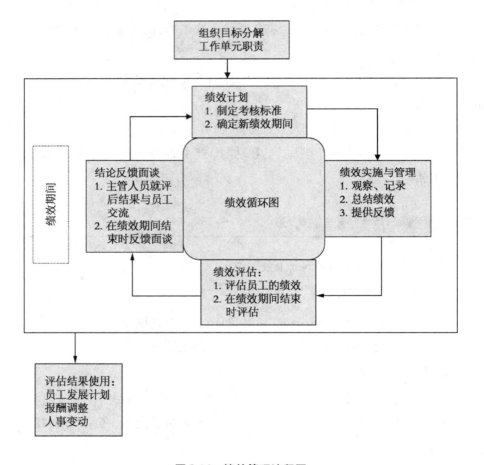

图 8-16　绩效管理流程图

十二、成本控制流程

图 8-17、图 8-18 列示的是建设项目程序图、设计变更的成本与时间的关系图。

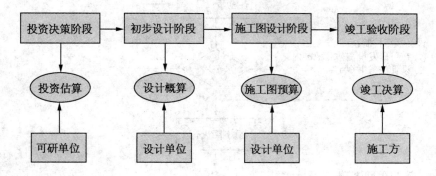

图 8-17　建设项目程序图

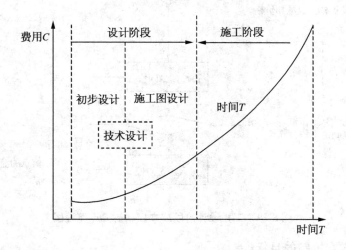

图 8-18　设计变更的成本与时间的关系图

十三、工程设计阶段成本控制要点流程

图 8-19 是工程设计阶段成本控制要点流程图。

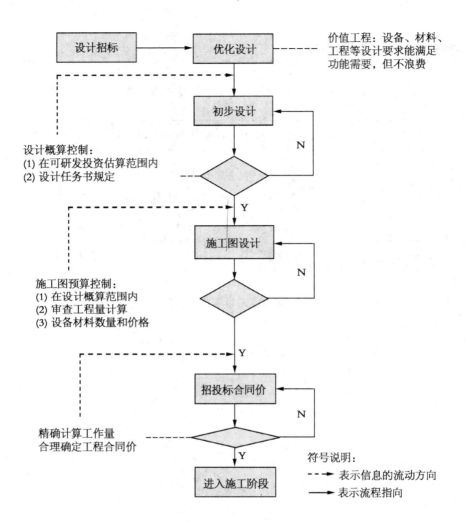

图 8-19 工程设计阶段成本控制的要点流程图

（一）成本控制的目标

成本控制经过以下几个阶段：投资估算、设计概算、施工图预算、竣工决算。一般情况下要求：竣工决算≤施工图预算≤设计概算≤投资估算。

避免三超现象：避免设计概算超投资估算，避免施工图预算超设计概算，避免竣工决算超施工图预算。

(二)根据国际经验,建设项目管理程序的不同阶段对投资控制的影响程度

(1)初步设计阶段,影响项目投资的可能性为75%~95%;

(2)技术设计阶段,影响项目投资的可能性为35%~75%;

(3)施工图设计与项目施工阶段,影响项目投资的可能性则为5%~35%。

(三)设计变更的成本

(1)从设计变更的角度来看,设计管理工作要做到细致,尽可能避免设计变更;

(2)假设整个工程可以分为投资决策阶段、设计阶段和施工阶段。如果确实需要设计变更,提出设计变更的时间越早,设计变更的成本越低,因为越晚,需要花费的成本越高。

十四、质量控制流程

图8-20系勘察设计阶段质量控制流程图。

勘察设计阶段质量控制的节点:

(1)勘察设计方的资质资格控制是勘察设计阶段质量控制的第一个节点。

考察勘察设计方的专业性、顾客满意度和美誉度等,选择合适的、对口的建筑设计院。做好一件事,首先要找到合适的人。

(2)勘察结果是第二个控制节点,一定要坚持勘察后设计。

勘察结果发现地质水文等有问题的,一定要采取措施进行预防,促使设计方给出解决方案。

(3)对设计的"工程质量标准"控制的把关,是保证工程质量的重要环节。组织有关专家对于设计方提供的技术标准、使用年限、生产能力等进行审查。

(4)对设计工作本身的质量把关。包括设计成果的正确性、各专业的协调性、设计文件的完备性、符合规定的详细程度等,业主组织有关专家进行深入的、具有实质性的鉴定和审查。

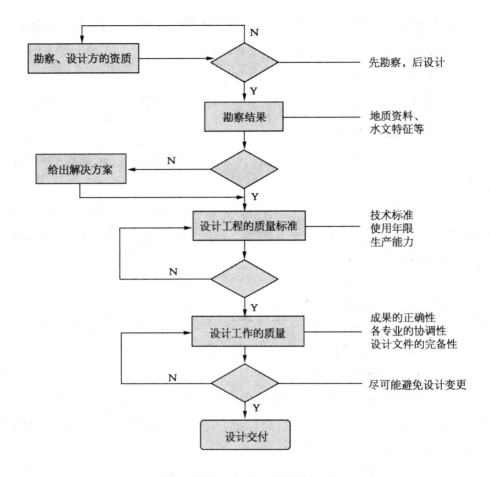

图 8-20　勘察设计阶段质量控制流程图

十五、设备采购质量控制流程

图 8-21 系设备采购质量控制流程图。

设备采购质量控制节点：

（1）供应方的资质控制是设备采购质量控制的第一个节点。考察设备供应方的质量标准认证体系，质量管理的有效性和执行程度，考察顾客满意度等，设备采购合同应列明质量保证条款。

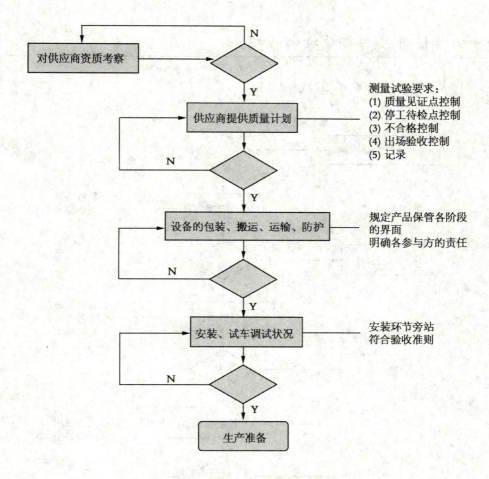

图 8-21 设备采购质量控制流程图

（2）制造环节监控是设备质量控制的第二个节点,也是主要监控点。要求供应商提交设备供应质量计划,经业主审核后严格执行,必要时,可以派员驻厂监造,进行不合格控制,包括过程不合格或产品不合格,不合格处理必须有完整的记录。

（3）设备包装、搬运、运输、装卸环节监控,做好防护工作。

（4）设备安装环节最好实施旁站监控（总工、质量控制组组长等）,保证安装符合程序和质量要求。

（5）设备调试运行环节控制,验证其性能符合验收准则。关键在于制定严格的试车调试程序,严格执行验收准则,维护测量仪器仪表并完整准确地记录。

十六、材料采购质量控制流程

图 8-22 是材料采购质量控制流程图。

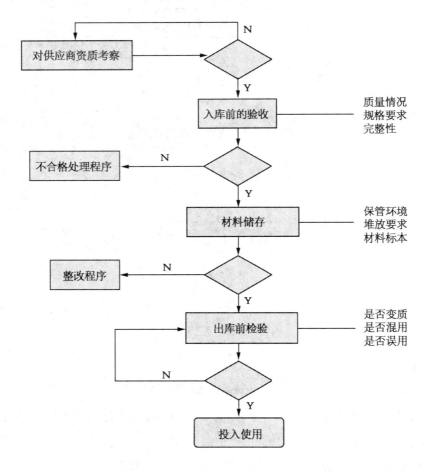

图 8-22　材料采购质量控制流程图

材料采购质量控制节点:

(1) 供应方的资质控制是材料采购质量控制的第一个节点。材料采购合同应列明质量保证条款。

(2) 材料验收是第二个控制点。严格检验材料的质量情况、规格要求和完整性。

（3）材料的保存是第三个控制点。保证复核材料的保管环境、堆放要求、材料标示。

（4）材料的出库是最后一个控制点。出库的材料是否变质、是否混用、是否误用。

十七、施工安装工程的质量控制流程

图 8-23 是施工安装工程的质量控制流程图。

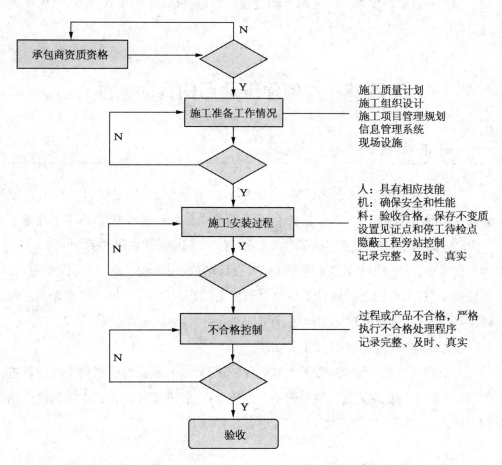

图 8-23 施工安装工程的质量控制流程图

施工安装工程的质量控制节点：

（1）承包方的资质控制是第一节点。选择资质条件好的企业，并且在合同中标明分包和转包的限制条件。

（2）施工准备工作质量控制是第二节点。考察施工单位的施工质量计划、施工组织设计、施工项目管理规划、信息管理系统和现场设施等。

（3）建设安装过程的全面控制是第三节点。包括人、机、料全面过程控制，重点抓隐蔽工程的控制；保持施工过程中的记录完整、及时、真实。

（4）不合格的控制。一旦产品和过程不合格，进入不合格处理程序，保证记录完整、及时、真实。

第四节　投资建设项目的界面管理

一、界面管理的价值

界面最早出现在工程技术领域，又称为接口，是子系统之间区别和联系的纽带。界面后来推广到建设项目管理领域，界面分为纵向界面和横向界面，纵向界面是上下级之间的衔接问题；横向界面是单位之间、部门之间或流程之间的接口问题。

建设项目管理中涉及工程咨询单位、设计单位、建筑承包商、设备供应商、工程监理单位等，它们之间的界面是项目管理最敏感的部位，如果不能事先规定和解决界面问题，就会出现扯皮问题，影响进度，引发质量、进度、成本和索赔问题，有时会影响该项目整体系统功能的实现。

界面管理是项目管理的重要组成部分，实行有效的界面管理有利于对项目进度、成本、质量的控制。通过界面管理保证质量控制、进度控制和成本控制的协调和衔接，及时发现问题并给予解决。

二、子系统之间的界面

投资建设项目涉及决策阶段、设计阶段、施工阶段、设备安装阶段等，各子系统之间存在界面,具体包括可行性研究与工程设计之间的界面、设计阶段与施工阶段之间的界面、施工与设备安装之间的界面。见图8-24。

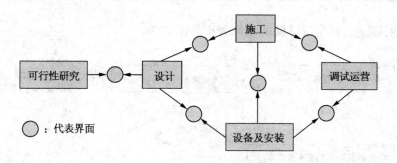

图8-24 参与项目的各单位之间的界面示意图

子系统之间的界面可以分为静态界面和动态界面。见图8-25。

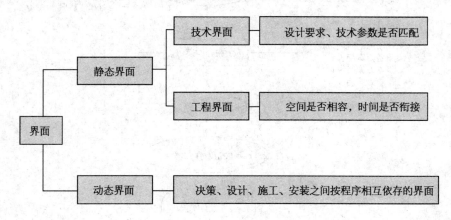

图8-25 界面分类示意图

静态界面包括技术界面和工程界面。技术界面是指系统或设备在连接处的设计要求、技术参数是否匹配;工程界面主要是各承包商之间或设计、土建、安装、调试之间,在空间上是否相容,在时间上是否衔接。

子系统之间主要是静态界面,同时也存在动态界面。动态界面是指在决策、设计、施工、安装之间按程序相互依存的界面,动态界面管理非常重要。

对界面管理是保证项目顺利进行的关键点。界面管理的重点在于跨越界面时的检查、监督、评价和控制。

三、可行性研究与工程设计之间的界面管理

工程咨询公司与设计院的界面管理见图 8-26。

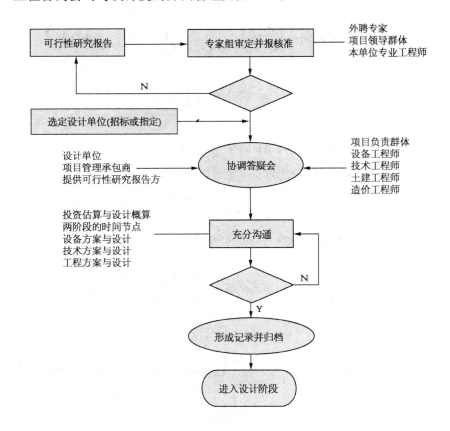

图 8-26　可行性研究与工程设计之间的界面管理

（1）可行性研究报告编制完毕以后，如果是政府投资的项目，报请投资主管部门——发展改革委员会审批；如果是企业投资的项目，投资建设方通过外聘专家，与本单位专业工程师进行论证和决策。如果认定可行性研究报告设定的建设方案可行，进入设计阶段；如果认定不可行，重新进行可行性研究报告编制。

（2）选定设计单位。设计单位的选择可以采取招标或指定方式进行。

（3）业主负责组织协调，可行性研究报告编制方、设计单位、业主方可能聘请的

项目管理公司、设备工程师、技术工程师、土建工程师、造价工程师等开协调答疑会。

（4）可行性研究报告编制方和设计单位充分交流和协商，包括投资估算与设计概算问题，两阶段的时间节点问题，以及设备方案与设计、技术方案与设计、工程方案与设计问题，存在的问题要得到有效解决。

（5）协调答疑会形成记录并归档。

四、设计阶段与施工阶段之间的界面管理

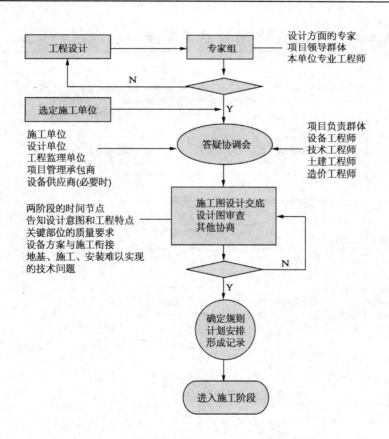

图 8-27　设计阶段与施工阶段之间的界面管理

设计阶段与施工阶段之间的界面管理如图 8-27 所示。

（1）工程设计通过设计方面的专家、项目领导群体、本单位专业工程师认定

后,开始进入施工准备阶段。

(2)选定施工单位。施工单位的选择可以采取招标或指定方式进行。

(3)业主组织协调,施工单位、设计单位、工程监理单位、项目管理承包商等召开协调答疑会,必要时设备供应商可以参加。主要协调内容包括施工图设计交底、设计图审查,如告知设计意图和工程特点;关键部位的质量要求;设备方案与施工衔接;地基、施工、安装难以实现的技术问题;还要协商施工和设计两阶段的时间节点问题。

(4)确定规则、计划安排、形成记录,进入施工阶段。

五、施工与设备安装之间的界面管理

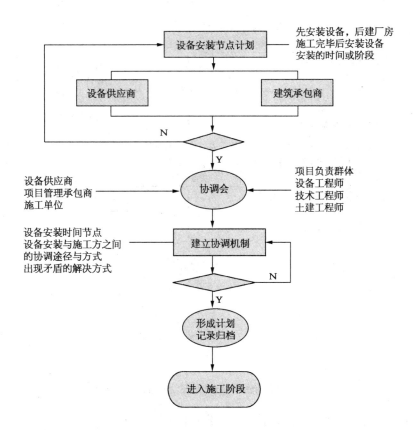

图 8-28 施工与设备安装之间的界面管理

施工与设备安装之间的界面管理如图 8-28 所示。

(1) 制订设备安装节点计划。包括需要先安装设备、后建厂房的情况,施工过程中或施工完成后安装的设备,以及安装设备的时间或阶段。

(2) 选定的设备供应商与选定的建筑承包商协调统一。业主组织协调,设备供应商、施工单位和项目管理承包商之间建立协调机制,包括设备安装与施工方之间的协调途径与方式,出现矛盾的解决方式,协调设备安装时间节点。

(3) 形成计划,记录归档,进入施工阶段。

六、施工过程中工作执行的界面管理

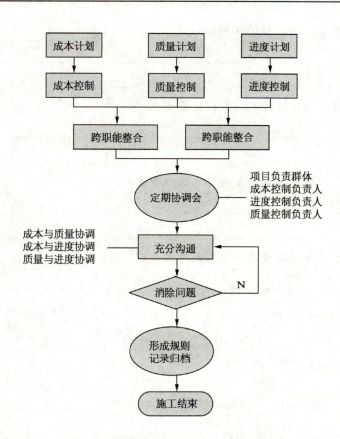

图 8-29　施工过程中工作执行的界面管理

施工过程中工作执行的界面管理如图 8-29 所示。

（1）业主及其代理机构和施工企业在施工前均制订了成本计划、进度计划和质量计划，在执行过程中，进行成本控制、进度控制和质量控制。

（2）业主方组织协调，召集监理方、项目管理公司方和施工方的成本控制负责人、进度控制负责人、质量控制负责人，召开定期协调会，协调内容包括成本与质量协调、成本与进度协调、质量与进度协调。

（3）形成计划，记录归档，施工结束。

★ 自测题

1. 如何理解采购招标的价值？

2. 投资建设项目的计划与控制的重要性？

3. 为什么要关注投资建设项目的流程管理？

4. 为什么要关注投资建设项目的界面管理？

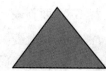

第九章 并购项目管理

本章要点

1. 并购的最高境界:点石成金。
2. 战略性并购的经济效应:规模经济、范围经济、协同效应。
3. 并购溢价与预期收益:支付并购溢价与预期收益的经济学分析。
4. 并购项目管理的基本框架:确定目标、工作分解、责任分配、人力资源配置、进度安排、成本预算。

第一节 并购的基本知识

诺贝尔经济学奖获得者乔治·斯蒂格勒(Stigaler, G. J.)通过大量的调研和研究发现,没有一个美国大企业不是通过兼并收购成长起来的,几乎没有一家大公司主要靠内部扩张成长起来的。

一、并购的价值

并购(M&A),就是购买企业,企业被看作一种商品,在产权清晰的情况下,通过买卖企业,交易双方都会由交易而受益。科斯定理告诉我们:只要产权界定清楚了,在交易费用为零的情况下,自由的交易可以达到资源的最佳配置。重要推论是不管交易费用是否为零,只要允许自由地交易,资源的配置就会改善。

并购的最高境界：点石成金。并购可以是"雪中送炭"，选择经营不善、面临破产或倒闭的企业，通过理念输入、管理团队介入、优良资产的注入，把目标企业变成高产出、高效益的实体，实现并购方的战略性意图。并购也可以是"强强联合"，选择具有一定经营能力的企业，通过并购实现优势互补，巩固和发展市场，谋取同行业的优势地位。

成功的并购既能给并购方带来价值，又能给被并购方带来价值，以战略性并购为例：如果并购企业的动机是Ⅰ，即获得某一产业链的链条，而目标企业的动机是Ⅱ，即企业生存的需要，信息相互送达且都没有隐瞒信息，这时的并购结合是完美的，并购方获得了价值链上的一个重要链条，完善了企业的产业链，而被并购方实现了生存的需要，实现了双赢。见表9-1。

表9-1　并购双方的战略动机

	并购方企业	目标企业
战略性动机	Ⅰ　获得完善产业链 Ⅱ　减少某一竞争对手 Ⅲ　获得销售渠道 Ⅳ　获得某一商标权	Ⅰ　获取并购方的资金 Ⅱ　企业生存的需要 Ⅲ　获得对方的技术支持 Ⅳ　引进现代化的管理团队

二、战略性并购的经济效应

1. 实现"规模经济"

通过并购，增大企业规模，在潜在的企业管理能力和外部条件下，企业规模扩大，使企业总成本降低，使本企业趋于企业边界，实现了规模经济性。见图9-1。

随着企业规模的扩大，企业的管理成本相应增加，当规模扩大带来的边际收益等于管理成本增加带来的边际成本时，就到了企业的边界。如果企业规模进一步扩大，企业的管理成本进一步增大，企业就进入了规模不经济的状态。

2. 实现"范围经济"

通过并购，扩大企业产品的范围，实行产业链扩张，通过投入要素和生产设备的联合运用，可以降低企业成本，实现范围经济。如生产两种以上的产品拥有生

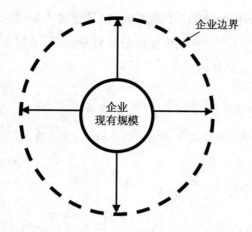

图 9-1　企业边界示意图

产和成本优势,这个优势源于投入要素和生产设备的联合运用。

3．实现"协同效应"

并购方与被并购方在管理、财务、人员、业务等方面实现 $1+1>2$ 的效应,实现协同效应是并购的主要预期目标。如果实现了协同效应则认为并购成功,如果没有实现协同效应则认为并购不成功。

实现协同效应的关键：

● 并购双方高层领导之间理念的一致性,双方一见钟情,思想碰撞出火花,有高山流水遇知音的感觉。

● 加强团队的快速整合能力,通过建立新的管理机制和流程设计,使双方融合成一个整体,实现优势互补。

三、以并购方向为基础的并购分类

1．纵向兼并

对本企业的上游企业或下游企业进行兼并,主要目的是完善或扩张其产业链,或者为了降低交易费用。

科斯(Coase)认为企业和市场是可以互相替代的,企业可以通过市场获取某些原材料，也可以选择企业自己生产获取，如果通过市场获取这些原料的成本大于企业自己生产的成本时，企业就选择企业自身生产，通过并购上游企业实现内部化交易，从而降低交易费用。

> **案例**
>
> 中科英华并购郑州电缆属于纵向并购，是战略性并购，主要目的是打造铜产业链，完成集团公司的产业布局。

2. 横向兼并

主要是对于行业相同、产品市场相近的同类型企业的并购，主要目的是实现协同效应，扩大市场势力。

协同效应主要体现在并购双方的互补性，实现规模经济和范围经济，使两个或两个以上的公司合并成一个公司之后，造成成本降低效应。形成规模经济性的同时，也形成了产业集中，增加了市场势力。

> **案例**
>
> 国美并购上海永乐属于横向兼并。在并购发生之前，国美、上海永乐、苏宁属于家电行业的三大零售巨头，形成三足鼎立格局，国美并购上海永乐，并保留永乐品牌，实行两两联合，意在降低采购成本、扩大市场份额，其最终的管理能力能否跟上暂且不论，但确实扩大了市场势力。

四、并购的方式

1. 新设合并

并购双方或多方共同出资组建新的独立的企业法人，一般并购方以现金方式出资，而被并购方以厂房、设备、商标权、专利等资产出资入股，根据双方的股份比例对新企业实施经营管理。新设合并最主要的特点是建立新的企业法人，原双方法人可以另外存在，也可以注销。

> **案例**
>
> 复星集团收购南钢股份：上海复星集团、复星产业投资、广信科技等收购方以现金出资，南钢集团公司以股权和其他经营性资产出资，共同组建合资公司，命名为南钢联合公司，注册资金为27.5亿元。
>
> 南京钢铁集团公司以其持有的南钢股份（600282）国有股的35 760万股（南钢股份总股本的70.95%）及其他部分资产和负债，合计11亿元净值出资，占南钢联合公司的40%，复星集团公司以现金8.25亿元出资，占南钢联合公司的30%，复兴产业投资以现金5.5亿元出资，占南钢联合公司的20%，广信科技以现金2.75亿元出资，占南钢联合公司的10%。
>
> 注册资金实行"先设立,后增资"的方案,先按预定比例设立注册资金10亿元,然后,等到各方手续履行完毕以后,同比例增资。
>
> 南钢集团接受并购的动因：
> - 南钢集团的竞争对手很强，如宝钢、鞍钢等，想在竞争中取胜，需要更多的投资。
> - 南钢集团本身机制不灵活，改革限制条件较多，相信复星能带来新的机制、新的理念和更高的管理水平。

2. 吸收合并

并购方把被并购企业收购之后，被并购企业变成了并购方的一个组成部分，而被并购企业的法人资格被注销。上市公司可以通过向目标企业定向增发完成吸收合并。

五、现金收购、定向增发、换股合并和可转换债券

1. 现金收购

以现金作为收购的支付手段。目前阶段，我国多数情况下采取现金收购，我国企业偏好现金收购，主要原因包括两方面：一是被并购方接受并购的主要动机是获取企业发展或股东套现的资金，所以被并购方偏好对方现金支付；二是对并

购方来说,现金收购操作程序相对比较简单,速度快,也容易达到目标。

现金收购的弊端:第一,对并购方来说,现金收购需要占用大量资金,加大企业经营风险;如果所用的资金是通过融资获取的,增加财务费用。第二,现金收购很可能导致被并购企业成功要素的流失,降低了被并购企业的未来价值。因为现金收购可能出现重大的资产转移和调整,原创始人和优秀人才退出或企业原来的竞争优势丧失,对被并购企业来说可能大伤元气。

2. 定向增发

上市公司获取证券监管部门的批准后,以约定价格向特定的投资者增发股票,从而获取现金或资产的过程。上市公司通过定向增发,用股权作为支付手段,获取现金或收购资产。对于定向增发对象的企业来说,购买增发股票是一种投资方式,可以获取某上市公司的股权,如果股权扩大到一定程度,可能导致上市公司控股权的转移。西方国家的大企业之间以及对产业有重大影响的并购,基本上是以定向增发和下述的换股方式进行。

3. 换股合并

企业与企业之间以股份为支付手段,从而完成企业之间并购过程。我国在2002年10月出台《上市公司收购办法》,办法规定,上市公司可以采用现金、可以转让的证券以及法律规定的其他支付方式进行收购,国际流行的换股合并在我国开始实行,使大规模并购变成了可能。

无论是吸收合并,还是新设合并,换股合并都将是一个重要趋势。换股并购可以是上市公司对上市公司的收购,也可以是非上市公司对上市公司的收购。换股收购的关键是换股比例的确定,对于流通股与流通股的折股比例,一般以市场价格为主要依据。

我国换股并购存在的制约因素:一是证券市场的弱式有效性和不规范性;二是换股比例的确定具有较强的主观性;三是相关法律法规不健全。例:北京国美并购上海永乐采取的是换股并购和现金支付相结合的方式。

定向增发和换股合并的优势如下:

(1)定向增发和换股合并具有低风险、低成本的特点。收购方以股权作为支付手段,不需要现金支出,所以降低了收购方的财务费用和财务风险。

(2)定向增发和换股合并直接利用收购扩大规模,以股权为纽带,保住被收购企业的成功要素,保证了所获目标企业的未来价值。

上市公司实施换股合并或定向增发,需要具有资质的、相对比较专业的投资银行作为咨询机构,帮助操作完成。

4. 可转换债券

可转换债券是一种可以在特定时间、按特定条件转换为发债公司优先股或普通股股票的特殊企业债券,可转换债券是兼有债务性融资和权益性融资特征的融资工具。

可转换债券具有如下三个特点。

第一,债权性。可转换债券也有规定的利率和期限,投资者可以选择持有债券至到期,收取本金和利息。

第二,股权性。可转换债券转换成股票之后,原债券持有人就由债权人变成了公司的股东,可参与公司的经营决策和红利分配。

第三,可转换性。可转换性是可转换债券的重要标志,债券持有者可以按约定的条件将债券转换成股票。

转换权是投资者享有的而一般债券所没有的选择权。可转换债券在发行时就明确约定,债券持有者可按照发行时约定的价格将债券转换成公司的股票。如果债券持有人不想转换,则可以继续持有债券,直到偿还期满时收取本息,或者在流通市场出售变现。

我国可转换债券发行原则上以上市公司为主,并且要求发行企业最近三年连续盈利,近三年平均净资产利润率达到10%,而且要求担保者的净资产不得低于可转换债券的融资额。

六、并购陷阱与规避

(1)并购方支付了大量的溢价,预期的协同效应并没有出现,陷入协同效应陷阱。规避方法:把握目标企业的真实价值,设置溢价的上限,防止决策人的过度自信。在并购过程中,很可能遇到多家竞争对手同时接触目标企业,为了获取并购交易权,企业可能与竞争对手相互竞价,如果企业没有设置最高限价,容易支付过高溢价,导致竞价带来胜利者懊悔的结局。

(2)被并购方的管理层抵制并购,增加并购和整合成本或导致关键人才流失,陷入内部人控制陷阱。规避方法:了解目标企业的决策机制,把握核心人物,通过利益均衡机制实现双赢。

(3)并购方缺乏整合目标企业的理念和计划,认为并购交易完成了,并购工作也就结束了,并购方没有意识到自身没有经验和能力整合被并购企业,企业陷入无知性陷阱。规避方法:进行并购项目管理,把交易、整合和运营管理三个阶段都做周密的安排,制订相应的工作计划和人员配置计划。

(4)并购方交易并且整合完成后,由于目标企业本身的原因,仍然需要并购方连续投入更多的资金,否则企业难以存活,并购方陷入延期性陷阱。规避方法:重大的投资决策失误往往都是连续的而且不断升级的投资所导致,并购方可以设置极限点,以此作为衡量继续和终止投资行为的最后节点。

(5)并购方企业过高估计自己,对自己的优势夸大,而对劣势忽视,可能导致决策性陷阱。规避方法:并购方企业要审视自身,对自身进行 SWOT 分析,考察是否具备并购、整合和经营目标企业的条件和能力,能否产生预期的收益等,把期望值和实际收益的距离缩小。做到知己知彼,准确衡量公司价值,正确把握并购溢价。

七、并购溢价与预期收益

投资方在投资决策时,并购决策的关键是支付并购溢价问题。并购溢价是并购企业支付的高于被并企业资产价格的部分。一般认为,并购方愿意支付溢价主要因为预期并购后能获得协同效应,获得额外收益。但能否获得协同效应、在多大程度上获得协同效应是不确定的,如果支付并购溢价不能实现预期的效果,就会给企业带来较大的损失,导致并购的失败。当然,如果支付溢价过低,或者不愿支付溢价,就不能获得并购的竞价成功,可能丧失难得的并购的机会。所以,投资方支付溢价是企业并购投资决策的重要方面。并购方支付溢价是并购方在多种约束条件下追求自身效用最大化的结果,因此,并购方支付溢价反映了这些企业增强自身竞争力、实现企业战略的期望。

企业内在价值与并购溢价。并购溢价与内在价值之间的关系在某种意义上反映了市场经济的规律。并购价格 = 内在价值(公平市值) + 溢价,并购价格围绕目标企业的内在价值上下波动。并购价格可能高于目标企业的内在价值,即出现并购方支付溢价;并购价格可能低于目标企业的内在价值,这时会出现折价出售。当然,也可能出现并购价格等于目标企业的内在价值,这时,并购溢价为零。对并购双方来说,都是以企业的内在价值为基础进行并购博弈。这里主要研究溢价情况。溢价以内在价值为基础,受供求关系的影响,假设针对一个供应方,供求关系主要受需求方面的影响,即参与竞价的企业有多少。当然,最终收购方愿意支付的溢价取决于收购企业对协同效应的预期,还取决于双方的谈判能力。在国际化竞争日趋激烈的情况下,企业需要通过合作、并购、联盟等方式实现全球性资源的优化配置,提升企业的国际竞争能力。

(一)投资方支付并购溢价是在不确定条件下的风险性投资决策

支付溢价是在不确定条件下的一个投资决策,这个决策建立在一个预期的基础之上的,即并购方管理者对并购能产生资源优化配置的预期。并购方的管理层慎重论证,主要通过考察并购后企业未来的现金流,决定是否愿意支付溢价和愿意支付多少溢价。

企业首先对目标企业的投资价值进行评估,考察并购以后能否对该资源优化配置、能在多大程度上提高资源的效率、能带来多大的收益,从而决定溢价的基数。并购方企业、目标企业、政府和其他与参与并购的企业之间相互博弈,在此基础上,并购方企业确定最终愿意支付的溢价。溢价大小是建立在并购方企业对目标企业偏好基础之上的,反映了并购方企业对目标企业的效用预期和资源能得到优化配置的预期。如果目标企业是国有上市公司,国有股的转让定价基础是每股净资产,根据资产评估部门的评估,确定目标企业的资产价值。

支付溢价是风险性较大的投资。因为并购溢价是预先支付的,而资产的优化配置是预期的,未来的收益是不确定的,所以,支付溢价是管理层的一个风险性决策。并购方企业预期通过资源的优化配置降低成本、提高效率,从而产生协同效应,带来额外的收益。但是资源能否达到优化配置的预期效果、能否产生协同效应是不确定的,主要取决于三个方面:一是产生协同效应的概率。协同效应体现在很多方面,有些能实现,有些不一定能实现,这里存在概率风险。二是产生协同效应的大小。从金融学的角度来看,协同效应的大小取决于未来的现金流。现金流包括现金流入和现金流出,现金净流量是现金流入减去现金流出,对企业来说,现金流入主要是经营收入,现金流出主要是成本费用和固定资产投资等,提高现金净流量关键在于提高收入、降低成本,收入能否达到预期的水平、成本能否降低到预期的效果,这里面有一定的不确定性。从管理学的角度来看,协同效应的大小取决于对企业资源的管理和整合,是否具有预期的管理能力、能否达到预期的管理效果变数也是很大的。三是产生协同效应的时间。协同效应的产生需要一定的时间,时间的长短也反映了风险性。一般情况下,产生协同效应需要的时间越长,风险就越大,因为协同效应的产生可能会需要几年的时间,中间变数较大,外界的环境变化或内在的机制发生变化都可能带来致命的威胁,使预期的协同效应可能最终不会出现。实际上在很多情况下协同效应是很难出现的,支付溢价损害了股东的股权价值。

正确把握自己和准确获取目标企业信息的价值。在并购目标企业的过程中,存在信息不完全的问题,并购方企业对目标企业的内部信息了解不充分,在作出支付溢价决策的时候,可能没有考虑到这些因素,大大增加了支付溢价的风险或支付溢价过高的风险。在进行支付溢价决策的时候,获取目标企业的全面信息可以减少支付溢价的风险。在并购方实施并购的过程中,支付溢价是一个具有风险的投资,企业在决策的过程中,可以通过增加信息搜寻成本获得目标企业的内部信息,从而减少获得协同效应与期望值的偏差,最终实现并购效用最大化。

(二) 支付并购溢价大小的主要影响因素

并购溢价的影响因素很多,但主要可以归结为协同效应的预期、并购方的战略动机、经理的个人因素、潜在并购者的竞争、并购趋势、谈判能力等几个方面。

1. 协同效应的预期

企业愿意支付溢价主要基于对未来协同效应的预期,购并溢价与潜在的协同效应是高度相关的,而且,协同效应是影响溢价的主要因素。并购方愿不愿意支付溢价、愿意支付多少溢价,主要取决于并购方对未来协同效应的预期,预期越大,愿意支付的溢价也越高。塞罗沃把协同效应放在每股收益的背景中,他认为,未来的每股收益=目前的每股收益+目前的每股收益×预期增长率+协同效应,把协同效应看作比原来预期的业绩改进还要高,否则就没有产生协同效应。

从经济学的角度来说,并购方愿意支付的溢价取决于并购方对协同效应产生的可能性的大小的看法,对并购方来说,并购能带来的效用不仅取决于获得多少协同效应,而且取决于获得这些协同效应的概率。

当存在不确定时,并购方支付溢价是建立在有限信息基础之上的。由于信息的价值性,人们也需要支付一定的成本才能享用它,信息的完全和信息的不完全给并购方带来的期望收益不一样,这个差额就是完全信息的价值。对并购方的信息需要付出成本,而且有些方面付出代价也可能无法得到,所以获得信息具有有限性,对于并购方状况了解的信息不对称,对产生协同效应的程度和概率估计可能偏差较大,导致逆向选择,信息的不完全大大增加了支付溢价的风险。

并购企业关注的是投资价值,弗兰克·C·埃文斯定义投资价值是指收购方在特定环境与投资要求下的价值,这种价值包括了战略收购者期望由收购创造的协同效应或其他益处。并购企业愿意支付溢价是因为投资价值超过企业的内在价值,愿意支付溢价的大小就是投资价值超过内在价值的部分。并购企业对未来协同效应的预期具有特定性,不同的企业对协同效应的预期是不同的,愿意支付的溢价也是不同的,预期协同效应大,愿意支付的溢价也大;反之,愿意支付的溢价就小。协同效应主要表现为规模经济性和范围经济性,获得更大的现金流。

2. 并购方的战略动机

并购方愿意支付溢价,有时是基于某一战略的实施。跨国公司在发展过程中,可能要完善企业的价值链,需要纵向并购某东道国的企业,这时的目标企业恰是被选择的对象,而且该企业能非常迅速地弥补价值链的空缺,而且价值链完善所带来的收益比较明显。并购方为了降低更多的搜寻成本,在与其他竞争对手竞价或与被并方谈判时,可能会做出让步,在一定程度上提高了溢价的水平。并购方为了实现在某一地区市场就某一行业达到垄断的战略,设法收购竞争对手的股权。对于目标企业来说,可能乐意被收购,积极配合引进战略伙伴,也可能反对被收购,采取应对措施,提高并购条件,就是所谓的竞争性并购,竞争性并购需要并购方支付更高的溢价,并购方的接管成本也大大提高。马克·L·塞罗沃证明通过竞争性过程实施并购将比通过非竞争性过程支付更高的并购溢价。企业并购多数是战略性并购,目的是获得战略性资源,取得协同效应,企业获得预期收益越大,愿意支付的溢价也越多,所以,企业获得的预期效用可以表示为企业愿意支付的溢价的函数。未来5～10年协同效应带来的超过两企业不合并各自增长的价值,一般可以认定为协同效应的价值。

溢价和协同效应之间的关系有三种可能:

- 协同效应≥并购溢价,企业实现了并购的战略目标,获得满意的效果;
- 协同效应<并购溢价,产生了协同效应,但是协同效应带来的价值小于企业支付的溢价;
- 协同效应<0,预期的协同效应没有出现,溢价全部损失,没有达到预期目的。

3. 个人因素

经理人的自利和自负因素可能也会在一定程度上影响溢价。在缺乏激励机制的假设条件下,经理缺乏股东利益最大化的激励,作为理性人的经理可能更多地考虑自身利益,为了自己的权力范围更大、为了获得扩张的机会、为了实现自己的抱负等,宁愿支付较高的溢价。Richard Roll 把支付过高的溢价归因于经理的过分自信或称为过度自负。经理相信通过对资源的整合能获得协同效应,并且对协同效应的预期估计过高,所以愿意支付过高的溢价。

4. 潜在并购者的竞争

越来越多的企业认识到并购的价值,积极参与到并购中来。对一个企业的并购往往有多个企业参与竞购,在这种情况下,潜在购买者之间相互竞价,可能会推动溢价的上升。并购具有竞争性,可能有几家公司同时竞购同一个目标公司。企业在并购竞价的过程中,可能要与其他竞价者竞争,相互的攀比心理和企业没有制定溢价上限,容易导致支付过高的溢价。最主要的还是要与目标企业反复谈判,很多情况下还要有政府部门的参与,所以在交易成功的时候,可能支付的溢价远远超过自己的预期,虽然获得竞价的成功,但支付了过高的溢价,事后会对自己的行为懊恼不已。

5. 并购趋势

并购成为国际直接投资的主要形式,约80%的国际投资是通过并购实现的。近年来,资本市场向全球化发展,包括中国在内的各国政府和企业对企业并购逐渐接受,各国政府放松垄断管制,企业向集中化发展。在并购的大趋势下,企业积极参与企业并购,为了融入并购潮流,获得并购成功,宁愿支付一定的溢价。

6. 谈判能力

针对一个企业来说,确定并购溢价的上限以后,接下来的事情是艰苦的谈判,在企业内在价值的基础上,双方就价格方面讨价还价,谈判能力的高低在某种程度上决定了最后支付的溢价。

(三) 并购方支付溢价的经济学原因

1. 企业资源是稀缺的,战略性投资需要付出成本

资源的稀缺性是指社会资源的有限性,经济学就是研究社会如何配置自己的稀缺资源。对企业来说,资源的稀缺性同样适用。从微观企业角度来说,跨国公司在发展扩张的过程中,企业的资源是稀缺的,为了实现企业的战略,需要更多的优质资源来支撑战略实施。但多数企业在现有情况下,企业资源可能无法满足更高战略意图的需求,可能缺乏足够大的厂房、先进的技术、熟练的工人或高技术的人才,还可能缺乏销售渠道、知识产权和公众的认可度等。在企业资源稀缺的条件下,企业需要考虑对其他资源的开发和配置,并购是开发和引进外部资源的重要途径,通过并购可以有效利用和配置其他社会资源。当然引进外部资源并不能从根本上解决资源稀缺性问题,因为对整个社会而言资源也是稀缺的,但对该微观企业来说,在目前的管理水平和业务需要的情况下,并购目标企业可以注入稀缺的资源,为优化配置资源提供基础性条件。

2. 优化资源配置能产生效率是支付并购溢价的基本动因

企业愿意支付溢价是基于对目标企业资源优化配置的预期。企业并购的目的是对社会资源优化配置,而获得目标企业的资源是实现资源优化配置的前提,并购是获取目标支配权的最佳途径,能否获得并购交易的成功,这是并购方首先要解决的问题。能否获得并购交易成功,取决于多方面的因素,其中,愿意支付溢价的多少是决定并购交易成功的关键因素,愿意支付溢价的动因在于对资源优化配置和发生协同效应的预期。并购方企业愿意支付溢价的多少主要取决于对未来协同效应的预期。在我国,并购国有上市公司,支付溢价需要考虑的因素更多,不但要考虑未来产生协同效应的大小和概率,还要考虑外部因素。

并购方企业引进资源就要对资源付出成本,这就是对目标企业支付的并购价格。在并购价格中,可能包括溢价部分,企业愿意支付溢价是因为并购方企业管理层预期通过资源配置可以提高资源的效率、带来额外的收益,这里的效率就是能从稀缺资源中得到更多的东西,达到规模经济或范围经济。资源是否得到优化配置,主要考察并购双方在并购以后综合的业绩改进状况,不能单独考察目标企业或并购方企业的绩效改进,因为并购方企业可能把很多优质资产注入目标企业,单独一方的绩效不能反映并购绩效。

对并购方企业来说,支付了并购溢价,取得并购竞标的成功,得到了新的资源并获得重新对资源进行配置的机会。并购企业并购了目标企业以后,获得了新的资源,包括厂房、设备、技术、人才、销售网络、无形资产等。对目标企业而言,资源在并购之前可能没有得到充分优化配置,从社会福利的角度讲,存在帕累托改进的余地,但目标企业本身是有价值的,潜在的盈利能力较强,否则没有企业愿意支付溢价。并购交易完成以后,接下来的问题就是并购方企业的管理层能否实现预期的资源配置效果,对于支付的溢价,能否实现业绩的改进要求,实现对战略资源的承诺。从管理学的角度来说,假定支付并购溢价与企业的潜在价值高度相关,关键是管理层如何对现有资源进行合理配置。

3. 对目标企业的偏好是支付并购溢价的根本原因

偏好来自效用。效用理论告诉我们,效用指一个人从商品的消费或活动的举办过程中获得的满足程度,应该说效用是一个重要的心理成分,是描述偏好的一种方法。在经济学分析中,效用多数用于概括偏好排序,被称为序数效用;有些理论对效用的数值赋予了重要的意义,被称为基数效用理论。

这里,我们把效用推广到并购企业主体。企业在并购过程中,可能会有几个或更多的企业参与对一个目标企业的并购,不同的并购方企业对目标企业的偏好不同。因为对不同的并购方企业来说,目标企业对它们的效用是不一样的。同一个目标企业,对一个并购方企业来说,可能具有较大的价值,目标企业的资源可能正是并购方企业缺乏的资源,并购方企业获得该资源后能有效将其优化配置,大大提高使用效率,带来额外收益,也就是所谓的并购以后会带来协同效应。有企业愿意对目标企业支付溢价,因为目标企业对该并购方企业来说效用会较大,并且并购方企业愿意支付的溢价越大,目标企业对该并购方企业来说,效用可能会越大。当然要考虑人们对并购溢价的不了解或者自负心理等因素可能导致人们非理智地支付溢价的因素。而对另一个并购方企业来说,目标企业可能是没有价值,不相关的行业,不符合企业发展战略需求,并购方企业不愿意支付任何溢价,不会产生协同效应的预期,甚至还会出现并购导致企业背上一个沉重包袱的结局。所以,同一个目标企业对不同的并购方企业来说效用是不一样的,应该说有一个偏好顺序。

对某一目标企业的偏好具有动态性。对同一个目标企业,在某一阶段可能偏好性较强,在另一阶段偏好性可能变弱,这与并购方企业的发展战略和发展阶段有重要关系。企业发展到不同阶段,有不同的战略需要。比如某一阶段需要基于价值链的扩张,并购方企业的下游或上游企业就是该企业偏好的并购对象。企业偏好这些企业,希望通过并购获得这个企业,成为其价值链的一个环节,达到价值链的完整,通过内部化交易可以降低交易成本,提高企业的竞争力。企业发展到另一阶段,需要开拓某一地区的市场,企业在并购企业时就会偏好具有较好销售网络的企业,对基于产业链的企业并购偏好降低,因为具有较好销售网络的企业对并购方的效用最大,企业开拓市场是该阶段的重要战略,实施该阶段战略最好的途径是获得销售网络,所以在该阶段具有较好销售网络的企业对并购方的效用最大。

八、关于支付并购溢价的建议

1. 投资方支付并购溢价,预示着投资的风险,并购溢价可以作为衡量风险的事前标准

并购企业预先支付了溢价,而协同效应是预期的,能否出现还是个未知数,所以,支付并购溢价是一个风险性投资。波士顿顾问公司的马克·L·塞罗沃认为,溢价的作用非常重要,可以作为在并购决策中衡量风险的事前标准。其实,并购方支付的溢价越高,并购价格离内在价值越远,风险就越大,溢价高到一定的程度,对收购方来说,几乎必须充分取得协同效应的预期,才能弥补支付的溢价,使并购方调整的空间和回旋的余地都变小,大大增加了并购方的风险。

首先,对协同效应的预期应该审慎。国内外学者对发生的并购进行实证研究,发现很多情况下预期的协同效应并没有出现。麦肯锡公司研究发现,61%的并购战略没有使投入的资金产生足够的回报;弗雷德里克·谢勒在1987年对过去发生的并购作了考察,得出的结论是,70%的并购没有达到预期的效果;马克·L·塞罗沃研究了1979~1990年间发生在美国上市公司的重大并购实例,结论认为,并购方过于乐观地估计了并购所能带来的协同效应,在交易价格中支付了过高的溢价是并购失败的主要原因。

其次,单纯的自信不能完成协同效应。经理应该认识到,支付高额并购溢价后,能否实现协同效应是由多因素决定的,不是单纯靠经理个人的自信就能完成的。自信是经理的优良品质,但是对支付了溢价,能否管理好目标企业的资源,能否产生协同效应,单纯的自信是不能解决问题的。有些经理过于自负,拍脑袋决策,大呼抓住这个机会,结果预期的协同效应始终没有出现。能否产生协同效应关键在于公司有否强大的管理能力和对目标企业业务的融合能力。有不少企业没有预先考虑并购后的整合问题,单凭一时意气。波士顿顾问公司研究发现,10家公司中有8家公司没有考虑过如何使被兼并的企业随着并购活动融入其业务中去,预期的协同效应没有出现或者延期出现。

2. 把握目标企业的内在价值，奠定支付合理溢价的基础

首先，正确评估目标企业的价值。只有科学地评估企业的内在价值，才能在此基础上合理确定并购溢价。企业内在价值的确定方法国内外存在差异性，在成熟股票市场，上市公司的内在价值表现为股票市值，我国的股票市场是弱式有效的，上市公司的流通股定价普遍过高，所以，我国上市公司的流通股市价不能反映企业的内在价值。在我国上市公司并购过程中，流通股的转让很少见，多数是国有股的转让。国有股的内在价值评估比较复杂，目前，我国上市公司价值评估主要以历史账面价值为基础进行评估，国有股转让关注的是每股净资产。国内外对非上市企业的市场价值评估方法不一，外资方在衡量中国国有股权价值时，主要看重资产未来的现金流和盈利能力，以及销售渠道、知识产权等无形资产，而不是看资产本身的静态的账面价值。我国上市公司的股权转让价格基于历史静态的账面价值，注重历史的和静态的数据，通常以每股净资产为基础。我国企业的内在价值的评估需要改进，企业价值应该充分考虑未来市场发展潜力和现金流的状况。现在，我国越来越多的企业考虑未来市场因素，所以，对某些有发展潜力的国有企业来说，市场价值有上升趋势。

3. 并购方应充分认识到并购溢价的特定性

不同的企业愿意支付不同的并购溢价，考察并购溢价，必须针对某一个具体的并购企业而言，否则，谈并购溢价缺乏普遍性。不同的企业愿意支付的溢价是不同的，因为目标企业对不同的潜在的购买者来说战略价值是不同的。目标企业资源是一样的，但参与竞价的企业情况不一样，表现为管理能力不同、战略需求不同、并购的动机不同等，所以，目标企业资源对不同的企业具有不同的投资价值。

收购方应该清楚，没有正确的溢价界限。支付该溢价是本企业愿意支付的，与其他企业愿意支付的溢价没有必然联系，没有必要寻求其他企业愿意支付的溢价数额作为参考标准。企业在确定溢价的时候，首先要考察本企业的资源与目标企业的资源之间能否产生协同效应，如果能产生，在多大程度上产生协同效应，能带来多大的战略收益。其次，考虑协同效应带来的价值如何分配。抛去风险因素，假设协同效益带来收益，这个收益如何分配，能给收购方多少，又能给被并方多少。并购方支付的溢价其实就是买方把协同效应创造的价值提前转移给卖方，协同效应创造的价值在多大程度上进行转移是企业要把握的重点。再次，考虑风险因素，支付了溢价能否产生协同效应，能否达到预期的收益水平。应该对支付溢价的风险进行评估，若风险较大，应适当降低愿意支付的溢价水平，即使不能获得最终交易的成功，也不能超过这个溢价水平，否则就会陷入两难困境。

对被并购者来说，应该积极寻找适合的购买者。被并购方应该清楚，不同的潜在收购者愿意出的溢价是不同的，关键在于对方愿意支付的溢价是否与其实力相符合。卖方可能考虑卖一个好价钱，但更重要的应该是找一个好买家。被并购可能全部股权被并购，如果全部股权被并购，就选择支付溢价最高的企业；但多数情况下是部分股权被并购，在这种情况下，不一定追求最高的溢价支付者，应该对对方企业的品质进行全面考虑。因为被并购就相当于找到一个战略投资者，对方的资信、实力和管理水平等是主要考虑的对象。即使对方愿意支付的溢价较高，但对方的企业品质和管理能力很难达到预期的协同效应，这时也不能选择该企业，因为该企业支付溢价可能是因为经理的自负或经理的权欲扩张的结果，还有可能该企业根本不懂溢价，支付溢价具有很大的随意性，这时，虽然能获得较高的溢价，但协同效应最终不会产生，也不符合目标企业的战略意图。

4．并购方不要过度自负，应确定溢价的上限

企业支付溢价的能力与企业本身的经济实力和资源整合能力有关，企业愿意支付溢价的多少与企业的战略发展有关。如果经理没有考虑并购溢价的适度性问题，在竞争环境中支付了过高的溢价，结果拿到手的可能是烫手的山芋，因为并购容易、退出难。如果并购完成以后，预期的协同效应没有出现，对目标企业的资源没有能力整合，并购方可能选择放弃，如果放弃已经并购的目标企业，原来发生的并购成本就会变成沉没成本，而且并购的交易成本极高，导致丢弃成本也极高。在这种情况下，企业就会陷入一种进退维谷的境地。为避免这种情况出现，企业应该做到知己知彼，谨慎确定溢价，并制定溢价上限。

经理层需要做好的是对协同效应预期的衡量，确定并购溢价上限。协同效应具有可度量性，从理论上来说，协同效应预期是可以比较准确测算的，国内外学者们研究了协同效应的计算方法,为并购溢价的度量打下了基础。比较有代表性的计算方法是 Bradley(1988)等探求在异常收益基础上计算协同效应值的方法,在不考虑并购对债权人财富影响的假设条件下,把协同效应归为目标企业和收购企业股东财富的变化额之和,即 $\Delta\Pi = \Delta WT + \Delta WA$。其中,$\Delta\Pi$ 表示总的协同效应,ΔWT 表示目标企业股东财富变化,ΔWA 表示收购企业股东财富变化。在计算异常收益的基础上对协同效应的计算提出一套较为完整的协同效应计算方法。另一种计算方法是 Healy 等人(1992)从业绩改变着手评估协同效应,通过比较公司并购前后的业绩来衡量协同效应的大小。当然,在实际操作中,协同效应预期的计算还是存在很多不确定因素。

确定协同效应预期创造的价值范围之后,在企业的内在价值的基础上,并购溢价的支付范围也就出现。一般来说,协同效应预期创造的价值应该在收购方和被并方之间分配,并购溢价是收购方支付给被并方的,是预期协同效应产生的部分价值的转移。支付的溢价越多,收购方获得协同效应的压力越大,在资源整合的过程中,允许犯错误的空间越小。预期的协同效应几乎必须完全实现时的溢价就是支付溢价的上限,如果支付这个溢价仍然不能获得交易成功,应该放弃并购。出现预期的协同效应是存在较大风险的,考虑协同效应要充分考虑风险问题,考察出现各种收益的概率,得到期望收益,并考虑可能出现的偏差,没有充分考虑风险的协同效应是危险的预期。

九、并购方支付溢价的行为解析

国内外学者实证研究发现,在企业并购的过程中,多数情况下并购方都支付了溢价(Brownlee,1980;Claudio,1990;Alexander,1991)。并购方愿意支付溢价,主要是因为并购方预期并购会产生协同效应,获得额外收益(Nielsen,1973;Melicher,1978)。对并购方来说,支付溢价是预先支付的,而能否获得预期的回报是未来发生的,所以,支付溢价是一种不确定条件下的投资行为,而且,支付的溢价与并购后的绩效之间并不存在必然的联系,并购还可能会损害了并购方股东的股权价值(Meeks,1997;Mark L. Sirower,1999)。学者们除了把支付并购溢价的行为原因解释归结于协同效应预期之外,还归结于经理的自负假说(Richard Roll,1986),并购企业愿意支付并购溢价,说明企业经理对协同效应预期看好,确信有能力对资源重新配置,从而产生一定的未来收益。但很多并购结果是失败的,主要原因是支付溢价太多,并没有产生预期的协同效应。企业愿意支付较大的溢价可能源于经理人的过度自负。加利福尼亚大学的理查德·罗尔(Richard Roll)分析并购失败的原因时曾指出,公司经理相信并购可以产生协同效应,但经理过度傲慢自信,当他们竞价成功时,已经付出了太多,过度膨胀的自负导致了并购失败。另外,还有企业经营者与所有者之间的委托代理说(Firth,1991;Fowler and Schmidt,1989)等。本书认为并购方支付溢价是投资主体通过反复博弈而得出的决策结果,分析投资主体的行为倾向对探求并购溢价的动因具有理论价值。

接下来,从消费者行为理论出发,从并购方视角探求支付溢价的行为原因,消费者行为理论完全适用于为不确定条件下的投资行为建立模型。并购也可以看作一种消费行为,并购方购买企业,供自己支配,实现资源的优化配置,提升企业优势。我们建立支付溢价的最优选择模型,研究并购方主体愿意支付溢价的行为依据,探求并购方愿意支付溢价的主观行为原因;其后,通过信息搜寻模型,探讨支付溢价与信息搜寻成本的关联性,指出可以通过增加信息搜寻成本实现支付溢价风险最小化。

1. 并购方支付溢价的最优选择模型

从理论上讲,并购方购买企业应该按企业价值支付款项,但实践中并购方往往支付了溢价。并购方支付溢价的主要动因是实现预期的效用,未来充满不确定性,在不确定条件下支付溢价,并购方要承担支付溢价的风险。并购方支付溢价的主要动因是追求期望效用最大化,企业的期望效用是获得目标企业的战略资源,通过整合资源达到预期协同效应,实现企业的发展战略。效用理论告诉我们,同一个消费品对不同的人有不同的效用,同一消费品对同一个人在不同的阶段也可能有不同的效用。这里假设支付溢价是一种具有风险的投资行为,预期可能有投资回报,也可能带来损失,表现为协同效应大于或等于支付的溢价和协同效应小于支付的溢价两种情况,两种状态下相互排斥。

把消费者行为理论模型进行改造,假设目标企业现有价值为 v_0,支付的溢价设为 x,并购后发生的协同效应带来的额外收益为 w。

当 $w \geq x$ 时,即协同效应带来的额外收益大于或等于支付溢价时,溢价的回报率为 r_1,且 $r_1 > 0$,该数据是估算数据,根据并购方对目标企业的偏好性来确定。

当 $w < x$ 时,即协同效应小于支付的溢价的状态时,溢价的回报率为 r_2,且 $r_2 < 0$,该数据也是估算数据。

假设协同效应大于或等于支付的溢价这种状态发生的概率为 P,则另一种状态发生的概率为 $1-P$,

协同效应大于或等于支付溢价时,目标企业的价值为:

$$v_1 = (v_0 - x) + x(1 + r_1) = v_0 + xr_1 \tag{9-1}$$

协同效应小于支付溢价时,目标企业的价值为:

$$v_1 = (v_0 - x) + x(1 + r_2) = v_0 + xr_2 \tag{9-2}$$

根据独立性假设,即人们在一种自然状态下的选择独立于另一种自然状态下的选择,则预期的效用函数可以根据诺依曼—摩根斯顿效用函数(简称 N-M 效用函数)来表示:

$$U(v_1, v_2, P, 1-P) = P \times U(v_1) + (1-p) \times U(v_2) \tag{9-3}$$

其中 $U(v_1)$、$U(v_2)$ 分别表示第一种状态和第二种状态下的效用函数。整理后预期效用函数表达式如下:

$$EU(X) = P \times U(v_0 + xr_1) + (1-p) \times U(v_0 + xr_2) \tag{9-4}$$

并购方可以选择的是溢价 x,使企业获得的效用最大化。

令预期效用函数一阶导数等于 0,

$$EU'(x) = P \times U'(v_0 + xr_1)r_1 + (1-P) \times U'(v_0 + xr_2)r_2 = 0$$

使 $EU'(x) = 0$ 的点表示驻点,驻点可能是函数的极值点,也可能不是极值点。

对预期效用函数求二阶导数得:

$$EU''(x) = P \times U''(v_0 + xr_1)r_1^2 + (1-P) \times U''(v_0 + xr_2)r_2^2$$

企业经理层和董事会是投资主体的决策者,可能是风险规避型,也可能是风险偏好型,也可能是风险中性的。效用函数曲率可以度量消费者对风险的态度,而风险中性的效用函数是线性的。多数企业是趋于风险规避型的,这里假设并购方是风险规避型的,所以,效用函数是下凹的,对于现有企业的价值 v_0 来说,$U''(v_0)<0$,因此预期效用一定为负,即 $EU''(x)<0$。因为 $EU'(x)=0$,$EU''(x)<0$,所以存在极点 x,并购方支付溢价存在最优选择,并购方支付溢价 x_0 时,企业获得预期效用 $EU(x)$ 最大化。

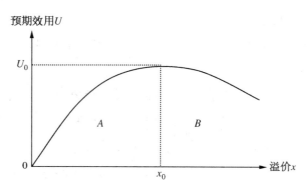

图 9-2　支付溢价与预期效用之间的关系图

并购方支付溢价和预期效用之间的关系可以用曲线表示,见图 9-2。在这个图中存在一个正相关区域,即 A 区间,支付溢价和预期效用之间斜率为正,支付并购溢价带来的预期回报是正的,企业愿意支付溢价,愿意支付的溢价 x 越大,说明企业对投资回报的预期也越大。预期效用应该有一个最大值,在支付最适的溢价时,预期效用最大化,当 $EU'(x)=0$ 时,这时的溢价水平是 x_0,支付这个溢价时对应的期望效用 U_0 达到最大化。斜率为负的区间理论上也是存在的,即 B 区间,在这个区间,企业支付的溢价增多,但预期的效用却减少。出现这种现象的原因是如果溢价过高,企业现有条件无法实现预期的协同效应,这时,企业没有支付溢价的动力。

2. 信息搜寻模型、支付溢价与风险最小化

在投资过程中,特别是并购企业的过程中,买卖双方可能存在信息不对称,信息不对称导致交易前的逆向选择和交易后的道德风险。在这里主要是逆向选择,并购方没有充分掌握目标企业的信息,特别是存在的潜在危机或矛盾,逆向选择的结果是并购方无法与目标企业形成协同效应,无法达到预期的并购效用,并购成为一次失败的投资。对整个并购市场来说,信息不对称的结果是劣质品驱逐优质品,并购方并购的企业往往是不能与其产生协同效应的企业。同时,一个目标企业的潜在价值通常包括多重测量维度,在很多方面难以把握,为了减少信息不对称,并购方投资决策时,应该关注信息的搜寻成本,适当的信息搜寻成本可以减少买卖双方的信息不对称,从而为正确的投资决策提供保证。

(1) 信息搜寻成本与支付的溢价并不存在线性关系。

在信息搜寻成本增加的情况下,支付的溢价可能提高,也可能降低,关键在于获取目标企业的利好信息还是利差信息。假设 C_1 表示并购方支付的信息搜寻成本,在获得信息的条件下,支付的溢价为 x_1,x_1 就是在搜寻成本为 C_1 的情况下的最优报价;假设并购方支付的信息搜寻成本为 C_2,支付的溢价为 x_2,

当 $C_2 > C_1$ 时,信息搜寻成本增加,结果 $x_2 > x_1$,表示并购方通过搜寻目标企业更多的信息,进一步发现并购价值,协同效应的预期提升,企业愿意支付更多的溢价,支付的溢价更加接近最适的溢价 x_0。

当 $C_2 < C_1$ 时,信息搜寻成本增加,结果 $x_2 < x_1$,表示通过搜寻更多的信息,发现目标企业的很多深层次问题,产生预期协同效应的概率降低,支付溢价的风险增加,这时,并购方愿意支付的溢价水平降低。

(2) 信息搜寻成本影响着预期协同效应的概率分布,而协同效应的概率分布是支付溢价的依据与支撑。

预期的协同效应可以看作是一个离散型的随机变量 ξ,ξ 可以取有限个或可列个可能值,并且以确定的概率取这些不同的值,随机变量 ξ 的概率分布情况可以用下式表示: $p(\xi = X_k) = p_k$,$(k = 1, 2\cdots)$。如果级数 $\sum_{k=1}^{\infty} x_k p_k$ 绝对收敛,则这个级数就是数学期望,记作 $E\xi = \sum_{k=1}^{\infty} x_k p_k$,期望值是各种风险结果取值的中间趋势的一种度量,随机变量 ξ 与期望值 $E\xi$ 的偏差就是离差,$\xi - E\xi$ 反映了预期的协同效应与期望值之间的偏离,为了消除 $\xi - E\xi$ 的符号,用 $(\xi - E\xi)^2$ 表示离差,离差的期望 $E(\xi - E\xi)^2$ 就是方差,随机变量的偏离程度通常用方差来度量。

企业所能达到协同效应概率分布情况取决于对现在目标企业的经营与管理等信息的掌握，即信息搜寻成本 C 的大小。搜寻成本 C 越大，对目标企业的信息掌握得越充分，预期的协同效应越接近期望值，$E(\xi - E\xi)^2$ 越小，支付并购溢价所承担的风险越小。理性的投资者希望信息搜寻成本最小化而并购收益最大化。信息搜寻成本的大小与支付溢价的风险负相关，而支付溢价的风险主要表现为随机变量 ξ 与期望值的偏离程度，信息搜寻成本越大，支付的溢价对期望值的偏离程度越小。

拓展开去，投资者期望获得是"预期效用"，预期效用不仅仅表现在发生协同效应方面，还表现在其他很多方面，如战略实施、市场进入或社会关系等。投资者在决策支付溢价的过程中，最关心的是预期效用这个不确定结果的期望值和波动性。信息搜寻成本与预期的效用在某种程度上是正相关的，付出信息搜寻成本可以获取更多的效用。如何寻找适度的信息搜寻成本，从而为支付溢价提供支撑是关键。支付溢价目的是获得效用，但这个效用是有风险的，可以预计效用的期望值，并度量风险的大小，基于风险的效用期望值与效用的波动性可以用概率统计学的两个指标来度量。

假设支付溢价获取的预期的效用 $U_i(X)$ 的概率为 P_i，则效用函数概率分布的均值是：

$$\mu_u = \sum_{i=1}^{n} P_i U_i \tag{9-5}$$

效用分布概率的波动性可以用方差或标准差来度量，标准差表示如下：

$$\sigma = \sqrt{\sum_{i=1}^{n} P_i (U_i - \mu_u)} \tag{9-6}$$

概率分布的标准差越大，表示能达到预期效用的风险越大。对于支付溢价的投资者来说，标准差越大，支付溢价获取协同效应的概率越小，支付溢价的风险越大。投资方总希望这个标准差小一些，具有更大的把握达到预期的效用。对于风险规避者来说，较高的预期收益能使投资者的境况变好一些，而较大的标准差使投资者的境况变差，所以，标准差越大，投资方的境况变得更差一些。

如前所述，理论上存在一个最适的溢价 x_0，使企业并购效用 U_0 最大化，理论上也存在一个最适的信息搜寻成本，付出最适的信息搜寻成本 C_0，通过支付一个

最适的溢价 x_0,最终实现并购效用 U_0 最大化。

通过信息搜寻模型,建立信息搜寻成本与协同效应概率分布的关系,进一步揭示支付溢价与信息搜寻成本的关联性。

假设双方的谈判能力因素忽略不计,并购方要并购目标企业,必须首先搜寻目标企业的各种信息,以及其他竞争对手的出价情况。并购方支付溢价的主要动因是获取目标企业的资源,并重新配置资源,以达到协同效应。但产生预期协同效应的概率在某种程度上取决于对目标企业信息的获得。

假设并购的目标函数为 $f(x, \alpha)$,x 表示支付的溢价,α 表示产生预期协同效应的概率分布情况。

假设并购方愿意支付溢价 x_0,使 $E[f(x, \alpha)]$ 最大化,支付溢价 x_0 是最优选择,最优选择依赖于产生预期协同效应的概率分布 α,协同效应的分布越接近于期望值,支付溢价的动力越强。产生预期协同效应的概率 α 取决于信息搜寻成本,适度的信息搜寻成本可以获取更多的信息量,从而对协同效应的预期把握得越准,预期协同效应的概率分布越明晰,最后风险也越小。

如果付出的信息搜寻成本足以获得目标企业的真实的经营情况,准确把握协同效应的预期,投资决策者会在知道产生预期协同效应的概率分布 α 以后,再确定支付溢价的数量,这时存在最优的溢价水平 X^*,使 $E[f(x, \alpha)]$ 最大,即通过付出搜寻成本,获得最准确的预期协同效应的信息,可以使目标函数趋于最大值。

如果付出的信息搜寻成本不能获取目标企业的真实内部信息,对产生预期协同效应的概率分布 α 把握不准,预期协同效应的概率分布比较分散,而并购方支付的溢价水平取决于对协同效应的预期,预期协同效应的概率不能比较准确地获得,最后反映风险的方差也越大,目标函数无法接近最大值。

假设支付的并购溢价占总投资的比例为 β,具有确定性投资回报的投资比例为 $1-\beta$,假设把两部分看作投资组合:

$$R_p = (1-\beta)R_f + \beta R_m \tag{9-7}$$

其中,R_p 代表投资组合的收益率,R_f 表示确定性投资回报的收益率,R_m 表示支付溢价的收益率。

预算线描述了风险程度 σ_p 与期望收益 R_p 之间的均衡关系,这是一条直线方程,斜率为 $(R_m - R_f)/\sigma_m$,截距为 R_f,表示投资组合的期望收益随风险的增大而上升,而 $(R_m - R_f)/\sigma_m$,表示投资者为了获得更高的投资收益而愿意承担的额外风险,见图9-3。

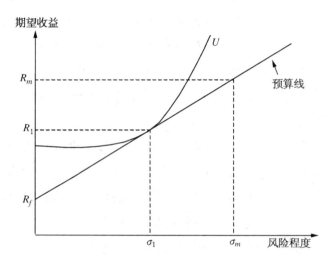

图9-3 期望收益与风险的关系

并购方支付的溢价越大,所要承担的风险相对也越大,并购方的期望收益也越大。为了达到预期收益的效用,这时通过增加信息搜寻成本,准确把握目标企业的内部信息,目标企业的信息越多,协同效应实现的可能性越大,支付的溢价越趋于合理的溢价,从而达到降低风险的目的。

十、跨国公司支付并购溢价成图分析

1. 跨国公司并购我国上市公司支付的溢价比较明显

并购溢价是并购方支付的高于被并购企业资产价格的部分,从金融学角度来看,并购溢价代表并购方对并购以后产生协同效应的预期。并购者愿意付出溢价是因为并购者对并购后的预期价值大于各自独立时预期价值的总和。并购溢价率 =(并购价格 - 目标企业的资产价值)/ 目标企业的资产价值。对于并购溢价,西方学者进行了一系列实证研究,实证结果认为多数企业并购支付的溢价过高,没有获得预期的协同效应,因此支付过高的溢价存在较大的风险。美国并购研究专家塞罗沃提出并证明了他的假设:购并所支付的溢价越多,收购方公司的最终收益越差。跨国公司对于我国的上市公司开始进行谨慎并购,为什么愿意支付较高的溢价呢?这是本章要研究的主要问题。实践中企业兼并和收购的对象可以是上市公司,也可以是非上市公司,基于数据的可获得性和上市公司具有代表性,这里主要研究跨国公司对我国上市公司的股权并购的溢价问题。

考察为数不多的外资并购国内上市公司,外资并购国内上市公司的溢价率多数高于国内上市公司的平均溢价率,特别2003年以来外资并购国有企业溢价率都比较高,见表9-2。

表9-2 部分上市公司非流通股向外资转让溢价情况

股票名称	每股净资产(元)	转让价(元)	溢价率(%)
航天长峰	0.89	2.00	124.72
赛格三星	1.85	2.14	15.68
浦发银行	2.20	3.08	39.91
华润锦华	1.41	2.47	75.18
乐凯胶卷	3.03	8.3	173.93
光明乳业	2.75	4.83	75.64

资料来源:转引东方高圣投资顾问公司研发部。

跨国公司对我国企业并购支付的溢价明显高于我国境内企业之间并购支付溢价的平均水平,出现这种状况并不是偶然的,存在三个必然原因:第一,具有竞争优势的跨国公司实施其发展战略的需要;第二,我国股权定价的规则缺失;第三,外资方看中的目标企业都是他们预期未来盈利能力较强的企业。

2. 跨国公司对中国上市公司多是实行战略性并购,通过对国内上市公司的参股或控股,实现其全球性战略,实现跨国公司竞争力的提升

激烈的竞争使任何一个跨国公司都遇到前所未有的生存压力。企业要生存和发展必须应对全球化竞争,必须融入全球性经济中去。在这个大背景下,跨国公司积极制定全球战略,对全球的资源进行优化配置,从而提升竞争力。同时,中国市场巨大,现有的和潜在的购买力都比较强,对跨国公司来讲,对中国投资是一个机会和机遇,从战略角度来说,跨国公司整合中国资源会给它们带来较大的竞争力和竞争优势。

中国处于经济转型阶段,国有企业改制需要投资主体多元化,政府制定政策和法律积极吸引外资并购国有股份。从跨国公司角度来看,中国上市公司股权结构特殊,收购成本很高,而且并购是一个复杂的过程,需要较大的交易成本。从管理学的角度来看,公司并购以后,并购双方之间还存在较大的文化方面的差异,需要较长的磨合过程,实现预期的改进需要付出额外的成本和代价,影响着预期的收益。所以,跨国公司进入的策略一般是先并购部分国有股股权,入股国内上市公司,跨国公司参股以后,向目标上市公司注入资金、技术和管理等优势资源,做大目标企业的主业,在这个阶段,跨国公司没有控股权,但它们可能拥有实际的控制权,因为企业运营的关键环节可能控制在外方手中。跨国公司多是以战略投资者的身份出现,往往是基于某一战略的实施,等到国内市场成熟或大规模外资并购时机成熟之时,跨国公司凭着强大的经济实力,通过增持股份方式再度并购,最终获取对目标上市公司的控股权。跨国公司并购以后,特别对上市公司实施控制权或控股权以后,在中国市场减少了其竞争对手,同时限制竞争对手争夺市场的能力。比较典型的案例是柯达投资有限公司凭着其优势资源几乎并购了中国的感光材料等相关产业的所有企业,通过艰苦的谈判,最后又成功地收购乐凯胶卷20%的股份,在一定程度上占领了中国的胶卷市场,推进了其全球化战略,提升了企业的竞争力。

跨国公司愿意支付溢价的主要原因是并购预期带来的竞争优势大于付出的成本和支付的溢价。溢价潜在反映了公司管理层可能采纳的重要的资源配置决策,企业愿意支付溢价的水平反映了目标企业对并购方的独特价值,也反映了企业自身的管理能力。不同的企业有不同的优势,同一个目标企业对不同的并购方来说价值也不一样。跨国公司在实现战略时,可能关注企业的某一方面的优势和价值,并愿意为之付出溢价。比如有的上市公司具有健全的销售网络,有的上市公司具有较高的知名度和认可度等。虽然中国的市场基本开放,但跨国公司进入中国市场的成本还是较高的,而通过并购上市公司,用较小的成本就可以进入中国市场,实施其全球化战略。一般说来,跨国公司预期协同效应的产生具有坚实的基础。一方面,跨国公司具有强大的竞争优势,具有很强的整合能力。跨国公司拥有雄厚的资金、先进的技术和较强的管理能力,这一点是不言而喻的。跨国公司愿意并购目标企业,一般是基于某一战略的抉择,公司的战略性并购一般从公司长远发展的角度考虑,主要是以产业整合或行业转型为目的,跨国公司的优质资源进入目标企业以后,目标企业资源会得到优化配置,实现配置效率最大化。另一方面跨国公司并购的企业具有行业优势。在过去的几年,外资并购主要集中在制造业和服务业,中国成为世界性的制造业中心之一,因为人工和原材料成本较低,所以具有一定的竞争优势;广义的服务业中,外资看好电信、金融、商业等行业,这些行业原来是政府垄断性行业,并购入股以后,跨国公司可以进入中国的该市场领域,及时进入者可以获取更多的收益。当然,跨国公司对于收购溢价一般已经设立了上限,即收购方愿意支付的超过公平市值的最高价,不会因感情因素或者其他心理因素而随便提高溢价水平。

3. 对目标企业的价值评估是基于历史的和静态的数据,与国际通行的估价方法不能融合,造成我国股权定价的规则缺失

考察并购溢价首先考虑并购定价方法问题,因为溢价与定价之间有必然的联系。在实施合理的股权定价的基础上考察溢价才更有价值。

在国际成熟市场上,股权转让可以以股价为基础,股市发挥股票定价功能,股价反映了企业的价值和业绩状况,在股价基础上进行定价比较容易。我国股票市场是弱式有效的,甚至说是无效的,股价并不能反映企业价值,一定程度上扭曲了股票市场与上市公司之间的关系,限制了股票市场股权定价功能的发挥,所以,股市反映的股价一般不能作为交易的基础。

股权转让分为部分股权转让和控股权转让。部分股权转让是指外资参股,但没有掌握控股权,对资源的配置权是有限的,这时预期的价值回报可能较低,会影响到交易价格的高低。控股权转让以后,外资可能控股,控股以后,对资源重新整合,预期可能带来较大的价值,这时愿意支付的溢价可能会提高。基于历史账面价值的定价方式,忽略了企业的巨大的无形资产。企业被控股以后,企业长期经营形成的销售渠道、国民的认同度等商誉及无形资产在价格中并没有得到反映,而这一部分,从某种程度上来说,是超过历史账面资产所带来的价值,所以,以有形资产账面价值为基准的估价模型问题较大。从被并企业角度来说,把静态的账面价值与未来收益结合起来,股权定价与国际成熟市场的股权定价方法靠近,所以,国内企业定价理念的变化使得企业更进一步懂得和发现企业的内在价值。

4. 跨国公司衡量目标企业价值时,主要看重企业未来的现金流和盈利能力,所以它们选择的目标企业都是预期未来盈利能力较强的企业

公平市值表示的是从财务角度出发,卖方可以接受的最低价格,作为卖方正享有这些价值带来的益处。目标企业的公平市值反映了目标企业的规模大小、资金融通的难易、产品和服务的深度和广度、市场份额和客户群、盈利水平和现金流状况等。对收购方来说,这是谈判的起始价格,公平市值没有考虑"战略"意义上的并购。并购者评估的是投资价值,是在特定环境和投资要求下的价值,一般也是最终愿意出的交易价格,交易价格超过公平市值的部分就是收购溢价,这个收购溢价一般认为是由协同效应所产生的。在外资方看来,有些国有资产价值高于其账面每股净资产值,他们发现资产具有较大的价值,并购某些国有资产以后,预期会带来较大的协同效应,他们对资产的价值评估可能会较高,考虑支付溢价时,他们愿意支付较高的溢价。

多数情况下,跨国公司对目标公司的估价,基于未来 5～10 年的自由现金流量的预测和期末剩余价值的估计以及合适的贴现率。

$$企业价值 = \sum \frac{FCF_t}{(1+r)^t} + \frac{FV_N}{(1+r)^N}$$

其中,r 表示贴现率,即适当的资金成本,FCF 表示自由现金流量,N 表示预期的年份数,FV 表示预测期末的最终价值。

对于外资看好的目标企业,外资方的"心理价位"较高,外资愿意出较高的溢价,而目标企业本身对自身的估价也趋于科学,在每股净资产值的基础上,考虑企业未来的资产收益率等市场因素,对自身的估价会有所提升。

所以，双方的博弈在较高的价位层面进行，最后的交易价格是并购双方经过博弈而定，还要经过反复谈判协商，在愿意支付溢价和愿意接受价格之间反复磨合，最终确定交易价格。最终的交易价格是双方博弈的结果，外资最终支付的溢价可能低于外资方愿意支付的溢价，这就是谈判能力的问题了。

第二节　并购项目管理的基本框架：一个案例

从并购交易到并购整合，再到局部投资建设，最后投产试运营，这可能需要一年到两年的时间。并购交易完成后，接下来是最重要的并购整合阶段，整合完毕以后，局部投资建设，直到投产试运营，这是一个完整的项目过程，需要进行投资估算，并且制订一个完整的成本计划，在集团领导的指导下，项目组经理带领财务、管理、营销、设备、工程人员等成员完成该成本计划。见表9-3。

表9-3　并购项目管理基本任务

编　号	并购项目管理基本任务名称	备　注
1	并购项目战略总目标描述	TQC
2	并购项目的组织结构	
3	对项目任务进行分解	
4	制订责任分配方案	
5	并购进度计划	
6	确定各工作的先后关系	
7	人力资源计划	
8	投资估算、成本计划及资金筹措	
9	并购的过程推进	
10	并购风险管理计划	
11	并购整合管理	
12	审计、后评价	

并购是否成功，不仅看交易是否成功，更重要的是看整合是否成功。针对一

个项目，整合的主要重点集中在人力资源整合、业务整合、资产整合和管理整合。在项目组经理统一部署下，分别安排队员制订人力资源整合、业务整合、资产整合和管理整合的周密计划。

整合过程中，对新企业的采购、销售、研发、生产、管理、财务、审计等方面进行流程设计，整合团队应提前调研，做好设计流程的充分准备。整合要遵循一定的流程，保证信息的畅通性和及时性。

一、并购的战略目标

利用6个月的时间，(2007年6月30日~2007年8月10日~2007年12月31日)投资25 000万元，完成对目标企业的并购交易、并购整合及局部建设和投产试运营工作。

2007年6月30日~2007年8月10日

并购交易阶段。目标企业的选择，尽职调查，并购方案设计，双方的谈判，签订正式并购协议，表示交易完成。

2007年12月31日~2008年6月30日

整合阶段。做到留住重要技术和管理人才，妥善安置待岗人员；对人力资源、业务、资产、财务、管理等进行有效整合，建立新企业的良性运营机制，使运营平稳进行。

二、并购项目组的组织结构

并购涉及战略、财务、生产、销售、管理和人力资源等多方面，需要多方面专业人员组成并购团队。根据需要，可以采取合适的组织结构形式，可以是直线式、矩阵式或团队式组织结构。

并购项目组经理具有特殊的信息传递权，可以直接向集团总裁传送信息，保证信息的畅通性。见图9-4。

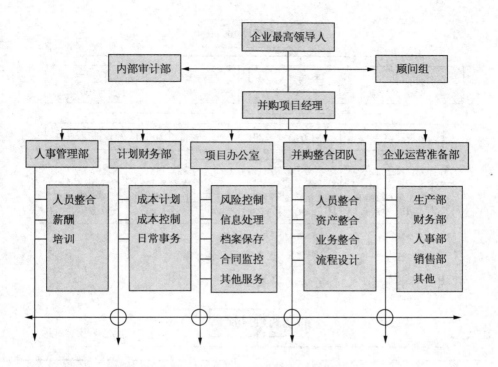

图 9-4　并购项目管理组织结构图

三、并购项目任务分解

整个并购项目的工作任务可以分为四个子项目：并购交易事务、并购整合、新老过渡运营管理和项目管理，每一个子项目又可以继续分解，一直分解到每一个具体的工作单元。详见图 9-5。

- 并购交易事务子项目任务分解为可行性研究、并购方案设计、合同谈判与签订、并购整合准备。
- 并购整合子项目任务分解为人力资源整合、业务整合、资产整合、财务整合和管理整合。
- 新老过渡运营管理子项目任务分解为生产准备、生产计划、生产实施、销售执行。
- 项目管理可以分解为前期准备、项目计划、项目实施、项目控制和总结评价。

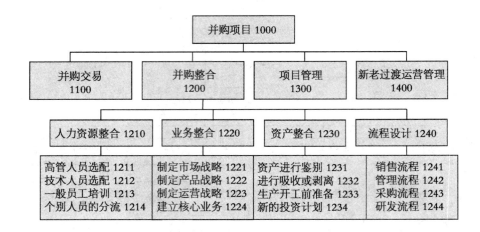

图 9-5　并购项目任务分解

并购交易事务子项目任务分解见图 9-6。

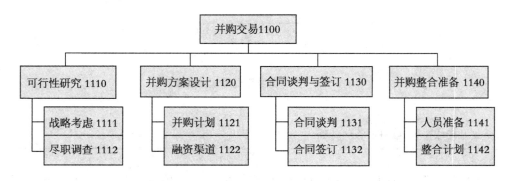

图 9-6　并购交易事务子项目任务分解

项目管理子结构分解见图 9-7。

第九章 并购项目管理

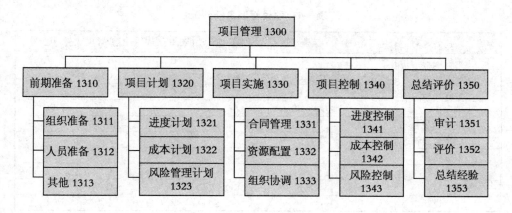

图 9-7 项目管理子结构分解

新老公司过渡运营管理子结构分解见图 9-8。

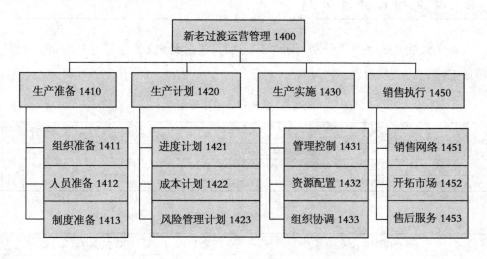

图 9-8 新老公司过渡运营管理子结构

四、项目管理责任分配

按照权责明确的原则,项目管理组成员进行合理的分工,每一项重要工作都明确安排负责人,以及参与人和执行人,做到每一件事有人负责、每个人有具体负责的事情。见表 9-4。

表9-4 项目管理责任分配

编码	任务名称	项目经理	运营经理	成本管理	并购整合部	信息组	顾问
	项目规划	F	C	C	C	C	C
	成本计划	S	C	F		C	C
	整合计划	C	F		C		
	成本控制	F	C	Z		C	C
	进度控制	F	C			C	C
	信息合同管理	F	C		C	Z	C
	人员整合	F	C		Z	C	C
	业务整合	S	F		Z	C	C
	资产整合	S	F	C	Z	C	C
	流程设计	S	F	C	Z	C	C

注：F 负责；Z 执行；C 参与；S 审核。

五、并购项目进度计划

表9-5、表9-6、表9-7 分别列示了并购项目进度计划、工作任务里程碑计划及项目工作先后关系列表。

表9-5 并购项目进度计划

	时间	小计周期（月）	备注
并购交易事务阶段	2007年2月~2007年8月30日	6	
整合计划的制订	2007年8月30日~2007年9月30日	1	整合计划完成
全面整合阶段	2007年9月30日~2007年12月31日	3	执行整合方案

表9-6 工作任务里程碑计划

里程碑任务名称	计划完成时间	实际完成时间	备注
1. 第一次与目标企业的员工公开见面	2007年8月30日之前		
2. 新公司注册完成	2007年8月30日		
3. 新公司高层管理团队确立	2007年9月30日		
4. 确定新公司的总体发展思路	2007年10月30日		
5. 明确中层管理及基层干部	2007年10月30日		
6. 明确明年的经营计划	2007年11月31日		
7. 完成新老过渡，新公司开始按新流程运营	2007年12月31日		

表 9-7 项目工作先后关系列表

编码	任务名称	工期（月）	后继工作
1110	可行性研究	2	1120
1120	并购方案设计	2	1130
1130	并购交易合同签订	2	1210
1140	并购整合准备	1	1210
1210	人力资源整合	2	1400
1220	业务整合	4	1400
1230	设备整合	4	1400
1240	流程设计	4	1400
1300	项目管理	12	
1400	局部建设与投产试运营	6	

六、人力资源计划

人力资源包括并购项目管理整合团队的人力资源和新企业正常运行所需要的人力资源。

并购项目管理整合团队是临时组成的、专业性较强的工作团队，可以从并购方企业里抽调合适人选，也可以从被并购企业里选择。整合完毕之后，整合团队的人员可以继续留在新公司里从事经营管理工作，也可以回到原来岗位。

新企业属于制造类企业，需要的人力资源包括采购人员、销售人员、生产人员、售后服务人员、企业管理人员、后勤人员。这些人力资源是企业正常运营的保障，应该优先从被并购企业里选拔，如不能满足需要，可以通过外部招聘来满足。见表 9-8。

表 9-8　人力资源计划

编码	任务名称	人力资源种类	人数	来源
1411-1	采购人员	工程师、一般员工	20	内选 招聘
1411-2	销售人员	员工	40	内选 招聘
1411-3	生产人员		525	内选
	工程师	工程师	25	
	技术员	技术员	200	
	工人	工人	300	
1411-4	售后服务人员	一般员工	15	内选
1411-5	企业管理人员	一般员工	20	内选 招聘
1411-6	后勤人员	工人	30	内选
小　计			650	
1312-1	项目管理人员	管理人员	15	
1312-2	整合团队	管理人员	15	
小　计			30	
总　计			680	

七、投资估算、用款计划与资金筹措

这里投资估算是指整个项目从并购事务到整合，再到局部建设及投产试运营整个过程需要的投资资金总额。假设整个过程需要两年的时间，在这两年内，完成这个过程假设需要总投资 25 300 万元，我们就认为投资总额是 25 300 万元。这里的投资总额一般大于并购方支付给被并购企业的资金额。见表 9-9、表 9-10、表 9-11。

第九章 并购项目管理

表9-9 整个项目投资计划和资金来源表　　　　　　　　　单位：万元

序号	项　目	合计	并购期间 2007年5~8月	整合期间 2007年8~12月	局部建设 及投产试运营期间 2008年1~6月	备注
1	总投资额	25 300	300	9 000	16 000	
1.1	固定资产投资	24 300	300	9 000	15 000	
	厂房、建筑物	12 000		6 000	6 000	
	机器设备	8 000	0	0	8 000	
	其他费用	4 300	0	0	1 000	
1.2	流动资金	1 000	3 000	3 000	1 000	
2	资金来源	25 300	300	9 000	16 000	
2.1	自有资金	17 300	300	9 000	8 000	
2.2	债务资金	6 000			6 000	
2.3	其他资金	2 000	0	0	2 000	

表9-10 整个项目分期的用款计划与资金筹措　　　　　　　单位：万元

序号	项　目	合计	并购期间 2007年5~8月	整合期间 2007年8~12月	局部建设 及投产试运营期间 2008年1~6月	备注
1	总投资	25 300	300	9 000	16 000	
1.1	固定资产投资	23 100	100	8 000	15 000	
1.2	流动资金	2 200	200	1 000	1 000	
1.3	其他	0	0		0	
2	资金筹措	25 300	300	9 000	16 000	
2.1	项目资本金	17 300	300	9 000	8 000	
2.1.1	用于流动资金	2 300	300	1 000	1 000	
2.1.2	用于建设投资	15 000	0	8 000	7 000	
2.2	债务资金	6 000			6 000	
2.2.1	用于流动资金	0	0	0	0	
	用于建设投资	6 000			6 000	
2.3	其他资金	2 000	0	0	2 000	

表 9-11 项目累计成本预算表 单位:万元

阶段	各阶段投资总额	2007.6.10	2007.7.10	2007.8.10	2007.8.11	2007.9.10	2007.10.1	2007.12.31	2008.1.1	2008.4.1	2008.6.30
并购交易事务阶段	300	100	100	100	—	—	—	—	—	—	—
全面整合阶段	9 000	—	—	—	3 000	2 000	2 000	2 000	—	—	—
局部建设阶段	13 000	—	—	—	—	—	—	—	4 000	4 000	5 000
投资运营阶段	3 000	—	—	—	—	—	—	—	1 000	1 000	1 000
小计	—	100	100	100	3 000	2 000	2 000	2 000	5 000	5 000	6 000
累计成本	—	100	200	300	3 300	5 300	7 300	9 300	14 300	19 300	25 300

将预算成本按项目进度计划分解到项目的各个阶段,建立每一时段的项目预算成本,并制定累计预算成本,以便在项目实施阶段利用其进行成本控制。根据以上整个项目的每期预算成本及其累计预算成本数据,可以给出成本—时间累计曲线。见图9-9、表9-12。

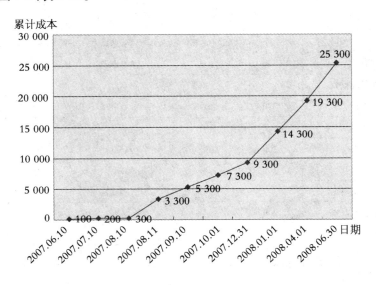

图 9-9 累计成本—时间图

表 9-12　支付方式和支付步骤　　　　　　　　　　　　单位：万元

	2007 年 5～8 月	2007 年 8～12 月	2008 年 1～6 月
现金	300	9 000	16 000
股权	—	—	—
资产	—	—	—
技术转让	—	—	—

八、并购的风险及其控制

并购可以使一个企业在短期内迅速扩张，是企业迅速成长壮大的重要途径，但是并购是一种风险较大的投资，如果没有周密的计划，而且控制力度不够，也可能陷入泥潭，难以自拔，因此，应该分析可能存在的风险，并制定规避风险的方法。

1. 营运风险

对"目标企业价值"的预测与评估不当、对"并购成本"的估算不足，无法实现预期的协同效应，新企业没有促进集团实现规模经济，甚至可能拖累整个企业集团的经营业绩。

2. 财务风险

并购交易完成后，对新企业进行整合，派员进驻，建立新的董事会和经理班子，安置富余人员，进行人员培训等。在企业运营方面，需要向目标公司注入优质资产，为新企业打开市场增加市场调研费、广告费、网点设置费等，这都需要注入大量资金。资金在时间上和数量上是否可以保证需要，现金支付是否会影响到企业正常的生产经营等。

风险控制一般采取如下方法：

- 集中优势兵力打歼灭战，组建独立的跨职能整合团队，对并购完成后的企业快速整合，迅速推进。
- 制订成本计划，进行成本控制；制订切实可行的融资计划，保证注入资金及时到位。
- 企业的管理运营团队提前做好准备，与整合团队相互衔接，保持连续性，提前做好管理运营模式的设置、销售渠道和模式的建立，整合完毕后，新企业迅速进入生产角色。

第三节 并购整合管理

并购前期工作主要包括目标企业的搜寻和并购过程的操作,这些都完成之后,进入了关键而重要的整合期。"并购整合"是并购工作的关键,是实现并购目标的重要环节,是并购项目管理的重心。整合是一项复杂的系统工程,需要统一规划。并购整合包括业务整合、管理整合、财务整合、人力资源整合、销售渠道整合等,并购整合是一个痛苦的调整过程,需要付出艰苦的劳动和智慧,并购整合是否成功,决定了预期的协同效应能否出现。

一、成功整合的关键

1. 制订一份纪律严明的整合计划

探求整合的执行速度与深度的恰当平衡,并购项目组充分利用正式签订并购合同之前的时间,制订具体的、严格的整合计划。规定整合周期,规定在时间、成本、质量约束条件下的预期目标。

2. 组建独立的跨职能整合团队

签订并购合同之后,整合从并购交易流程中分离,单独进行整合,从项目管理团队和企业运营团队中抽调强有力的人员,组成一支精干的整合团队。

建立快速反应的治理结构和决策流程。其间,整合团队可以定期或不定期直接向集团总裁汇报工作,确保快速作出决策,并不断增强紧迫感。

整合是从并购交易完成开始,到整合目标的实现结束,一般认为,如果在两年之内不能完成整合,就意味着并购的失败。

3. 快速整合,信息及时公开

对于并购整合,是"快速行动"还是"谨慎推进",一家国际咨询公司调查表明89%的企业认为快速整合有利。

跨职能整合团队自上而下设定了明确的目标，要迅速推进，大刀阔斧，否则，贻误战机，可能带来更多麻烦。

整合目标和整合信息要及时公布，对客户、原来的员工、供应商等通过通告形式通报信息，让利益相关群体及时了解进展情况，封锁消息只会散布不确定气氛，造成人心不稳，可能导致人才的流失。

4. 遵循并购整合的原则
- 周密计划、快速推进；
- 稳定人心、鼓舞士气；
- 统一理念、创造价值。

5. 基于项目管理的战略管理

战略管理和项目管理是管理的两个重要方面，将战略管理和项目管理整合在一起，基于项目的战略管理，将能够使战略执行更加可行和快速。具体步骤：
- 明确企业总体战略目标；
- 将企业总任务进行分解；
- 制订进度安排计划，明确进度计划和分阶段目标；
- 进行各部门的职责分工，制定各事业部和职能部门的分战略，并进一步制定相应的措施和策略；
- 明确战略目标优先权，明确企业不同时期、不同部门的战略重点，有重点地推进企业战略，保证战略目标实现。

二、整合什么

整合计划中特别要关注界定整合范围，应该从人力资源、生产制造、企业研发、市场营销、管理体系和企业文化等全方位地构筑并购整合管理思路。所以，可以归纳为人员整合、资产整合、业务整合、财务整合、管理整合。而财务整合、管理整合可以归纳为流程设计。

整合到何种程度，并购方的最高管理者和整合项目部经理应该把握整合速度和整合深度之间的协调，并保持清醒的认识。

1. 人员整合

美国著名的思科系统公司的 CEO 约翰·钱伯斯曾说:"收购目标中最主要是人才,而不是产品。"

留住关键的人才,实现合理的人力资源配置。人力资源的整合虽是整合的一项内容,但却是其他整合工作的基础。人在组织变革中表现的不安、猜疑、躁动,都直接影响整合的进行。迅速进行人力资源整合,把合适的人才选配到适当的岗位上,可以留住人才、稳定人心,有利于进一步整合业务、财务和资产。其中,留住关键人才是人力资源整合的最重要因素。

2. 资产整合

狭义的资产主要指厂房、机器设备、技术、专利等;广义的资产还包括管理资源、市场资源、技术资源、人力资源、组织资源。资产整合需要对目标企业的资产进行分拆、优化组合等活动。要结合自身的发展战略和目标,制订资产配置使用计划,及进一步的发展规划。对资产进行鉴别,实行吸收或剥离操作,对长期不能产生效益的、不适合新设企业发展战略要求的和其他难以有效利用的资产,要及时剥离出售。

3. 业务整合

制定市场、产品战略,把原有业务和新业务领域相协调。纵向并购中需要对业务和产品进行选择,不符合战略发展目标的业务要进行剥离。这里被并购的企业处于生产停滞状态,要从产品入手进行整合,砍掉不盈利的产品线或品种,增加盈利产品线或品种的投入,调整企业产品结构,形成具有竞争力的核心业务。

采购业务与销售业务也需进行整合,集团注入优良资产,包括优秀管理团队,设计采购流程和销售流程,集中采购、统一销售可以获取规模效应。

4. 流程设计

流程设计包括了财务整合和管理整合,因为该项目是新设公司,设计新的流程并且按照新流程执行,基本上就奠定了财务整合和管理整合的基础。流程设计表现在采购流程、财务流程、生产流程、销售流程、管理流程、研发流程等,还包括各个流程的子流程方面。

三、如何整合

1. 停产整合,还是边生产边整合

整合是一个独特的过渡期,是资源重新配置的过程,整合团队比较困惑的是该停产整合还是边生产边整合。应该说两者各有利弊,停产整合便于集中精力,迅速推进,但是停产带来损失,恢复生产需要一个恢复期。边生产边整合容易分散精力,不利于快速整合,但保持了生产的连续性。应该根据被并购企业的状况决定采取何种方式。

停产整合的适用情况:被并购企业濒临倒闭,还处于维持生产状态,可以暂时停产,集中精力快速整合。

边生产边整合的适用情况:一般情况下,整合不一定要影响生产,应该保持被并购企业运营的延续性,在生产过程中,逐步调整策略,实现整合。

2. 并购整合流程

(1) 首先制定新企业的战略目标。

在并购前期已经作了充分论证,明确并购企业的战略意图,以及并购以后的企业定位。企业的发展应该有规划,未来三年的战略性规划可以为企业发展提供支持。

战略目标的制定:根据自身的资源特点和竞争优势以及外部环境来确定战略目标。不考虑自身的状况所制定的目标往往是空中楼阁,战略定位不准,企业经营业务领域也不可能有正确的定位。

战略目标制定过程:一般来说,确定战略目标需要经历调查研究、拟定目标、评价论证和目标决断四个具体步骤。

① 调查研究。在制定企业战略目标之前,必须进行调查研究工作。把机会和威胁、优势与劣势、自身与竞争对手、企业与环境、现在与未来加以对比,为确定战略目标奠定起比较可靠的基础。

② 拟定目标。在既定的战略经营领域内,依据对外部环境、需要和资源的综合考虑,确定目标方向。拟定战略目标一般需要经历两个环节:拟定目标方向和拟定目标水平。

③ 评价论证。战略目标拟定出来之后,就要组织多方面的专家和有关人员对提出的目标方案进行评价和论证。

④ 目标决断。在决断选定目标时,权衡各个目标方案的标准:目标方向的正确程度,可望实现的程度,期望效益的大小。

(2) 根据战略目标制订完整的整合计划。

整合要有目标性,围绕企业要达到的战略目标进行有目标的整合,所以,在正式整合开始之前,一定要制订完善的并购整合计划,并报企业总裁审批,等待执行。见图9-10。

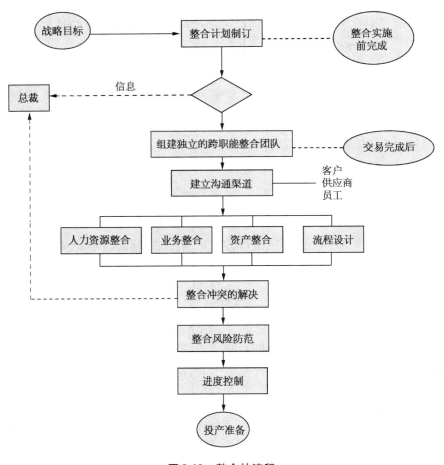

图9-10 整合的流程

(3) 然后成立精干独立的整合团队。

整合团队与并购前期的团队可以不是一班人马,也可以精简原班人马,整合团队应该由以下方面的专家组成,包括经营管理方面的、设备技术方面的、营销管理方面的等。在正式整合之前,整合团队必须组建完毕并报企业总裁审批。

(4) 最后严格快速推动执行整合计划,达到预期效果。

整合团队的负责人应该具有较强的执行力,推动整合计划迅速展开,达到预期效果。

3. 并购整合过程中的营销

并购整合过程中,还要考虑更深层次的因素,包括整合后企业的经营管理模式、内部风险控制和销售渠道等,特别是把营销工作走在前头,具体做法如下。

第一,召集客户、供应商、利益相关方,举行新公司战略愿景发布会,展现美好前途。经过前期的调查了解,基本掌握客户、供应商、利益相关方的资料,并购整合阶段,举行新公司战略愿景的发布会。然后,等到快速整合完毕,新公司进入正常运营阶段,市场开始全面回升,新的管理班子逐步稳固,经过一个经营管理上的磨合期,生产经营步入正轨。

第二,组建新的、强大的销售团队,提前对重要客户进行拜访,进行客户关系管理。稳定相关市场是重中之重。根据二八法则,80%的利润来自于20%的客户,应当积极、迅速对被收购企业20%的大客户和重要客户进行拜访,向客户传播新公司的战略规划,让客户获取最新信息,巩固原有的客户源。

4. 并购整合的先后顺序安排

(1) 确定整合原则。整合计划和整合工作都要围绕预定整合原则展开,这样才能达到整合目标。

(2) 建立沟通渠道。在整合的过程中,要建立与员工、客户、供应商等利益相关群体的沟通机制,保证信息畅通,及时发布,让他们知道并购整合的进展状况。

(3) 人力资源整合。人力资源整合应尽可能放在前面整合,因为人员整合以后,便于稳定人心,留住企业发展所需要的优秀人才。

(4) 接下来进行资产整合、业务整合、财务整合和管理整合。这些整合主要目的是按照预定战略,进行资源的优化配置,稳定客户群,保证整合企业更佳的业绩。

(5)企业文化整合。企业文化整合需要其他整合作为铺垫,应该放在其他整合完毕之后进行,不可操之过急,否则欲速则不达。

(6)投产试运营。

并购整合的先后顺序见图9-11。

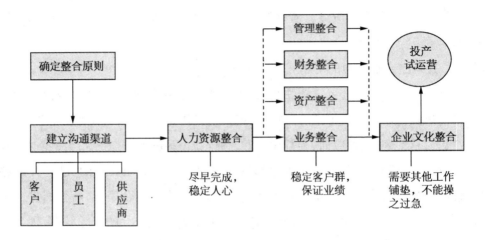

图9-11　并购整合的先后顺序安排

四、谁来整合

并购项目组在正式整合前,制订严密的整合方案和计划,组建独立的整合团队,整合团队由经营管理方面的、设备技术方面的、营销管理方面的专家组成,整合团队根据整合活动的性质和重要性,完善整合计划,并排定整合进度表。在整合计划中要明确将要完成的重大活动、执行这些活动的部门和人员、开展这些活动所需要的资源,明确的战略目标和卓越的整合能力是并购成功的关键。整合团队快速推进整合计划,完成整合计划。但是这个整合是一个比较短的过程,可能半年到一年就可以从形式上整合完成。

整合过程中,可能会发生一些意想不到的事件,项目管理组对于整合中的突发事件要制订详细的危机管理预案,保证整合工作顺利推进。

其实,并购整合工作不是项目管理组的整合团队独立完成的,在企业经营的过程中,整合工作仍要延续,整合计划的深入贯彻要在日常经营活动中逐步实现,需要更多地依赖于新企业管理团队,这是与普通项目管理的区别所在。见图9-12。

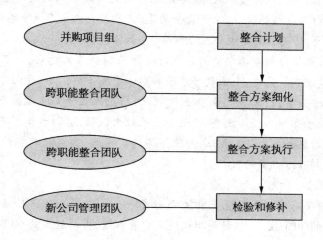

图 9-12　整合主体

案例:中科英华并购郑州电缆

一、企业基本情况

郑州电缆(集团)股份有限公司成立于1994年6月30日,是由原郑州电缆厂生产经营部分改组设立的股份公司。注册资本7545万元,总股本7545万股,其中:国家股5929万股,占总股本的78.58%;内部职工股1616万股,占总股本的21.42%。郑缆股份主要产品有:架空导线、电力电缆、电气装备线、通讯电缆、电缆附件等五大类、220多个品种、15000多种规格。其中涵盖了电线电缆行业主要电缆品种,年生产能力10亿元以上,产品主要用于电力、煤炭、石油、冶金、通讯、交通、国防等国民经济领域。企业土地状况:新厂区约360亩。截至2007年6月30日,郑缆在册职工2614人(含内退职工约810人)。其中:全民固定工1904人、合同制职工410人、集体工300人;伤残职工50人;离退休人员3064人,其中:离休人员44人、退休人员3020人。

二、重组改制的必要性与可行性

企业多年来,由于管理体制落后、经营机制不活,加之负债结构不合理、债务负担沉重,不良资产众多、潜亏巨大等,都严重影响制约着企业的进一步发展。特别是近些年,原材料价格的攀升、生产资金的匮乏,导致企业生产连年萎缩,效益急剧下滑,亏损严重,已无法维持最低生产需要,企业经营难度越来越大,员工工资受到影响。还有历史遗留的职工内债问题也时时影响到企业的稳定,企业已无法通过自身力量完成改制。为此,企业领导班子和职工形成了共识,一致认为只有引进优势企业,参与企业重组,才能完成企业改制,扭转企业生产经营面临的不利局面。这种模式有利于郑州市经济发展,有利于企业做大做强,有利于职工安置和社会稳定,有利于继续发扬壮大"郑缆"这一民族品牌。同时,实现了双方的优势互补和互惠互利,达到各方共赢的目标。

三、重组改制的形式和内容

郑缆股份将有效经营性资产相关无形资产及部分现金经评估后作为入股出资,占总股本的30%左右,中科英华以现金出资入股,占总股本的60%左右。经工商行政管理部门依法注册登记后,三方共同出资设立新公司。将郑缆股份权属清晰的交联塑力生产线、矿用电缆生产线、架空导线生产线、特种电缆生产线、铜导体加工生产线、橡塑材料生产线、橡套电缆生产线的资产经评估后,偿还前期郑缆股份对市财政的借款,国有资产出资人以该部分资产评估值和部分现金作为国有股份出资,占总股本30%左右;中科英华以现金出资,占总股本的60%左右;现管理团队、骨干员工以现金出资,占总股本的10%,发起设立新公司。新公司组建完成后,国有资产出资人如将所持有新公司的国有股权转让,需按有关规定,通过产权交易市场公开挂牌出让,新公司其他股东可参与公平竞买受让,最终实现新公司内国有股权的全部退出。郑缆股份继续保留,并负责管理和处置留存资产和债权、债务,管理内退人员、工伤职工和离退休人员,同时,负责生活后勤部分四单位后续改制工作,后勤部分四单位不参与本次重组改制,其改制方案另定。

四、改制后新公司发展前景预测

新公司组织管理机构:新公司设立董事会。董事会由7人组成,其中:中科英华推荐4名,郑缆股份推荐2名,管理团队推荐产生1名。新公司的管理人员主要从现有管理团队中选聘,由董事会聘任。

新公司将继续以电线电缆为主业开展生产经营活动。尽管随着一大批有实力的民营企业加入,使得线缆市场竞争日益激烈,但通过重组后的新公司,解决了企业体制的根本问题,建立了现代企业制度,完善了法人治理结构,为企业注入了强大的生命力。新公司将继续围绕电力市场、大型厂矿(煤矿、油矿)、建筑行业、军需部门等,其中主要以电力市场为发展目标,并逐步拓展海外市场。预计:三年内新公司的年业务规模达到10亿元以上,五年内力争新公司年业务规模达到20亿元以上。

通过重组改制,新公司从根本上转换了机制,解决了长期困扰企业发展的体制、机制问题,使企业具备创造良好业绩的基本条件。依据对未来新公司的规划,投资开发市场竞争力强的新产品,并建立主要原材料铜、铝上下游的产业链关系,确保新公司效益的稳步增长,依据行业平均利润水平测算,预计第三年企业年利税可达到8 600万元,第五年可实现利税23 200万元,并完成由一般股份制公司向上市公司的转变。

整合方案:

一、组建整合团队,进入整合阶段

整合团队由经营管理方面的、设备技术方面的、营销管理方面的专家组成,与前期项目管理的团队相比,整合团队经营方面的能力更加看重。

二、制定战略目标

1. 战略目标(发展方向和达到的水平)

抓住电缆行业重组整合的历史机遇,依托中科英华铜业产业链的优势,传承老郑缆的人才和技术优良禀赋,赋予新的创业理念和管理方法,通过整合资源、梳理功能、优化布局,精心构建集电缆生产、研发和展示于一体的、高科技的、现代化的电缆产业基地。

2. 如何实现战略目标

必须走"主攻优势战略"。通过业务整合,发挥现有技术、资质、人才的专长,致力于某些能发挥企业优势的专业性市场,在未来2~3年内,逐步形成国际知名、国内首屈一指的、质量绝对有保证的、服务相对一流的核心产品品牌。反过来,不能推行全能战略,即不能全面出击。在以后的电缆市场,如果没有差异化,没有核心产品的品牌,企业就没有前途。

3. 战略目标实施的载体

以电力电缆和导线等传统产品为基础,通过"量"的扩张,在国内占有一定比例的市场份额,获取适度利润。

电力电缆和导线竞争非常激烈,利润率非常低,主要通过占有较大的市场份额,扩大郑缆在本行业的市场影响力和知名度。

大力发展进入门槛较高的特种电缆,包括矿用电缆、船用电缆、汽车导线、测井电缆等。通过提高技术和产品质量,实现整体配套供应能力,执行相对低成本战略,重新占领被外资企业夺走的特种电缆市场。

该类产品市场利润率高,但进入门槛高,一般企业没有能力或者没有足够的技术和资金生产完整的整体配套的特种电缆。而郑州电缆具有这些资质,具有技术和人才储备,具有整体配套生产的能力,这为成为国际和国内造船、汽车、测井等行业的供应商奠定基础,这是一个重要的发展方向,也是重要的利润来源之一。

三、确定核心业务

整合团队在对整个公司现场勘察,并与每个分公司经理进行较为充分交流的基础上,结合项目组前期获取的信息,得出新企业的核心业务的基本思路。见表9-13。

表9-13 业务整合方式

现有业务	处理方式	备注
电线电缆业务	新企业核心业务	
电工设备业务	剥离	
电缆材料业务	与其他企业整合	
工程安装业务	新企业发展业务	

以电力电缆和导线的设计、开发、生产和销售为主导。在未来3年内,争取在国内电缆市场的重要地位,通过大规模现金流量获取适度利润;以特种电缆的设计开发、生产和销售为重要的利润支撑。在未来3年内,把矿用、汽车、船用等特种电缆作为重要的利润来源。

核心业务规划的实施步骤如下。

第一步:在未来的一年内,修复和整合现有机器设备,迅速恢复电力电缆和导线领域失去的市场,巩固现有市场,拓展新市场,在特种电缆领域扩大市场份额。

第二步:在接下来的两年内,注入优质资产,对现有资源进行有效合理配置,同时进行设备改造和技术提升,完善研发和销售体制。一方面是提高产品质量和品质,占有更多的市场份额;另一方面,争取走向国际市场,特别是恢复在东南亚的国际市场。把营销中心和研发技术中心纳入线缆事业部,并以此为依托,建立强大的销售网络,同时进行技术和新产品开发,使技术、产品都走在同行业的前列。见表9-14。

表9-14 核心业务(产品)评价

项目	评价指标	评价内容
主营业务	市场占有率	1. 公司的核心产品占本公司总销售收入的比重 2. 公司的主营业务在行业内的市场占有率
	产品领先水平	1. 主营业务的技术水平和服务能力在行业内的领先程度 2. 技术、资金、服务进入的壁垒 3. 机器设备或设施的先进程度
	市场竞争	1. 市场的竞争程度 2. 产品的可替代性
	产品生命周期	1. 产品生命周期分析 2. 处于产品生命周期哪个阶段
业务创新	研发战略	1. 是否具有产品研发规划 2. 能否获取自主的竞争优势
	研发投入及成效	1. 研发经费投入 2. 研发体系完善 3. 新产品占主营业务的比重
	新产品的市场前景	企业新产品的盈利预测

四、选择细分市场,并进行市场规划

在未来3年内,执行严格的质量控制标准,扩大电力电缆和导线的市场占有率,争取在国内电缆的中高端产品市场占有重要位置,在国内电缆市场具有一定影响力。

在未来3年内,扩大技术研发投入,实行技术升级,实施严格的质量控制体系,争取打开和占领一定比例的矿用、汽车、船用等特种电缆的市场份额。

表9-15列示的是新企业经营能力评价。

表 9-15 新企业经营能力评价

项　目	评价指标	评价内容
战略管理能力	战略规划的合理性	1. 所处的竞争地位是否作了详细的分析 2. 企业的使命是否清晰 3. 是否具有符合企业未来发展的战略规划
	企业对外部环境的认知度	1. 外部宏观经济形势 2. 行业发展趋势 3. 竞争对手的战略和实力
	战略实施手段与效果	1. 战略实施手段 2. 战略实施的反馈与控制系统
营销能力	营销战略	1. 对营销的认知程度 2. 是否有合适的营销战略
	营销手段	1. 产品推介的创新与效果 2. 价格策略的创新与效果 3. 广告宣传的创新与效果
	对市场的了解	1. 市场调研的有效性 2. 对市场的了解程度
	营销网络和队伍建设	1. 营销网络的覆盖率 2. 营销人员的市场开拓能力
	品牌管理能力	1. 公司的品牌形象 2. 品牌管理与提升 3. 企业在公众中的形象
外部资源运用能力	政府、大股东、战略伙伴的合作方式	1. 地方政府与大股东对公司的支持力度 2. 公司的合作竞争经营理念 3. 战略伙伴的实力及合作关系
	客户关系管理	1. 是否建立了和谐关系 2. 对客户资源的利用情况
资本运营能力	对资本市场的认知程度、运营能力	1. 高管对资本市场的态度 2. 资本运营人才的配备
	对资本市场的利用	1. 是否运用资本市场创造良好的市场环境 2. 能否运用资本市场获取发展资源

> **五、进行资源的重新配置**
>
> 按照项目管理模式，突出重点，找准市场，加大设备投资力度，迅速实现预定的整合目标。

第四节　并购项目管理的基本流程

一、并购基本流程

（1）明确并购需求。明确并购是要实现战略性意图还是财务性意图。

（2）搜寻目标企业，选择合适的目标。在广泛搜集信息的基础上，选中合适的目标企业。

（3）尽职调查和价值评估。对目标企业进行内部全面调查，评估目标企业的价值。

（4）并购方案设计。主要包括并购交易的方案和整合的方案设计。

（5）签订合同。目标企业如果是国有企业还要报国资委审批；如果实行定向增发，还要报证监会批准。审批手续完成以后，并购方与被并购方签订并购交易合同。

（6）整合是关键阶段。并购交易完成以后，进入整合阶段，整合包括人力资源整合、业务整合、资产整合、流程设计。并购是否成功关键在于整合阶段，整合成功可以认定并购成功，整合失败可以认定并购失败。

（7）局部建设和投产运营。整合之后，进入新阶段，可以开始局部建设和投产运营。

并购基本流程见图9-13。

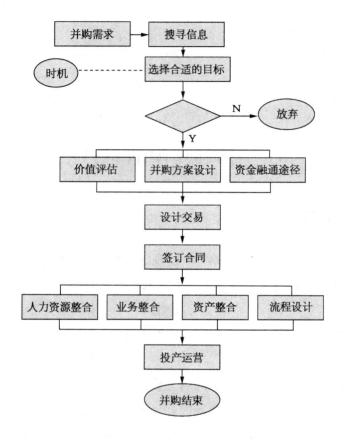

图 9-13 并购基本流程

二、人力资源整合基本流程

1. 人力资源整合的原则

人尽其才,各施其能;为优秀的技术和管理人才提供充分的发展空间;企业充分体现对弱势群体的人本关怀,实行待岗培训,发放基本工资;充满人情味的新公司必定是一个有竞争力的公司。

2. 人力资源整合基本流程

根据生产需要确定岗位数量,并进行岗位描述。首先,尽快确定高管团队。

其次,目标企业的职工竞聘上岗。接下来,高强度培训,接受文化理念导入培训、岗前培训、管理培训等,最后通过测评反馈,培训合格后定岗,不符合条件的继续待岗培训。见图9-14。

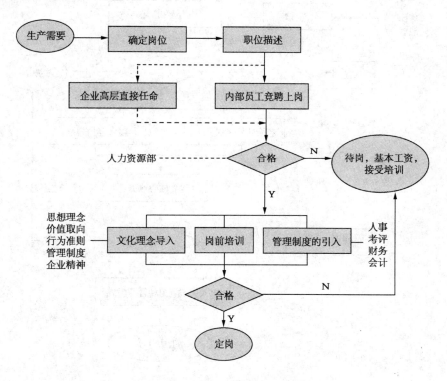

图9-14 人力资源整合流程

三、业务整合基本流程

(1)充分考虑集团的产业链战略,确定本企业的产品和市场定位。

(2)业务整合团队确定产品和市场定位以后,信息及时传送到集团决策层(总裁)。

(3)总裁认可,经论证可行,接下来进行业务重组,而把不需要的业务割去。

(4)通过业务的分拆和重组,形成符合自身特点的、能发挥自身专长的核心业务。

(5) 最后报请集团决策层(总裁)认可后,开始业务开展。

图 9-15 反映的就是业务整合流程,图 9-16 是战略规划制订流程。

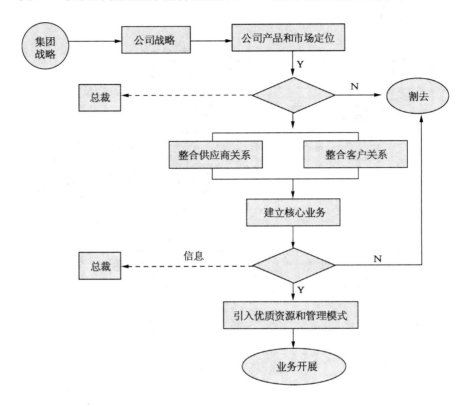

图 9-15 业务整合流程

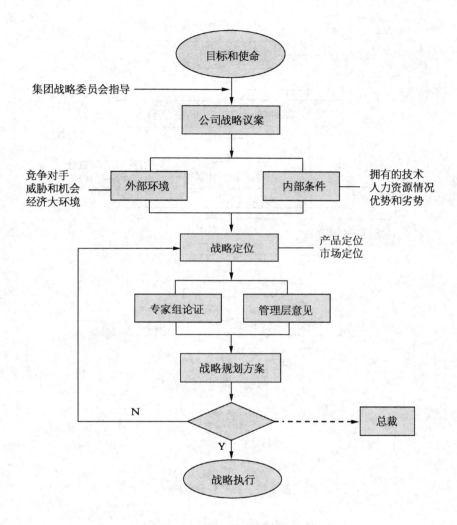

图 9-16 战略规划制订流程

四、资产整合流程

图 9-17 是资产整合流程图。

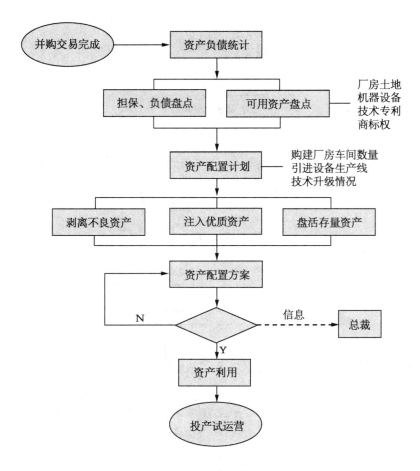

图 9-17 资产整合流程

五、生产与质量控制流程

图 9-18 反映的是企业生产与质量控制流程。

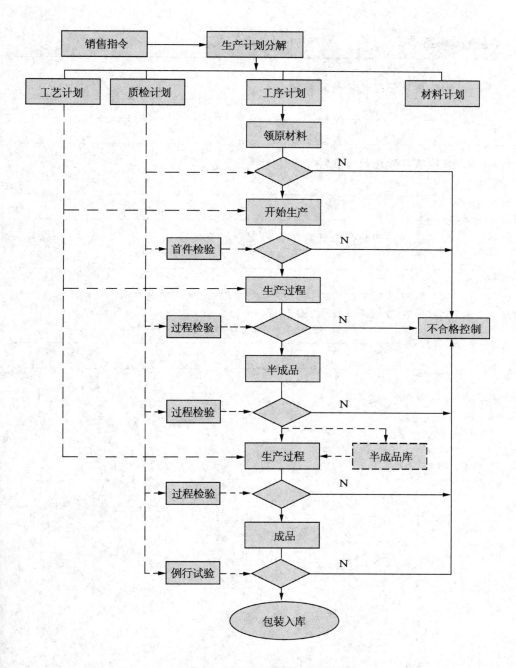

图 9-18 生产与质量控制流程

★ 自测题

1. 并购项目管理的价值和框架?

2. 并购项目管理的流程?

3. 如何理解并购整合在并购项目管理中的重要地位?

4. 并购整合的关键在于哪些方面?

参考文献

1. 曼昆. 经济学原理[M]（上、下册）. 北京：三联书店、北京大学出版社，1999.
2. 平狄克等. 微观经济学[M]. 北京：中国人民大学出版社，1997.
3. 赵树嫄. 微积分[M]. 北京：中国人民大学出版社，1994.
4. 范里安. 微观经济学：现代观点[M]. 上海：上海三联书店、上海人民出版社，1994.
5. 萨克斯等著，费方域等译. 全球视角的宏观经济学[M]. 上海：上海三联书店、上海人民出版社，1997.
6. 袁荫棠. 概率论与数理统计[M]. 北京：中国人民大学出版社，1994.
7. 宣家骥. 多目标决策[M]. 长沙：湖南科学技术出版社，1989.
8. 迈克尔·C·杰克逊. 系统思考——适于管理者的创造性整体论[M]. 北京：中国人民大学出版社，2005.
9. 饶扬德等. 复杂科学管理的视角：企业创新机理研究[J]. 中国科技论坛，2005年第6期.
10. 金润圭. 国际企业经营与管理[M]. 上海：华东师范大学出版社，1999.
11. 金润圭. 全球战略——跨国公司与中国企业国际化[M]. 北京：高等教育出版社，上海：上海社会科学院出版社，1999.
12. 谢识予. 经济博弈论[M]. 上海：复旦大学出版社，1997.
13. 田国强. 经济机制理论：信息效率与激励机制设计[J]. 经济学（季刊），第二卷第二期，2003.
14. 马克·L·塞罗沃. 协同效应的陷阱[M]. 上海：上海远东出版社，2001.
15. 乔治·T·盖斯、乔治·S·盖斯. 并购成长[M]. 北京：中国财政经济出版社，2002.

16. 迈克尔·波特著,李明轩等译.国家竞争优势[M].北京:华夏出版社,2002.
17. 迈克尔·波特.竞争优势[M].北京:中国财政经济出版社,1998.
18. 迈克尔·波特.竞争战略[M].北京:中国财政经济出版社,1998.
19. 刘恒江等.产业集群动力机制的研究新动态[J].外国经济与管理,2004.
20. 贺力平.人民币汇率体制的历史演变及其启示[J].国际经济评论,2005.
21. 多米尼克—萨尔瓦多.国际经济学基础[M].北京:清华大学出版社,2007.
22. 切奥尔·S·尤恩.国际财务管理[M].北京:机械出版社,2007.
23. 熊彼特.经济发展理论[M].北京:商务印书馆,1990.
24. 丹尼斯·洛克.项目管理要素[M].北京:东方出版社,2007.
25. 国家发展改革委员会、建设部发布.建设项目经济评价方法与参数[M].第三版,北京:中国计划出版社,2006.
26. 注册咨询工程师资格考试参考教材编委会.项目决策分析与评价[M].北京:中国计划出版社,2008.
27. 注册咨询工程师资格考试参考教材编委会.工程项目组织与管理[M].北京:中国计划出版社,2008.
28. 陆参.工程建设项目可行性研究实务手册[M].北京:中国电力出版社,2006.
29. 投资建设项目管理师委员会.投资建设项目实施[M].北京:中国计划出版社,2007.
30. 祝波、金润圭.政府在外资并购过程中的角色定位[J].上海大学学报(社科版),2005年第3期.
31. 祝波、金润圭.并购溢价的适度性研究[J].上海投资,2005年第3期.
32. 祝波、金润圭.跨国公司并购支付溢价成因分析[J].上海企业,2005年第4期.
33. 祝波、董有德.FDI溢出效应:理论、经验研究述评[J].上海大学学报(社科版),2006年第6期.
34. 杨杰、祝波.发展中国家对外直接投资理论形成与演进[J].上海经济研究,2007年第9期.

35. 祝波. 战略性国际直接投资决策及其价值评估[J]. 上海企业, 2007 年第 8 期.

36. 祝波. 投资项目的审批制、核准制和备案制[J]. 上海企业, 2008 年第 3 期.

37. 王铁男. 汇率风险中的经济风险暴露决定因素及控制机理[J]. 学术交流, 2002 年第 4 期.

38. Barney J. B, Firm resource and sustained competitive advantage. *Journal of Management*, 1991(17).

39. Teece D. J, Pisano G, Shuen A, Dynamic capabilities and strategy management. *Strategy Management Journal*, 1997, 18(7).

40. Flood Jr., E., Lessard, D. R., On the measurement of operating exposure to exchange rates: a conceptual approach. *Financial Management*, 1986(15).

41. Choi, J. J., Prasad, A. M., Exchange risk sensitivity and its determinants: a firm and industry analysis of U. S. multinationals. *Financial Management*, 1995, 24(3).

42. Clarida, R., The real exchange rate and U. S. manufacturing profits: a theoretical framework with some empirical support. *International Journal of Finance and Economics*, 1997(2).

43. Bartov, E., Bodnar, G. M., Firm valuation, earnings expectations and the exchange-rate exposure effect. *Journal of Finance*, 1994(49).

44. Bodnar, G. M., Hayt, G. S., Marston, R. C., Wharton survey of financial risk management by U. S. non-financial firms. *Financial Management*, 1998(27).

后 记

投资项目管理是实践性非常强的学科,集管理学、经济学、工程学和投资学等多学科知识于一体,是多学科的交叉点,本人的知识结构正好集中在这个领域,所以,对这个领域兴趣日渐浓厚,进行长期的持续研究。在实践过程中,从2002年以来,有机会参加了多家大型企业的投资可行性研究论证,积累了一定的经验。接下来,参加了清华大学和中咨协会在上海举办的FIDIC合同条件培训,继而,两次被派参加国家发改委组织的可行性研究报告和项目申请报告的培训,系统学习了投资体制改革的内容,把握了投资体制改革的思想。并且作为主讲人对上海市工程咨询行业分别进行了可行性研究报告和项目申请报告的编制培训。同时,在多家上市公司、政府机构的多种场合开讲投资项目管理、可行性研究报告和项目申请报告等讲座,并且直接参与指导企业的投资项目管理,直至对投资建设项目管理师和注册咨询工程师考试进行系统培训,基本上把理论与实践比较全面地结合起来,逐渐形成一个较为完整的知识系统,基于这个理论研究和实践的过程,本书把理论研究和实践经验进行归纳提炼,与需要者分享知识和经验。

感谢华东师范大学的金润圭教授、复旦大学的薛求知教授、上海财经大学的孙元欣教授、同济大学的顾钰民教授曾给予我的管理学、经济学、工程学和投资学方面的理论知识。特别感谢润物控股董事局主席陈远先生、中科英华总裁谢利克先生。同时,感谢金元证券上海投资银行总部的总经理洪毅恺博士、上海社科院的朱连庆教授和我的同事唐豪教授、陈湛匀教授、陈信华教授、李骏阳教授、董有德教授、赵贞玉副教授给予的支持与帮助。

这本书是实务性较强的知识体系,主要是适用于决策主体的投资决策和投资项目管理。本书是在作者现有知识和实践条件下的阶段性研究成果,可能会存在

后　记

不完善之处,正是这一点催促着本人继续求索和积极实践。E-mail:zhubo@fudan.edu.cn。

祝波

2009 年 1 月 8 日于复旦

图书在版编目(CIP)数据

投资项目管理/祝波编著. —上海：复旦大学出版社，2009.2（2020.1重印）
ISBN 978-7-309-06474-2

Ⅰ.投… Ⅱ.祝… Ⅲ.投资-项目管理 Ⅳ. F830.59

中国版本图书馆 CIP 数据核字(2009)第 009698 号

投资项目管理
祝　波　编著
责任编辑/王联合

复旦大学出版社有限公司出版发行
上海市国权路 579 号　邮编：200433
网址：fupnet@fudanpress.com　　http://www.fudanpress.com
门市零售：86-21-65642857　　团体订购：86-21-65118853
外埠邮购：86-21-65109143　　出版部电话：86-21-65642845
浙江临安曙光印务有限公司

开本 787×960　1/16　印张 19.5　字数 295 千
2020 年 1 月第 1 版第 7 次印刷
印数 12 601—13 700

ISBN 978-7-309-06474-2/F·1466
定价：35.00 元

如有印装质量问题，请向复旦大学出版社有限公司出版部调换。
版权所有　　侵权必究